U0896651

本书获全国重点马克思主义学院建设经费和
贵州师范大学博士科研启动基金资助

# 严复『制度与国民性互动』思想研究

YANFU ZHIDU YU GUOMINXING HUDONG SIXIANG YANJIU

陈勇军 著

人民出版社

# 目 录

# 导 论

严复纵横驰骋中国思想疆域近三十年，著述和译著加起来达三百余万言，先后被视为“思想家”（孙中山语）、“西学圣人”（梁启超语）、“杰出的启蒙先驱”（胡适语）、向西方国家寻找真理的“先进人物”（毛泽东语）等等。他敏锐地察觉到国民性在确保传统中国在向民主国家行进，实现可欲的民主政治中的重要性，在中国率先提出“鼓民力”“开民智”“新民德”的思想。他主张把人的现代化视为国家和国民独立自强的根本，对国民性改造与制度变革提出了精辟的见解。这些见解，对推动近代中国的观念变革、国民素质提高以及社会民主化都起着积极作用。

本书旨在通过研究以严复著作为中心的相关文献，运用新制度经济学等理论工具，全面深入地分析严复提出“制度与国民性互动”思想的形成背景、内容结构、理论困境、历史价值以及当代启示。

## 一、选题意义

研究严复“制度与国民性互动”思想具有重要的理论意义：

一是可以从近代中国国民性改造的视角拓展严复民主政治建设思想的研究。目前，学界对严复民主政治思想性的研究，主要是把它作为改造“国民性”思潮的先导而进行的，分析其民主政治思想的形成、发展与内在关怀，探究其民主政治思想的成果和缺陷，以及没有成为历史发展主流的原因；评价其思想在中国社会政治与法制发展中的地位和影响。然而，严复的民主政治思想是非常系统的，不仅包括民主政治的形式、特征、意义等思想，还包括民主政治的实现途径和方法。实际上，严复是把改造国民性作为广义的政治行动的开始，从更广泛的制度伦理角度分析了不同制度体系所蕴含的道德精神，阐释了制度与国民性的相互关系。他认为促进社会与人的自由全面发展是制度建设的基本方向，主张将国民性的渗透力和亲和力与制度的权威性相统一，最大限度地实现制度运行目标。因而，从国民性视角切入研究严复这些思想，不仅有利于更深刻把握民主政治的制度本质和运行规律，充分发挥制度在现代社会中的积极作用，而且可以形成严复民主政治思想的完整图谱。

二是可以从制度变革视角深化严复教育思想的研究。严复国民性改造的方式和途径一直是学界研究的重点。这些研究主要运用教育学理论，集中研究严复教育思想中的教育方法、教育目标、教育途径与教育形式等方面。从教育学角度开展严复国民性改造思想研究，是非常必要的，但也有进一步深化拓展的必要。因为，严复是中国近代史上最早的能够深刻理解西方民主政治的启蒙思想家。他借鉴了斯宾塞的广义社会教育论框架，把国民性改造思想与变法思想紧密相连，使二者互为目的，互为手段。如果仅仅运用教育学理论研究其中的教育方面，那么这方面的研究，将由于学科视域的限制而把严复这两方面的思想割裂开来，从而难以全面准确地理解严复思想中蕴含的政治智慧。可以说，从制度变革视角研究严复国民性改造方式与制度的互动，有利于从制度学领域拓宽严复教育思想的研究视野，从而更加深入地理解严复国民性改造思想。

三是可以用制度经济学方法研究严复国民性改造思想的困境。中国真正意义上人的现代化研究可以说是严复首先开启的。严复国民性改造思想在中国人学思想史上具有重要地位，是中国近代思想政治教育学说史的重要组成部分。当前的严复国民性改造思想研究主要集中于梳理国民劣根性的表现、造成近代中国国民劣根性的原因和提高国民素质的途径和方法等方面。这些研究虽然有助于把握严复国民性改造思想“是什么”，但是还无助于理解该思想“为什么”和“怎么样”。而且，这些研究很少关涉严复国民性改造思想面临的困境与其中存在的矛盾，对近代中国国民性改造的价值也缺少深入系统的分析。因而，用制度经济学理论分析严复国民性改造思想的困境和价值，可以突破既有的思维定式，把研究视点转到更广阔的制度层面上。

四是可以推动严复制度与国民性改造思想研究的系统化。严复虽然是近代中国第一位长期地、有力度、有深度地致力于“制度与国民性互动”关系探讨的思想家，但他对“制度与国民性互动”关系的探讨研究都是以按语、书信、论文等形式呈现的。由于严复没有专著形式的著作系统而集中地阐述其思想，因而其思想异常地零散而庞杂。可见，对严复“制度与国民性互动”思想进行系统梳理，有利于再现严复该思想的完整体系。

研究严复“制度与国民性互动”思想还具有重要的现实意义。

在对世界各国的现代化进程作了长达20多年研究之后，美国著名社会学家英格尔斯提出：“如果一个国家的人民缺乏一种能赋予这些制度以真实生命力和广泛的现代心理基础，如果执行和动用这些现代技术的人，自身还没有从心理、思想、态度和行为方式上都经历一个向现代化的转变，失败和畸形发展的悲剧是不可避免的。再完美的现代制度和管理方法，再先进的技术工艺．也会在传统人的手中变成废纸一堆。”①

① ［美］英格尔斯：《人的现代化》，四川人民出版社1985年版，第8页。

目前，我国在提高国民的科学文化水平、改进国民的健康状况、增强国民的创新能力等人的现代化方面取得很大的进步。然而不可否认的是，历史上存在的诸多国民劣根性仍一定程度上附体于国人身上。习近平总书记指出：“重视历史、研究历史、借鉴历史是中华民族5000多年文明史的一个优良传统。当代中国是历史中国的延续和发展。新时代坚持和发展中国特色社会主义，更加需要系统研究中国历史和文化，更加需要深刻把握人类发展历史规律，在对历史的深入思考中汲取智慧、走向未来。”① 研究严复“制度与国民性互动”思想，对于克服这些封建思想具有重要的现实意义。

首先，严复所讲的近代中国国民劣根性包括虚伪、奴性、麻木、冷漠、排外、媚外、保守、依附、欺诈、要面子、无知、愚昧、顽固、自卑、退缩、自私、逃避竞争、不负责任、逆来顺受、禁欲主义、贪婪、柔弱、洁身自好、攀比、迷信、重男轻女、盲从跟风、无国家思想、等级观念严重、轻佻、野蛮、残忍、狡猾、不讲卫生等，至少有40种表现形式。他认为：这些国民劣根性阻碍国民对民主政治正义的认知、限制国民对变革文化的汲取、妨碍变革群体的团结、阻滞变革力量的生成。国家的发展由国民个体素质的优劣所决定，因此“贫民无富国，弱民无强国，乱民无治国”②。严复对近代中国国民劣根性表现形式的分析是细致的，对其严重危害的分析是深刻的，因而，开展该思想的进一步研究，有助于我们建立国民反省意识，有利于增强改造的自觉性。

其次，严复认为是封建社会的政治、经济和文化等方面的制度造成

① 《习近平致中国社会科学院中国历史研究院成立的贺信》，新华网，2019年1月3日。

② 严复：《原强修订稿》，载《严复集》，中华书局1986年版，第25页。

了近代中国的国民劣根性。在封建专制制度下，封建君主为维护至高无上的君权，对“官僚牵掣之，使不得行其志”，对民众“但以压制欺吓为事，无复有诚意以相孚”。[①] 久而久之，他们便成为“旁观者”。落后的封建经济制度，使人的思想活动局限在极小范围内，极大地束缚了人们的首创精神。科举教育与乡约教育等文化制度，广泛传播了封建纲常伦理及旧风俗、旧教育和旧学说，使人成为迷信驯服的工具，成为传统规则的奴隶。他认为近代中国要改造国民劣根性，就要除旧布新，进行官僚体制、司法体制、教育体制以及市场体制等制度的改革。因而，深入发掘其中的宝贵思想，有利于我们充分认识制度的秩序功能，增强制度改革意识，加强制度建设和制度管理。

再次，严复是中国近代史上第一位全面深刻探讨国民素质问题的思想家。他在国民素质的作用、现代理想国民模式及提高国民素质的途径等方面都有精辟见解。他认为：制度设计与国民目标模型建构之间互为条件，制度设计要以国民素质为基础，既不能超越也不能落后于国民素质；国民素质的提高也要与制度相适应，不能与制度的精神相冲突。他根据当时现实的需要提出了国民理想目标模型，指出应该以素质为切入点，增强个体的主体意识，培育个体的德、智、力，使国民树立自由民主观念，改进思维方法。因而，系统总结和分析严复探讨国民素质问题理论成果，对于我们今日倡导素质教育，探寻提高国民素质途径，具有重要的借鉴意义。

总之，无论是从深化严复思想的研究，还是从完善思想政治教育学等科学研究的角度，或者是从为中国的社会建设和制度改革提供更多视

① 汪康年：《中国自强策》，载任继愈主编：《中华传世文选·晚清文选》，吉林人民出版社 1998 年版，第 583 页。

角的角度来看，对严复“制度与国民性互动”思想进行深入的研究都将具有较大的理论意义和深远的现实意义。

## 二、相关研究综述

严复作为近代中国向西方寻救国救民真理的先进人物，在中国近代思想史上有着十分重要的地位。在寻求国家富强的过程中，严复在启蒙心态的驱使下敏锐地察觉到制度和国民性的重要性。他提出“鼓民力”“开民智”“新民德”的思想，主张把人的现代化视为独立自强的根本；他认为旧制度是国民性和国家落后衰败的重要因素，坚持把变法作为富强之路。他在国民素质的基本要求、国民改造与制度变革间的关系以及人的现代化的实现途径等重要问题上，提出了精辟的见解。这些见解是严复“制度与国民性互动”思想的主要构成部分。因为严复的思想是入世的深刻的，学界对严复思想的研究，在严复的文章和译著发表当时就已经开始了。在今天，对严复的研究仍然方兴未艾，每年有近百篇相关论文发表。下面是对这些研究的回顾和总结。

### （一）严复“制度与国民性互动”思想的理论渊源

对严复“制度与国民性互动”思想的理论渊源，学界有共识，也有分歧。共识主要表现在：对于严复“制度与国民性互动”思想的西学渊源，目前学界的观点大体一致。多数人认为，其观点主要是源自达尔文、斯宾塞、孟德斯鸠、密尔和赫胥黎等英国学者的思想，这些思想包括人性论、民主政治思想、进化论、社会有机体论、自由主义思想等；同时，他也受到法国学者的影响。但是，在中国传统文化对严复思想有怎样影响的问题上，学界关注不多，并且存在分歧。比如，李承贵指出，严复“与天争胜”思想主要源自于唐代刘禹锡、柳宗元的“与天争胜”思想，是对斯宾塞“任天为治”思想的补充。严复熔达尔文、斯宾塞、赫胥黎思想于一炉，整合出的严复天演进化思想，是扎根于中国传统文化的基础之上的。因而，较为客观来讲，严复思想的理论渊源应包括中国传统文化、西式教育的影响和西方近代资产阶级理论。[①]马克锋认为，中国传统文化中的尚武精神、民群意识、孝道观念、孔孟形象，也是严复国民性改造思想的一个来源。[②]而董小燕则认为严复的思想无疑来自英国，其著作中的中国传统语汇，如“天地不仁，以万物为刍狗；圣人不仁，以百姓为刍狗”，究竟是严复思想中的中国渊源，还是用中国传统言语阐释西方思想，还需要进一步辨析。[③]

### （二）严复旧制度与国民劣根性恶性互动的思想

对严复关于旧制度与国民劣根性恶性互动的思想，学界主要关注劣根性的表现形式，较少关注旧制度对国民性的劣化。

1. 关于国民劣根性的表现形式

严复对近代中国国民劣根性的表现有过比较全面的分析和批判。目前，学界采取不同的方式对严复关于国民劣根性诸种表现的论述进行了梳理。

一是“三民”并举式。这种方式是依照严复的“三民”说，从“民力、民智、民德”三个方面概述严复的国民劣根性思想。关于民力已苶的表现主要是气柔、体弱、无斗志等；关于民智已卑的表现主要有奴性、无

① 参见李承贵：《严复进化思想探微》，《中国近代史》（人大复印资料）1997年第9期。

② 参见马克锋：《严复“三民”思想及其当代价值》，《教学与研究》2009年第1期。

③ 董小燕：《严复思想研究》，浙江大学出版社2006年版，第7页。

知、好古、排外、盲从等；关于民德已薄的表现主要有自私、缺乏国家思想、公德沦丧等方面。

二是“劣根”单列式。这种方式是按照严复的“劣根”说，研究严复关于国民某一方面劣根性的论述，比如奴性、愚昧、自私等。这些研究往往是论者论及严复的自由主义思想、权利思想、科学思想、教育思想、伦理思想等思想时所提出来的。比如，结合自由思想论述依附心理、结合公私观论述国民义利观①、结合道德人格思想论述传统人格缺陷、结合民权思想论述奴性等。由于这些研究在论述一个劣根性时，是从某一角度切入并展开，有某一哲学思想或政治学理论的支撑，因而这些研究显得比较深刻。

三是“思潮”反衬式。这种方式是把严复“制度与国民性互动”思想放在整个国民性改造思潮中去研究。它按照国民性改造思潮的发展脉络，通过分析严复与中国近代其他启蒙思想家在国民性上的观点，通过对比研究，从中发现严复关于近代中国国民劣根性的思想的特点。② 这种方法有利于在全景式的展示中比较客观地把握严复思想的历史地位和历史影响。

总体来说，对于严复关于近代中国国民性劣根性，学界研究的切入点虽有不同，但是对严复国民劣根性的具体表现的认识还是基本一致的。

2. 关于近代中国国民劣根性的根源

严复对近代中国国民劣根性的制度根源进行过深刻分析。然而，学

① 参见熊乡江：《严复对中国传统义利观的重构》，《江西社会科学》2009 年第 1 期。

② 参见袁洪亮：《人的现代化——中国近代国民性改造思想研究》，人民出版社 2005 年版，第 50—134 页。

界对这个问题并不十分重视，只有以下几位学者进行了初步的分析。

隋淑芬认为严复把近代中国国民劣根性的根源主要归之于专制制度。她说："严复反思了中国国民素质低下的原因，正是几千年的封建专制制度及其教育，培养和造就了国民适应专制制度的习性和劣根性。严复认为，国民的愚昧、依附性和奴性等是专制制度得以存在和延续的基础。"①

汪海萍认为主要是教化制度。她说："严复认为，中土德性败坏，最痛心者无过于恤私、无耻两端。而究其因，皆源于'教化学术非也'。教化之非，集中体现在政教非但不是为民而立，反而'以国与民殉乎政教'。"②

彭南生认为是宗法制度和封建专制。他说：在严复眼中，保守性、排外性、为忮性、盲从性是近代中国国民"恶根性"的主要表现，直接影响人们投身社会变革的情绪。但是，要改造国民"恶根性"，首先必须弄清其产生原因。"严复从历史观、宗法传统、封建政治文化及传统教育、地理环境等方面进行了剖析"。③

张晋安、陈曼娜认为，严复不乏启蒙思想家所特具的那种透辟和洞识，他论述了近代中国国民劣根性产生的四个方面的原因，封建专制制度的长期统治，是造成国民的麻木性、奴性和缺乏人道、没有公德的最直接根源；儒教的长期浸染毒害；八股取士制度对国人思想、智慧的禁锢和扼杀；传统学术思想的侵蚀。④

---

① 隋淑芬、余灵灵：《严复的教育价值论》，《人才开发》2005 年第 6 期。

② 汪海萍：《严复与道德重建》，《学术月刊》1998 年第 9 期。

③ 彭南生：《论严复对国民"恶根性"的批判与改造思想》，《江苏社会科学》2000 年第 6 期。

④ 参见张晋安、陈曼娜：《略论严复的开民智思想》，《南都学坛》1993 年第 4 期。

### （三）严复新制度与国民性良性互动的思想

学界对近代中国制度与国民性良性互动思想的研究，主要集中在理想国民性和相应的制度安排方面。

1. 关于严复理想国民模型

对严复理想国民模型的思想，学界从不同的角度进行了比较深入的研究。

第一，从“三民”的角度进行分析。丁平一、张伶伟就是采取这种方式的代表。他们从三方面论述了严复教育兴国思想的特色，认为严复主张从民力、民智、民德三方面入手来提高民族教育水准，是近代中国最早系统论述力、智、德“三育”并重的教育思想家。① 采取这种分析角度的还有李砂砂②、陈敏与陈伯强③。

第二，从国民素质的角度进行分析。这种分析方式是根据现代素质理论框架，把严复关于近代中国国民性改造思想放到中西文化背景中去进行比较。比如，隋淑芬通过比较认为，严复是近代对国民素质及其教育始终予以最深切关注的启蒙思想家。他从政治素质、道德素质、知识素质、思维素质、心理素质等五个方面对中西国民进行了比较研究，并探析了造成差异的原因。他力图通过这种研究，建立现代国民素质的基本模式，定位改造国民性的目标系统，探究国民由传统人向现代人转变

① 丁平一、张伶伟:《严复教育兴国思想之特色》，《大学教育科学》2003 年第 2 期。

② 李砂砂:《严复教育思想述论》，《阴山学刊》2003 年第 4 期。

③ 陈敏、陈伯强:《论严复改革教育的创新精神》，《福建师范大学学报（哲学社会科学版）》2003 年第 1 期。

的途径。这一研究至今仍具有重要的价值。[①]

第三，从共时性比较的角度进行分析。这种研究就是把严复的理想国民目标模型与其他学者的模型进行比较。吴玉伦把严复和蔡元培这方面的思想进行了比较，认为：作为思想启蒙者，严复对教育的认识直接和明显地影响着蔡元培“五育”教育、“男女平等教育”“思想自由、兼容并包”“美育代宗教”等教育思想的形成和发展。但该种影响不是全盘的接收，而是学习中的改造和借鉴中的超越。[②] 宫兴华把严复与福泽谕吉的思想进行了比较，发现“他们虽然活跃于不同的历史时期，但他们在面对西方先进文明侵入和本国传统文化逐步解体的过程中，却不约而同地提出了‘开民智’的思想。二人均认识到了各自国家民智未开、国民素质低下的状况，因此强烈要求开民智，引入西方先进文明形式以进一步促进本国封建意识形态的解体，并一致认为开民智是救亡、图强的核心”。[③]

第四，从理想模型的历史意义进行分析。田薇、胡伟希两人从社会政治史的角度出发，站在学术思想史的角度对严复的理想国民模型进行了分析，他们提出：严复建立了一种新的天演论道德观，突破了中国传统伦理思想的框架，这就是从心学到群学、从人性论到进化论、从修己论到功利论、从善恶论到苦乐论，对于中国近现代伦理思想的历史性变

① 参见隋淑芬：《严复的中西国民素质及其教育比较研究》，《比较教育研究》2004 年第 8 期。

② 参见吴玉伦：《论严复对蔡元培教育思想的影响》，《贵州文史丛刊》2005 年第 3 期。

③ 宫兴华：《严复与福泽谕吉智德观比较》，《西南交通大学学报（社会科学版）》2005 年第 5 期。

迁具有奠基性作用。①

2. 关于造就理想国民的制度安排

严复对如何通过制度安排造就理想国民，进行过深入的思考，提出过精辟的见解。对于这方面的思想，学界的研究主要集中在以下方面：

第一是对严复所提出的改造近代中国国民性的制度进行梳理。张春燕认为，严复在改造近代中国国民性的具体方式上，是比较保守和谨慎的。他已经敏锐地发现，封建君主专制制度和与之相应的驭民和防民政策，实际上是导致古代中国人素质低下的重要根源。按此逻辑，要提高中国国民的素质，理所当然要推翻封建专制制度。但是，由于严复深受改良主义立场的限制和社会有机体理论的影响，因此对变革君主专制制度保持非常谨慎的态度，对激进的制度革命是反对的。“他往往是孤立地谈人的素质，这就使他的改造国民性理论在现实中难以产生实效。纵观他的改造方式与途径，大体有以下几点：废八股、讲西学；实行思想、言论自由；改造社会教化制度、振兴教育。”② 张晋安、陈曼娜对严复教育制度变革进行了比较深入的研究，他们认为，与严复温和的改良主义思想相一致，其方法和措施也是非常温和而平稳的。严复特意提出改良的五项措施是：废八股、重视科学知识、发展实业教育、普及小学教育、重视德育教育。③

第二是对严复所做的改造近代中国国民性的某项制度安排进行深入的研究。黄书光深入研究了严复的教育制度安排，他认为，严复把教育

① 田薇、胡伟希：《略论严复的天演论道德观及其对中国传统伦理思想的突破》，《教学与研究》2005 年第 7 期。

② 张春燕：《严复国民性思想评析》，《长白学刊》2007 年第 3 期。

③ 张晋安、陈曼娜：《略论严复的开民智思想》，《南都学坛》1993 年第 4 期。

制度作为根除近代中国国民“劣根性”的重要途径。关于严复改造近代中国国民劣根性的教育措施，主要归纳为以下几点：开办学堂，强制普及义务教育，提高国民的整体素质水平；更新传统教育内容，改变传统思维模式；改变旧的教育方式，培养“求真创新”的科学态度；发展职业教育和女子教育。然而其教育论并非简单地搬用英国教育家斯宾塞的教育理论，而是适应中国近代社会需要的理性选择，极有利于新国民素质的形成。① 马克锋则主要研究严复所做的政治制度安排，他认为，严复为提高中国国民素质，所提出的改造方法主要是“鼓民力、开民智、新民德”。所谓鼓民力，主要是反对早婚、缠足，使人民体质增强，有强健的体魄；所谓开民智，主要是废除八股，提倡西学，使人民打开眼界，启迪新知；所谓新民德，主要是创立议院，实行地方自治，进行君主立宪，使人民养成爱国公德。② 郑军研究了严复为提高国民法律素质所做的制度安排，他认为，严复从臣民意识、法律刑法化，义务本位，治狱残酷和“无诉”的传统法律文化等方面对此进行了深刻而精辟的解析，指出只有通过实行立宪制度，才能实现国民身份转化；只有通过建立民主的诉讼制度，才能维护和保障法律正义，唯有如此，国民才能亲法、近法，并树立法律至上的信仰。③

第三是运用比较的方式研究严复这方面的思想。宫兴华比较了严复与福泽谕吉的相关思想，认为同为“开民智”，严复有感于八股取士的腐朽，提出新式的教育理论和新型的人才培养机制，但却受限于政府主

① 黄书光：《论严复的教育哲学观》，《福建论坛（人文社会科学版）》2000 年第 1 期。

② 马克锋：《严复“三民”思想及其当代价值》，《教学与研究》2009 年第 1 期。

③ 郑军：《论严复的国民法律素质思想》，首都师范大学 2008 年硕士学位论文。

导一切的国民教育模式；福泽谕吉肯定明治以来政府日益完善的教育体制，倡导以学者为先导，学者、民众、政府三位一体的国民教育模式。同为“新民德”，严复始终处于中西学的矛盾之中，摈弃“天赋人权”；福泽谕吉却尽力引入西学，以求取代汉学在日本文化中的主体地位，所以热赞“天赋人权”。[①]

3. 关于国民性催化民主政治的思想

从既有的文献看，关于国民性催化民主政治的思想，学界已有的研究主要集中于民主政治的制度分析，对于民主政治与国民性的关系的研究还是空白。学界对严复民主政治思想的研究主要有以下方面：

第一，关于民主政治思想的形成。任燕妮认为严复的民主政治思想主要受英国的达尔文、穆勒、赫胥黎、斯宾塞等思想家的深刻影响，其形成可以分为三个阶段：戊戌变法失败以前、戊戌变法失败以后——辛亥革命、辛亥革命以后。由于严复的民主政治思想常常隐匿在他的政治杂文中，没有系统的专门论著。[②] 因而，学界在研究清末维新派的民主政治思想的过程中，尽管也经常论及严复的民主政治思想，但是，这些研究对严复民主政治思想的形成缺乏全面而系统的研究。

第二，关于严复民主政治思想的价值。王人博对严复民主政治思想的价值给予高度的评价。首先，严复是近代中国民主政治思想的开拓者，“是中国传递民主政治文化之火的第一人、第一棒”。其次，他的民主政治思想与同时代人有着根本的不同，这就是其实现民主政治

① 宫兴华：《严复与福泽谕吉智德观比较》，《西南交通大学学报（社会科学版）》2005 年第 5 期。

② 任艳妮：《严复宪政思想研究》，陕西师范大学 2006 年硕士学位论文。

的道路是经验理性主义道路。因而，严复的民主政治思想不仅在近代有其独特的价值，在现代也同样具有可发掘的价值。他说："严复之于西方，为西方人认识自己的文化提供了一个模本；严复之于中国，他不仅为中国人了解体认西方文化，特别是民主政治文化开了一个硕大的窗口，而且通过对西方民主政治文化的理解和体认促使我们进一步审视我们自己。"①

第三，关于严复民主政治思想的目标。王建龙深入探析了严复民主政治思想的形成背景，认为其民主政治思想实际上有三个不断递进的目标，它们分别是救亡、富强和"治道"②。"治道"是其终极目标，在这一目标的影响下，严复的民主政治思想表现出独特性，而其一生中许多看似相互矛盾的言论和思想也可以在这一终极目标的框架下获得合理解释。

第四，关于严复民主政治思想的失败原因。李玉琳认为：尽管严复曾经严厉地批判了封建专制制度，大力提倡实现君主立宪，但是，因为严复认为中国国民素质还没有真正达到实行民主共和制所要求的水平，因此，他一直主张暂缓实施民主政治。"他把实现民主政治之希望寄托于权威政治，导致其民主政治理想最终在现实面前破灭。"③

第五，研究严复民主政治思想的要素结构。杨阳仔细梳理了构成严复民主政治思想的各种要素——人权、民主、法治、分权、平等、立宪和选举等。他认为："严复的民主政治是以国家与政体为前提、民主为基础、立宪为起点、三权分立为核心、人权为内在目的民主政治概念。

① 王人博：《宪政文化与近代中国》，法律出版社 1997 年版，第 179 页。

② 王建龙：《严复政治哲学研究》，华东师范大学 2003 年博士学位论文。

③ 李玉琳：《严复宪政思想探析》，《陕西省行政学院陕西省经济管理干部学院学报》2006 年第 1 期。

同时对严复民主政治思想的形成背景与发展演变做了划分与考察。”[①] 吴向红与杜力夫认为：严复所介绍和主张建立的资产阶级民主政治制度，对中国近代的历史发展影响巨大。他主张：保障公民自由是民主政治的根本目的；通过代表制建立责任政府是民主政治的基础；并强调法治是民主政治之下的法治，不仅治民，且要治官。严复对建立资产阶级民主政治艰巨性的认识不是保守，而是睿智。[②]

### （四）严复“制度与国民性互动”思想的评价

学界对严复“制度与国民性互动”思想的评价主要有两方面：积极性和局限性。

1. 关于思想的积极性

第一，是从爱国主义方面论及。有学者指出，严复对近代中国国民性问题的深入思考，表现出他的强烈的爱国主义精神。在民族危亡的非常时期，他继往开来，为寻求国家积弱的内在原因，探求救国救民的途径，大胆地剖析了近代中国国民性格的深层结构。他以深刻的民族自省意识极大地冲击了曾经生长在中华民族内心深处的顽固偏见，推动近代爱国主义思想产生质的飞跃。

第二，从社会思潮方面阐述。鲍绍霖认为，从西学东渐的角度看，严复的近代中国国民性改造思想，引导了近代中国人的国民性改造和研究思潮的发展方向。严复从新的角度去探寻近代中国落后的原因，从更深的层次上为中国人的现代化运动提出了一个全新的历史课题，把人的

① 杨阳：《严复宪政思想研究》，重庆大学 2008 年博士学位论文。

② 吴向红、杜力夫：《严复宪政法治思想初探》，《福建论坛（社会科学版）》2007 年第 8 期。

现代化提上了中国现代化转型的议事日程。①

第三，从政治启蒙方面揭示。有学者认为，严复揭开了国民改造运动的序幕，在一定程度上促进了中国国民素质的提高，同时也激发了国民的革命热情。比如，田薇、胡伟希认为："严复建立了一种新的天演论道德观，突破了中国传统伦理思想的框架，这就是从心学到群学、从人性论到进化论、从修己论到功利论、从善恶论到苦乐论，对于中国近现代伦理思想的历史性变迁具有奠基性作用。"② 洪峻峰认为，严复的思想对五四启蒙思想的深刻影响主要表现在三个方面：(1) 严复引进的进化论，构成了五四启蒙的理论前提；(2) 严复致力于西方自由观念的引进，而个性自由观念构成了五四启蒙的理论核心；(3) 严复拓展了科学的社会功能，促使中国近代科学观念的泛化，而这构成了五四启蒙的理论特征。③

第四，从教育学方面论及，认为严复的关心"三民"问题也是中国教育的核心问题。严复国民性改造思想，特别是关于国民教育的一些主张，对当代社会的改革发展以及人的现代化具有重要的现实意义。比如，张爱勤认为，严复、梁启超在科学教育价值目的、内容、方法等方面的思想既有时代赋予的共同点，又有因治学经历和兴趣不同的不同点。梳理、比较他们的科学教育思想，对于了解中国近代科学教育的发

---

① 参见鲍绍霖：《国民性研究：东西文化相互影响三部曲》，《清华大学学报（哲学社会科学版）》1991 年第 1 期。

② 田薇、胡伟希：《略论严复的天演论道德观及其对中国传统伦理思想的突破》，《教学与研究》2005 年第 7 期。

③ 参见洪峻峰：《论严复对"五四"启蒙思想的影响》，《邯郸师专学报》2004 年第 3 期。

展历程具有重要意义。[①]

2. 关于思想的局限性

第一，没有科学地解决国民性改造与政治革命之间存在的内在矛盾。张春燕认为，对于国民性改造与政治革命的对立统一关系，严复始终缺乏完整的理解，从而不自觉地割裂了这二者间的内在联系。改造国民性和争取民族独立，对近代中国人来说，都是亟须解决的重大问题。这二者既互为前提，也相互依赖，因而，任何针对某一方面的单独改造行动，都不可能从根本上解决近代中国的实际问题，“这是个历史性的二难选择”。[②]

第二，没能更多地从个体的立场上关心个人的自由、人格、平等等现代思想命题。在严复看来，国民性改造是手段，救亡强国才是目的。“严复对国民性问题思考的切入点是救亡强国，是站在国家民族的立场上去考察审视国民性的优劣。”[③]

第三，缺乏政治、文化和经济的综合改造意识。梁景和认为，近代中国国民性改造是一项长期而艰苦的文化建设工程，“需要通过政治、经济革命的协助、配合才能取得切实成效”。[④] 如果经济基础和基本制度没有改变，严复提出的改良主义的国民性改造方案就成为无根之树，基本不可行。

第四，理论和实践相脱离。不同于孙中山等人既是理论家又是实践者，严复只是理论家，而参与的政治实践活动并不很多，因而他对近代

① 张爱勤:《严复梁启超科学教育思想之比较》,《内蒙古师范大学学报（社会科学版)》2007 年第 8 期。

② 张春燕:《严复国民性思想评析》,《长白学刊》2007 年第 3 期。

③ 张春燕:《严复国民性思想评析》,《长白学刊》2007 年第 3 期。

④ 梁景和:《清末国民性批判》,《清史研究》1999 年第 3 期。

中国国民性的改造尽管进行了大量的深入思考，但是他提出的一些观点并不具有现实可操作性。

（五）学界研究的不足

综上所述，学界对严复国民性改造思想的研究，尽管已经取得了相当显著的成果，并且在许多问题上达成了共识，为开展进一步的研究打下了扎实基础。但不可否认的是，严复“制度与国民性互动”思想的研究水平还有待提高。

第一，研究所使用的材料有待拓展。目前，学界用于研究严复国民性改造思想的材料主要是王栻主编的《严复集》。这套文集出版于1986年，当时由于条件的限制，并没有囊括严复所有的著作。比如，严复发表于国外刊物的著作、写给国外朋友莫理循等人的信件以及与于右任等人的论战文章等。直至2003年，孙应祥、皮后锋主编的《〈严复集〉补编》才弥补了这些遗憾。然而，学界并没有对该书给以应有的重视。此外，学界对作为严复思想来源的西方文献明显重视不够。作为近代西学第一人，严复认真研读了许多西方著作。如果不对照严复研读的这些文献，就很难发现这些著作对严复产生的影响，也不能能理清严复对西方近代思想的改造和创新。而这恰好是一个研究严复思想的重要切入点，目前，黄克武、王宪民、皮后锋等人的有影响的研究，就是因为比较分析严复与西方学者思想之间的关系而取得的。然而，就整体而言，学界在这方面显然是不够的。

第二，对严复变法思想与国民性改造思想之间的互动，缺乏深入全面的研究。严复一生为立宪而主张国民性改造，为国民性改造而呼吁制度变革。他的变法思想与国民性改造思想是圆融一体的。就立宪主张而言，国民性改造是其实现立宪的重要手段。严复对民主政治的组织、性质、特征、本质和架构等方面的认识，决定其对实现民主政治的手段路径的选择。就国民性改造而言，立宪是其国民性改造思想的重要目标。立宪的目标决定其建构的理想国民模型。然而由于学科领域的存在，学界一直往往人为割裂其整体性，单独研究其中的国民性改造思想或民主政治思想，忽视了二者的互动关系。这种研究尽管有其一定的价值，然而难以准确把握严复整个思想的面貌。

第三，对严复国民性改造方式的变化缺乏历史性研究。在严复国民性改造方式的研究上，学界目前着重考察的是教育、舆论、文艺等方面，对经济制度、司法制度、家族制度、宗法制度和社会组织等方面的研究相对很少，对各种改造方式的整体研究还没有出现。此外，学界对严复国民性改造思想的考察往往是静态的，忽视其发展变化。实际上，随着民族危机的日渐加深和社会结构的显著变化，严复在近代中国国民性的改造方式、改造目标、改造主体及改造重心等方面的认识，也都发生着一些细微而深刻的变化，是严复思想深刻发展的重要表现。对严复思想中的这些变化缺乏历时性研究，显然是导致学界对严复的评价难以形成共识的重要原因。

第四，对严复“制度与国民性互动”思想的研究方法有待创新。国民性是一个标示国民整体特质的范畴，关涉国民的思想道德、价值观念、行为方式及心理特征，因而对它的研究需要借助教育学和心理学的理论和方法。然而，我们应该注意到严复更主要的是启蒙思想家，他的“制度与国民性互动”思想的主要理论基础并不是心理学理论。他深受斯宾塞、赫胥黎、孟德斯鸠、亚当·斯密、约翰·密尔、洛克以及休谟等人的影响，其思想的理论基础是社会有机体论、进化论、人权思想、民主政治学说以及政治经济学等理论，因而，要全面准确地把握严复“制度与国民性互动”的思想，就需要综合运用现代的制度经济学、政治社会学等方法，唯有这样才能对近代国民性改造开展多视角的研究。

## 三、研究思路、研究难点与创新点

### （一）本书的研究思路

本书采取了文本分析法、比较分析法、归纳法等研究方法，综合运用制度经济学、政治学、教育学等学科的理论，遵循严复“提出问题——分析问题——启示”的逻辑，采取“线式”结构安排法，从历史背景、形成过程、理论体系、理论困境、历史价值、现实启示等多个维度，分为五章开展研究。

第一章从严复当时面临的甲午战败、日本强盛等方面研究及思想形成的历史条件。然后，简述休谟、孟德斯鸠、斯宾塞与赫胥黎等人对严复的影响，着重描述严复从中继承的部分。最后简述该思想的理论个性。

第二章至第四章是本书的重点，主要围绕“制度与国民性互动”的问题进行研究。严复互动思想是由三个相辅相成的方面构成的有机整体：一是对旧制度与近代中国国民劣根性互动的研究；二是对突破旧制度与近代中国国民劣根性互动关系的条件分析；三是在前两个步骤的基础上，提出解决问题的方法，即如何建立新制度与国民性的良性互动社会、实现国家富强的设想。故此，本书拟把严复互动思想按照其内在的逻辑关系，分为以下三个部分进行研究。

第二章探究严复对旧制度与近代中国国民劣根性恶性互动的反思。这部分首先从官僚体制、司法体制、教化体制和经济体制等方面探讨严复对旧制度劣化国民性的分析。然后，研究严复对近代中国国民劣根性固化封建制度的分析，包括阻碍资本主义体制的生成；维系封建制度的稳定；消弭国民的变革能力等内容。最后研究严复关于近代中国国民劣根性分析的局限性。

第三章考察严复对新制度与理想国民性良性互动的探索。首先对严复有关突破旧制度与国民性均衡状态的思想进行研究。然后在此基础上，对严复推动新制度优化国民性的设想进行分析，包括地方自治制度、司法制度、教育制度和市场经济体制对国民性的优化。最后探析严复新国民催化新制度的思想，分析新国民的价值观、政治意识和形成的社会组织对民主政治的意义。

第四章考察严复“制度与国民性互动”思想的价值。从三个方面分别阐述严复互动思想的价值：引导近代国民性改造思潮的人本价值取向；揭示制度民主化与自由人格化的体用关系；引入近代国民性新的分析工具。

第五章探究严复新制度与国民性良性互动思想的困境。首先，研究两个互动主体——威权与国民——参与动力缺乏的原因。然后，研究互动的时空困境，即面临的时间急迫与制度选择空间狭小。接着，研究制度与国民性良性互动在手段和经济方面存在的困境。最后，研究互动中存在的矛盾，即自由与秩序的矛盾和国群自由与小己自由的矛盾。

### （二）本书的研究难点

第一，需要梳理的原始资料量大而庞杂。启蒙思想家严复尽管提出了许多深邃的思想，但是他没有自己系统的专著。《政治讲义》原来被罗家伦先生认为是严复“译而兼著”的唯一专著[①]，但戚学民的考证表明：

① 罗家伦：《近代中国文学思想的变迁》，《新潮》第 2 卷第 5 号，“国立北京大学”出版部 1920 年发行。

《政治讲义》全书体例、篇章结构和材料语句都与英国剑桥大学近代史教授西莱的《政治科学导论》基本相同或相似。[①] 因而，要比较准确地把握理解严复“制度与国民性互动”思想，就要对反映严复思想的各种相关材料进行梳理。这些材料涉及其讲稿、诗文、书信以及《天演论》《原富》《法意》等译著和按语。由于这些原始资料庞杂，用语古奥艰涩，要从中梳理出严复的思想，是一件非常艰难的工作。此外，还要分析反映晚清的各种制度和国民性的材料，比如，反映制度方面的有《大清律例》与《大清律集解》等律典、《康熙会典》《乾隆会典》等会典，以及《户部则例》《吏部则例》等单独编订的例，此外还有反映国民性的府志、日记、报刊等。因此，对原始资料的梳理也是本书的难点之一。

第二，标题安排存在困难。一般来说，把制度与国民性一一对应，不仅可以明确地反映它们之间的因果关系，而且可以增强阐述时的条理性。然而，仔细分析可以发现：制度与国民性之间不是一一对应的关系。一定时期的某一国民性往往是自然环境、社会制度与历史传统等因素共同作用的结果，制度只是形成国民性的主要因素之一。而且，制度与国民性之间的关系非常复杂，既存在某一制度对多个国民性产生不同的作用，又存在某一国民性是多项制度综合作用的结果；既存在制度对国民性的强化、弱化等作用，也存在国民性对制度的固化、催化等作用。这样就使在标题安排时难以把某一制度与某一国民性一一对应起来。

第三，析取隐蔽在严复译著中的严复思想。由于历史的原因，在严复生前，国民劣根性还没有成功祛除，严复关于新国民为何以及如何催

① 戚学民：《严复〈政治讲义〉文本溯源、言说对象和理论意义》，清华大学2002年博士学位论文。

生新制度的思想没能在他的论著中完全展开。要发掘严复这方面的思想，只能顺着严复思想的内在理路，研究严复生前可能接受的西方近代民主政治思想，特别是斯宾塞、洛克、卢梭、孟德斯鸠、亚当·斯密、密尔等人的译著。深切的忧患意识与急迫的救世心态，使得严复并不甘于单纯翻译原著，而是急于在译著中直接发表意见，由此，托译言志成为严译名著的一大特色。鲁迅指出，严译名著是严复“做”出来的。王栻指出，严译名著可以看作严复的著作。严复托译言志的途径有三条：第一是在译著的序言、译例言中发表看法；第二是在译文中附加大量的按语；第三是有意无意地通过综合运用换例、精译、简译、不译、漏译、曲译、篡改等多种方法在译文中渗入自己的观点，如假借赫胥黎等人之笔，批判中国传统文化中的天道观、复古史观、纲常名教等。这些渗入在译著中的观点，没有明白说明，极为隐蔽，不易察觉。为此，需要把严译名著与严复翻译的英文原著进行仔细对照，方能辨析其中的严复思想。因而，析取隐蔽在严复译著中的严复思想是本书的又一难点。

### （三）本书的创新点

第一，研究严复对近代中国国民劣根性如何维系旧制度以及新国民如何催生新制度的分析。为寻求国家富强，启蒙思想家严复一生致力于推动制度变革和人的现代化研究。在他的思想中，制度变革与国民性改造是相互契合、相互依赖的有机统一体。严复指出：“今夫政学家之言国制也，虽条理万殊，而一言蔽之，国立所以为民而已。故法之行也，亦必视民而为之高下。方其未至也，即有至美之意，大善之政，苟非其民，法不虚行；及世运之进也，民日以文明矣，昧者欲殉区区数百千人之成势私利，执其湿束虏使之法，挟天祖之重，出死力保持，求与之终古，势且横溃荡决，不可复收，而其群以散。”[1]这表明需要把这二者结合起来进行研究。严复“制度与国民性互动”包括四个方面：即旧制度劣化国民性、国民劣根性维系旧制度、新制度优化国民性以及新国民催生新制度。然而，由于学科旨趣的原因，学界一直是把这二者进行分别研究。法学界主要研究严复的制度变革思想，如民主政治的特点、结构以及历史地位等。教育学界主要研究严复的国民性改造思想，包括严复对近代中国国民劣根性的批判、国民劣根性的各种根源以及国民性改造的目标、途径和启示。显然，现有研究忽视了严复关于国民劣根性如何维系旧制度以及新国民如何催生新制度的分析，是不够全面的。为了比较全面地把握严复的思想，本书拟对这两方面进行比较深入的研究。

第二，严复“制度与国民性互动”思想的困境。一直以来，学界强调要对思想家给以“同情的理解”，而不能用现代的理论苛求他们，为此，对严复思想的研究往往侧重于挖掘其中的精华，而很少关注于其中的局限。在研究中挖掘思想家的思想精华或积极意义是完全必要的，然而，更重要的是思想史的研究要坚持一分为二的观点——在探求其思想精华的同时，还要注意其思想存在的局限性。严复“制度与国民性互动”思想没能在近代史上得以贯彻实践的事实，反映该思想可能存在不适应社会发展规律的地方。但是，学界还没有就其中原因展开深入细致的研究。目前，学界仅张春燕论及严复思想的不足，但是她在《国民性思想评析》一文中的分析是非常简略的，只用不到200字，只涉及两个方面：“首先，严复的国民性思想没有也不可能妥善地解决国民性改造与政治革命之间的关系。其次，他还不能更多地从个体的立场上关心个人的自

① 严复：《〈日本宪法义解〉序》，载《严复集》，中华书局1986年版，第96页。

由、人格、尊严、人权、平等等现代思想命题。”①

为了比较全面地理解严复“制度与国民性互动”的思想，本书从四个方面对该思想的困境进行研究。其一，互动的动力困境，分析严复的方案得不到威权和普通国民的支持和响应的原因。其二，互动的时空困境，分析严复的方案实施所面临的正向互动的时间急迫和制度选择的空间狭小的问题。其三，新制度与国民性良性互动的资源困境，分析严复的方案面临的互动手段困境和社会成本困境。其四，新制度与国民性良性互动存在的矛盾，分析严复的方案面临的倡导自由与维持秩序的矛盾和国群自由与小己自由的矛盾。通过这四个方面，八个角度的分析，可以对严复的救国方案有更为深刻的认识。

第三，运用制度经济学的有关理论对严复思想的困境进行分析。严复深受亚当·斯密的影响，明确赞成其乐利主义思想，认为人的本性是趋利性，维护人的个人利益是合理、正当的。他在分析近代中国国民性的成因时，经常运用经济学的分析方法。严复对近代中国国民性的成因所做的经济分析是比较深刻的。他认为溺女之风与经济利益密切相关。他说：“人道而深于财，则虽骨肉之间，其用爱常不及禽兽。夫禽兽无自杀所生者也；有之则其种早晚灭。顾以人而或为之者，无他，计深于财故耳！吾乡三十年前，溺女之风最盛，则以乡里之俗，凡嫁女必为厚奁。”②他指出，国民爱国思想之所以缺失是由于封建社会的财政税收制度规定的取之于民而用之于上的安排。首先，严复对近代中国国民劣根性的根源有比较深刻的认识。他认为，高度集权的行政体制在皇帝与各

① 张春燕：《严复国民性思想评析》，《长白学刊》2007年第3期。

② 严复：《〈老子〉评语》，载《严复集》，中华书局1986年版，第1011页。

级官员之间形成很长的委托——代理关系链条，皇帝不能有效监督下属，从而出现大量的贪污现象。封建社会的等级制度规定了国民间的主从关系，致使中国国民丧失主体性，表现出麻木、冷漠、依附、自私等行为偏好。其次，严复认为，在封建社会中，任何试图改变封建社会游戏规则的行为，都可能使行为当事人的收益具有不确定性，而且具有极大的外部负效应，给行为当事人的家族带来极大风险。因而，封建的社会制度与国民劣根性之间达到了均衡，形成了一种恶性互动的关系。最后，严复认为，要突破旧制度与国民劣根性之间的均衡状态，需要借助外部力量和威权，努力推进非基本制度的变革。只有通过制度变革，进行利益的重新分配，为国民进行自主改造行为提供收益，才能诱致新的行为偏好，激励国民参与君主专制的改造博弈。

运用制度经济学的方法分析严复的思想，是非常有必要的。根据笔者对中国期刊网和中国国家图书馆馆藏图书目录的检索，从 1899 年至今，共有 38 篇学术论文、7 篇硕士论文① 和 5 部论著② 对严复的国民性

① 这些著作有：马伟萍：《严复启蒙道德思想研究》，东南大学 2005 年硕士学位论文；严忠德：《严复教育思想与实践研究》，湘潭大学 2008 年硕士学位论文；赵云雨：《严复与人的现代化》，福建师范大学 2008 年硕士学位论文；黄英：《论严复的开民智思想》，首都师范大学 2007 年硕士学位论文；宫兴华：《严复与福泽谕吉国民性改造思想比较》，西南交通大学 2005 年硕士学位论文；付译文：《严复近代国民政治素质思想研究》，首都师范大学 2007 年硕士学位论文；封云霞：《严复近代国民道德人格思想研究》，首都师范大学 2009 年硕士学位论文；郑军：《论严复的国民法律素质思想》，首都师范大学 2009 年硕士学位论文；廖芹：《严复教育思想研究》，西南师范大学 2004 年硕士学位论文。

② 这些著作有：袁洪亮：《人的现代化——中国近代国民性改造思想研究》，人民出版社 2005 年版；尚明：《中国近代人学与文化哲学史》，人民出版社 2007 年版；皮后锋：《严复评传》，南京大学出版社 2006 年版；马勇：《严复学术思想评传》，北京图书馆出版社 2001 年版。

改造思想进行过研究。在这些研究中，隋淑芬首次把制度经济学作为分析严复国民性改造思想的重要工具，实现研究方法的创新。她在《新制度生成新民德——严复梁启超对新民德路径的思考》一文中，运用新制度经济学的理论对严复梁启超新民德的思想进行了研究，认为他们探讨了新制度生成新民德具有三个不可替代的优势：第一，民主制度设定了国民道德新的选择集，为新道德的合理性提供支持并营建保护域；第二，新制度调动道德的利益驱动机制，引发对新价值理念的认同形成利益的感性驱动力和理性驱动力的良性互动；第三，新制度建构国民道德的“整体理性”，形成他律与自律相结合的道德选择方式，对个体自身的保护，使国民道德具有了真正意义的主体性特征。隋淑芬的研究方法为笔者进一步研究“制度与国民性互动”的其他三个环节——旧制度生成国民劣根性，国民劣根性维系旧制度与新国民催生新制度——提供了重要启示。

## 四、概念界定

制度与国民性是本书的核心概念。然而由于研究视域或研究需要等原因，学界对它们的界定很不一致。笔者拟对这些界定做简要的梳理，然后对它们进行界定。

### （一）制度

制度变迁理论的核心概念无疑是“制度”。因此，在正式讨论之前，有必要对制度概念做一个简单的界定和梳理。在中文中，“制度”一般有两重含义：第一，它是指要求大家共同遵守的办事规程和行动准则，如财务制度等；第二，它是指在一定历史条件下形成的政治、经济、文化等方面的体系，如社会制度等。[①] 在中文的词源中，“制度”同样有两重含义：(1) 法令礼俗的总称。《易 · 节》：“节以制度，不伤财，不害民。”《汉书 · 元帝纪》：汉家自有制度，本以霸王道杂之。”(2) 指规定、用法。元王实甫《西厢记》三本四折：“红云：用着几般儿生乐，各有制度，我说与你。又：末云：桂花性温，当归活血，怎生制度？”[②] 前者可以称为“小制度”；后者可以称为“大制度”，它们有两点是共同的，一是指涉“人与人之间的关系”，二是指正式的或法律方面的规则。在英文里面，有三个词接近中文的“制度”一词，即 institution、system 和 regime。目前，文献中的制度一词有着众多和矛盾的定义，[③] 归纳起来，有以下几类：

其一，“思想习惯”说。该观点的代表是美国制度经济学家凡勃伦，他认为“制度实质上就是个人或社会对有关的某些关系或某些作用的一般思想习惯”；“今天的制度——也就是当前公认的生活方式”。[④] 这种界定不仅揭示了制度的静态存在形式是思想习惯，而且明确地肯定了制度对生活具有指导功能。但是，思想习惯和生活方式并不是制度独有的存在形式，伦理道德规范、风俗和宗教等都与它们有着非常密切的联系。可见，凡勃伦只是揭示了制度的部分属性，并没有对它做整体上的把握。

其二，“机构组织”说。该观点认为制度是集体控制个体的行动或机构和组织。美国旧制度经济学家康芒斯“把制度解释为集体行动控制

① 中国社会科学院语言研究所词典编辑室：《现代汉语词典》，商务印书馆 2005 年版，第 1756 页。

② 辞源编辑组：《辞源》，商务印书馆 1979 年版，第 353 页。

③ [德] 柯武刚、史漫飞：《制度经济学》，韩朝华译，商务印书馆 2000 年版，第 32 页。

④ [美] 凡勃伦：《有闲阶级论》，胡伊默译，商务印书馆 1964 年版，第 139—140 页。

个体行动”。[①] 他认为：“集体行动的种类和范围甚广，从无组织的习俗到那许多有组织的所谓‘运行中的机构’，例如家庭、公司……以及国家。”[②] 这种界定的优点是突出了制度的实体性，但将制度与实施制度的实体机构、组织相混同，从而使制度的外延被泛化了。

其三，“规范体系”说。该观点认为制度是约束行动的规则体系或规范体系，这是不同学科的学者较为普遍使用的关于制度的界说。以下就几个不同学科中的有代表性的制度定义进行简要的评析。德国社会学家马克斯·韦伯认为：“制度应是任何一定圈子里的行为准则。”[③] 这一概念极具广延性，把握了制度的基本内涵——行动准则。伦理学家罗尔斯说：“现在我要把一个制度理解为一种公开的规范体系，这一体系确定职务和地位及它们的权利、义务、豁免等等。这些规范指定些行为类型为能允许的，另一些则为被禁止的，并在违反出现时，给出某些惩罚和保护措施。”[④] 由于特别强调规范的公开性，“形式正义”便成为他研究社会制度正义的重心，因此，罗尔斯忽略了制度的其他方面的含义，没有系统地反映现实中存在的各种制度现象。美国新制度经济学代表诺斯认为：“制度是为人类设计的、构造着政治、经济和社会相互关系的一系列约束。制度是由非正式约束（道德约束、禁忌、习惯、传统和行为

---

① ［美］康芒斯：《制度经济学》（上册），于树生译，商务印书馆1962年版，第86页。

② ［美］康芒斯：《制度经济学》（上册），于树生译，商务印书馆1962年版，第86页。

③ ［德］马克斯·韦伯：《经济与社会（上卷）》，林荣远译，商务印书馆1997年版，第345页。

④ ［美］约翰·罗尔斯：《正义论》，何怀宏等译，中国社会科学出版社1988年版，第54页。

准则）和正式的法规（宪法、法令、产权）组成。”① 在这概念中，被制定出来形诸“文本”的“规则”体系是制度，内在于人们心中的道德、禁忌、习惯和传统等也是制度。这泛化了制度的定义，模糊制度与非制度的界限。不过，他还是明确了制度能产生约束功能的特性。制度包括概念系统、规则系统、组织系统和设备系统四个要素。② 把组织系统、设备系统纳入制度范畴中，实则是没有严格地区分制度与支持制度运行的社会组织和物质力量的关系。如果是这样，那么制度有可能成为具有极大包容性的概念范畴，而难以使人们把握制度的真正内涵。

其四，“互动系统”说。该观点认为制度是一个结构严密、协调一致的社会互动系统。美国社会理论家吉登斯认为：“制度是社会中的互动系统，它们能长时间延续并能在空间上进行人员配置。”③ 吉登斯在此不仅把制度看作为一个能够在特定的范围为社会活动配置相关人员并为这些人员预设某种行为模式的社会有机体系，而且注意到了制度的社会结构与系统的互动关系，这种观点对我们准确理解制度有一定的启示意义。

其五，“结构形态”说。该观点认为制度在本质上是与一定的社会生产力相适应的经济基础和上层建筑的统一体。这种理解源自马克思和恩格斯的著作。马克思和恩格斯使用“制度”概念的时候，总会在“制度”前面加上一些限制词，比如“资本主义”、“工业”和“等级”等等。④

① ［美］道格拉斯·C. 诺斯：《论制度》，《经济社会体制比较》1991 年第 6 期。

② 董泽芳：《教育社会学》，华中师范大学出版社 1990 年版，第 38—39 页。

③ ［美］乔纳森·H. 特纳：《社会学理论的结构》，浙江人民出版社 1987 年版，第 572 页。

④ 邹吉忠：《自由与秩序：制度价值研究》，北京师范大学出版社 2003 年版，第 60 页。

可以看出，这种界定是从马克思和恩格斯对具体制度形态的理解中抽象出来的“制度”内涵，突出了制度的本质，注意到了“制度”与具体的社会基本结构的联系。

仔细分析上述“制度”概念，我们可以发现两个问题：一是人们对制度的内涵缺少一种总体性的把握，大都是从某一特殊方面理解和使用“制度”的内涵；二是尽管诸多形形色色的理解和用法中也存在着一些共识，但这些理解的维度大多是在规则、规范性这一功能上的。这样导致了研究中出现一些问题：一方面，学界由于制度缺失统一普遍性规定的概念，在使用中产生歧义，并形成学理阐释上的混乱，因此，“制度伦理”中的制度应是一般、普遍意义上的，而不是特殊意义上的。另一方面，对“制度”概念的一个共通理解是规范性的功能规定，然而，这个理解本身亦面临着许多难以回避的问题：没有实体的功能是否可能？“制度”功能的实体是什么？何以说明制度的规范性功能？这些功能的本体论依据是什么？可见，从规范性维度对“制度”进行的界定并不是基础性的，“制度”应有更为深刻的把握。

在此，我们认为：制度是人们在社会生活中建立的，以文本形式存在的，旨在调整人与人之间相互关系或规范人的行动的具有强制性的规则体系。制度是动态和静态形式的统一：一方面，它是在人们的社会生活中形成、发展和消亡的；另一方面，它又以一定的文本形式存在于人的大脑中。从静态的形式看，制度是具有强制性、群体性、相对稳定性、确定性和抽象性的规则体系。从动态的角度分析，制度不仅是自然演进与理性建构的统一，而且是均衡性与非均衡性的统一。制度是规则、对象、理念和载体四个要素构成的有机系统。进而，我们将制度变迁界定为：制度要素的变化或要素间组合方式的变化。就社会制度来说，它包括制度改良、制度革命和制度创新三种形态。其中，制度改良是指在不对既有的制度框架进行根本性变革的前提下，为了达到新的目的，适应新的变化而对制度进行的一种“修补”，是对初始制度的加强和完善；制度革命是对现有制度的性质、精神和价值诉求的彻底改变；制度创新是创造具有新的价值目标和理想目标制度的活动。

在严复那里，法、礼、上谕、则例、乡约等都是制度的表述方式。他指出，西方法律制度的外延是非常宽泛的，“西文法字，于中文有理礼法制四者之异译”。[①] 也就是说，以西方法律制度的内涵来衡量，法律除了应该包括中国的“法”、“刑”和“制”等成文法之外，还应该包括由君主发布的诏、谕、诰等。“吾国《周礼》《通典》及《大清会典》《皇朝通典》诸书，正西人所谓劳士。若但取《秋官》所有律例当之，不相侔矣。皇帝诏书，自秦称制，故中国上谕，与西国议院所议定颁行令申正同。所谓中央政府所立法也。”[②] 严复上述认识是符合中国历史的。在中国古代，人们关于法的表述有很多。比如，“夫生法者，君也；守法者，臣也；法于法者，民也。”[③]“王者制事立法。”[④]“圣人制礼作教，立法设刑。”[⑤] 中国古代的法律都由专制君主制订，并以君主个人名义发布，最后强制人民必须遵守的。因而，由君主发布的诏、谕、诰，实际上均是具有最高效力的法律。

① 严复：《〈法意〉按语》，载《严复集》，中华书局 1986 年版，第 936 页。

② 严复：《〈法意〉按语》，载《严复集》，中华书局 1986 年版，第 936 页。

③ 《管子·任法》，浙江人民出版社 1987 年版，第 136 页。

④ 《史记·律书》，岳麓书社 1988 年版，第 376 页。

⑤ 《汉书·刑法志》，法律出版社 1983 年版，第 325 页。

## （二）国民性

如人们常说，每个民族都有自己独特的国民性，如直率的美国人、严谨的德国人、稳重的英国人、浪漫的法国人、保守的中国人。诸种说法虽不能包容其国民性的全貌，却也可窥一斑。然而，“究竟什么是国民性？”一直是论者面临的一个难以说得清、道得明的话题。因为有许多从事文化研究的学者从不同的角度对“国民性”的内涵做出了不同的界定，但至今尚未有一个为人民所接受的权威而固定的界定。

### 1. 国内学界的观点

目前，国内学术界对国民性概念的界定多达几十种，但大体可以概括为以下五种类型：

其一，“社会心理特征”说，该观点认为国民性是指一个民族多数成员所具有的比较稳固的社会心理特征。比如，刘克明、王克兴等人指出，国民性是多数国民所具有的稳定的、反复出现的心理特质，是一种深藏于心灵深处的潜意识，属于低层次的社会意识，从本质上说，它是这个民族国家中的社会心理。① 这一界定是对国民性内涵比较狭窄的理解，因为，在近代启蒙思想家的论述中，国民性至少还包括国民的知识结构和身体素质等方面。

其二，“人格”说，该观点认为国民性是通过国民的行为倾向表现出来的普遍的人格类型。比如，杨懋春认为，国民性是“一个民族的绝大多数人在思想、情操及行为上所表现出来的某种大概固定形态”②。沙莲香

① 刘克明、王克兴：《中国传统人格批判》，江苏人民出版社 1995 年版，第 10 页。

② 杨懋春：《中国的家族主义与国民性格》，载李亦园等编：《中国人的性格——科际综合讨论》，台湾“中央研究院”民族学研究所专刊乙种第四号。

也认为，这种形态表现为“一个民族多数成员共有的反复出现的心理特质和性格特点的总和，是人格的综合体”[①]，而“人格的综合体是一个系统，是多种心理特质按一定的结构方式组成的有机整体，这些心理特质有的是核心特质，有的是次要特质，核心特质与次要特质互相补充，共同构成有机的人格类型”。[②] 童辉杰持相似观点，他认为，国民性“应当指一个国家(文化) 中大多数成员所具有的，并且区别于另一国家(文化) 的共同的人格特性。”[③] 它反映了某种在民族内部一以贯之的文化精神。尽管国民性表现为一个民族的人格，但是，近代思想家主要是从政治和文化等角度去理解分析它。因而，从人格心理学角度理解国民性，难以准确把握这些思想家的关于国民性改造的思想脉络，容易忽视其政治性。

其三，“文化心理结构”说，该观点认为国民性指的其实就是人的文化心理结构。郑师渠、刘再复、林岗等人认为，国民性改造是从人的文化心理结构的深层反映了文化主体意识的崛起和中华民族在反思中深沉的觉醒。[④] 它从人的角度反省民族文化，并通过这种反省开始“人的现代化艰巨工程，即民族性格的改造”[⑤]。其目的是要在中国建立一个与时代发展相适应的新的民族文化心理。[⑥] 这一理解抓住了国民性的重要

① 沙莲香：《中国民族性》(一)，中国人民大学出版社 1988 年版，第 68 页。

② 吕锡琛：《道家与民族性格》，湖南大学出版社 1996 年版，第 25 页。

③ 童辉杰：《中国人的国民性格与日、俄、美三国的比较》，《中国国情国力》1999 年第 2 期。

④ 郑师渠：《辛亥革命后关于国民性问题的探讨》，《天津社会科学》1988 年第 6 期。

⑤ 刘再复、林岗：《传统与中国人》，安徽文艺出版社 1999 年版，第 407 页。

⑥ 崔志海：《中国近代改造国民性思想的先声——论戊戌维新派对传统民族文化心理的反思》，《史学月刊》1994 年第 4 期。

方面——文化和民族。然而，国民性概念是近代才提出来的，具有明显的历史背景，显然，这种理解忽视了国民性的时代性特征。

其四，“国民积习”说，该观点认为国民性指的是不良习惯、陈规陋习。张岱年、程宜山等人认为，国民性根本就不是中国人的本性，不是天生的遗传性或什么“根性”，而是在以自给自足的小农经济为基础的封建社会中形成的不良习惯、陈规陋习，应叫“国民积习”，它包括两个方面：小农经济养成的不良习惯，如愚昧、守旧、怯懦、盲从、散漫、迟缓、安土重迁、没有时间效率观念。专制主义压迫下形成的不良作风，如讲亲亲、重亲属关系、家长作风等。① 的确，有个别思想家对近代中国国民性持全盘否定态度，但包括严复在内的大多数思想家对近代中国国民性的态度则是既否定又肯定的，他们所指的国民性改造实际是改造国民性中的劣根性。因而，把国民性理解为消极的方面，显然窄化了国民性的内涵。

其五，“总和”说，该观点认为国民性是国民的道德、心理和行为特征的综合。袁洪亮指出：“国民性是指一个民族在长期的历史发展进程中自然形成的、其大多数社会成员所普遍具有并重复出现的道德价值观念、社会心理以及相应的行为方式的特征的总和。”② 这个界定从形成和结构两个方面理解把握国民性，是一种可取的思路。但存在的问题是，我国是多民族国家，因而我国的国民性是我国众多民族共有的国民性，如果把国民性界定为一个民族的，容易造成

① 张岱年、程宜山：《中国文化与文化论争》，中国人民大学出版社 1990 年版，第 297 页。

② 袁洪亮：《人的现代化——中国近代国民性改造思想研究》，人民出版社 2005 年版，第 16 页。

理解上的偏差。

此外，也有学者认为国民性不是一个科学的范畴。他们提出的理由主要有三个：一是，在一个国家民族内部，尽管有比较多的人有某种性格，但不能说成是国民性。因为，按字面讲，国民性就是全体国民都具有的性格，这是不可能的，在阶级社会里，即使同一阶级的人也不一定都有一样的思想。① 二是，国民性是在某一主导阶级制约下的社会心理，并非各个阶级心理的融合，它也不可能存在一个完整的思想体系②。也就是说，国民性实际就是主导阶级的特性。三是，国民性既可以指人民大众的精神状态和思想觉悟，也可以指封建统治阶级的思想意识以及在其影响下所形成的某种精神状态，甚至还可以指社会各阶级的人所共有的心理素质、精神状态和思想意识。③ 国民性这个研究对象不是个类概念，而是集合概念，不是量概念，而是质的概念。④

我国学界对国民性概念的研究，虽然方法和角度各异，但是，都认为国民性概念可以被建构在确定和标准的类型上，封闭的概念无法弥合自身的理论与历史实践之间的分裂。国民性概念与理论具有明显的不确定性和模糊性，在西方，它是由知识演变、思想活动和世界历史运动诸因素共同编织的历史性范畴，对近代中国而言，从知识的范畴看，具有

---

① 李何林：《从“国民性”问题谈〈阿 Q 正传〉》，载鲍晶主编：《鲁迅“国民性思想”讨论集》，天津人民出版社 1982 年版，第 337 页。

② 鲍昌：《论鲁迅的“改革国民性”思想》，载鲍晶主编：《鲁迅“国民性思想”讨论集》，天津人民出版社 1982 年版，第 258 页。

③ 邵伯周：《讨论鲁迅关于“国民性”问题的见解》，载鲍晶主编：《鲁迅“国民性思想”讨论集》，天津人民出版社 1982 年版，第 141—149 页。

④ 朱志勇：《关于国民性之“在”的追问》，《甘肃社会科学》2005 年第 5 期。

多样性，在实践功能方面则自觉地以民族国家的建设为前提和归宿。①

2. 国外学界的观点

国民性在英语中统称 Nationality。相较于中国，西方许多学者对国民性问题的研究，更早、更久、更深入。西方对国民性问题的研究，早在近代中国学人研究国民性之前的文艺复兴时期就已经出现，首先是从孟德斯鸠开始的。因具有悠久的历史，他们的研究更为深入，呈现不断深刻的过程，具有实证和科学的特色。他们对国民性的界定，具有丰富的视角，大体可以归纳为以下几种类型：

其一，民族总精神说或生活方式说。这是孟德斯鸠在其政治社会学著作《论法的精神》一书中提出的。他认为一个民族的性格由多种因素决定，所以提出了一个综合性的概念——“人类受各种事物的支配，那就是气候、宗教、法律、施政的法则、先例、习俗、礼仪等，由此形成了一个总精神。”② 孟氏认为气候、土壤对人的生理、精神和心理方式都可以产生重要影响，但他并不是像人们所说的那样相信严格的地理决定论。另一个代表雷蒙·阿隆指出，国民具有一个总精神，“就是美国人类学家所说的一国的文化，即某种生活方式和共同的形式，而这种方式或形式不是一种因素，而是一种结果，在长期内构成一个社会类型的全部自然影响和精神影响的结果”③。可见，在雷蒙·阿隆看来，“国民性”不是一个或少数几个局部因素，而是物质的、社会的和精神的因素总的

① 孙强：《国民性概念与理论的历史性考察》，《山西师大学报（人文社会科学版）》2004 年第 4 期。

② ［法］孟德斯鸠：《论法的精神》（上册），张雁深译，商务印书馆 1995 年版，第 305 页。

③ ［法］雷蒙·阿隆：《社会学主要思潮》，华夏出版社 2000 年版，第 29 页。

综合，是一个由地理条件和社会历史状况形成的特定的国家和民族的生存行为、思维与感觉的方式。

其二，民族精神说或民族心灵说。其代表有休谟、冯特和勒邦等人。休谟与孟氏不同，认为国民性主要是指精神因素，“所谓精神方面的原因，我指的是一切对人们的心灵长期起作用的情况，这类因素有政府的性质、公共事务的变革、人民生活的匮乏，所谓民族与其邻族的关系及其他这类情况，所谓体质方面的因素，我指的是空气和水土的质量”①。浪漫主义则在此基础上提出民族精神（Volksgeist）概念，“德意志的浪漫主义民族主义认为，民族的独特精神外化形成了行为习惯制度，民族精神则把这些部分转换为有机的整体”②。早在18世纪，赫尔德就提出了“民族性格”（Nationalcharacter）和“民族精神”（Volksgeist）的概念，认为每一种文化都有其具有内在价值的个性和独特性，并由此形成自己的民族性格，使其所有的文化构成（如社会生活、道德、诗歌、美学、宗教等）具有形态上的一致性。在此基础上，斯坦塔尔创建了“民族心理学”（Volkerpsychologie），巴斯蒂安提出了“社会心理”（Social-psyche）的概念，晒夫勒、利联费德和古朴劳费茨称之为“社会”（Social）或者“群体精神”（Gruppenseele），涂尔干提出了“集体意识”（collective consciousness）的理论。19世纪末20世纪初，民族心理学的代表冯特用民族心灵代替民族精神来指称国民性，进而把民族心灵归之于精神实在的概念范围。大众心理学的代表勒邦赞成他们的观点，认为国民性是一个民族类型，是由一些无法改变的心理因素控制的，是一个国家的所有

① ［英］休谟：《休谟政治论文选》，商务印书馆1997年版，第86—88页。

② ［日］吉野耕作：《文化民族主义的社会学》，商务印书馆2004年版，第74—77页。

个体在出生时与生俱来的那部分观念和情感构成了种族灵魂。这种界定使得西方国民性研究开始走出社会哲学的范畴，转向心理学的范畴。

其三，文化模式说。其代表是美国学者本尼迪克特（Ruth Benedict，1887—1948）。本尼迪克特认为，每种国民性是由特定的文化模式塑造的群体人格，文化决定国民人格，国民人格无非是文化的主体存在方式。本尼迪克特继承了这些论点以及格式塔心理学，并以此探求印第安人文化的特殊“模式”（Pattern），即结构上的“基本模式”（Grundmuster）。她认为，人类文化有着丰富多彩、各不相同的价值体系和个别特征。一个文化的基本模式是这个文化的支配力量，它卓有成效地调控个人和群体相互间的意向，给予这种文化以特别的印记和典型的性格，也就是风格。① 一种文化就像一个人，或多或少有一种思想和行为的一致模式。任何社会都要选择人类可能的行为在这个弧上的某个片段，只要完成整合，它的各种制度就致力于推进它所选择的那个片段的表达，并阻止那些相反的表达。② 她把个体心理学的观念扩展到整个文化，提出了“文化模式”（patterns of culture）的概念。但是她没有回答文化构成是怎样发展的，怎样影响了个体行为，尤其是没有关注个体的重要性。③

其四，人格说。其代表人物有卡迪纳、林顿和杜波伊斯。20 世纪 30 年代末，卡迪纳（Abram Kardiner，1891—1981）提出“基本人格结

---

① Fischer, Hans：*Ethnologie. Einführung und Überblick*, Berlin: 1992, p. 34, 43, 44.

② Benedict, Ruth：*Patterns of culture*, London：Routledge & Kegan Paul, 1968 (1934), p.33, 183.

③ Patterson, Thomas C.: *A social history of anthropology in the United States*, Oxford: Berg, 2001, pp. 79-80.

构”（basic personality structure）的概念。他把文化看成是制度的集合体。所谓“制度”就是一群人（即一个社会）共有的任何固定的思想或行为的模式，它是可以沟通的，为大家共同接受的，违背或偏离了它，个人或群体将会产生某种失序。“初级制度”（primary institutions）包括家庭组织和团体结构，基本规则，对儿童的养育和训练，性的禁忌，谋生手段等。“次级制度”（secondary institutions）是指禁忌系统、宗教、仪式、民俗和思维方式。① 在他的模式中，基本人格结构由初级制度塑造，然后“投射”到次级制度中去。他认为“文化模式”的理念是对的，“基本人格结构”只是关于“民族性格”的完善说法。② 林顿（Ralph Linton，1893—1953）对社会、文化和人格的互动关系进行了考察，认为每个社会都有自己的基本人格类型和不同于其他社会的身份人格系列，都有一套行为标准，符合受奖，背离受罚。这个行为标准就是“文化模式”。没有它，任何社会的生存和运作都不可能。③1944 年，杜波伊斯（Cora Alice DuBois，1903—1991）提出“众趋人格结构”（modal personality structure）的概念，以此修正林顿和卡迪纳的“基本人格结构”理论。她认为一定的人格结构不是所有社会成员必定共有的，但却是十分经常共有的。④ 由此可见，无论是本尼迪克特的“文化模式”、

① Kardiner, Abram: *The individual and his society*, New York: Columbia Univ. Press, 1949 (1939), p.7, 471.

② Kardiner, Abram: *The psychological frontiers of society*, New York: Columbia Univ. Press, 1963 (1945), p.24.

③ Linton, Ralph : *The cultural background of personality*. New York : Appleton–Century–Crofts, 1947, p.19.

④ Du Bois, Cora: *The people of Alor*, Minneapolis: Univ. of Minnesota Press, 1944, pp.2–13.

林顿和卡迪纳的“基本人格结构”，还是杜波伊斯的“众趋人格结构”，都是指的民族性格，也就是民族性。所以，从诸多文化人类学家的研究来看，民族性也是一个普遍存在的文化现象。由于极大地有利于国民性研究的实证化，众趋人格被人们普遍接受，成为通用的国民性研究的范畴。这个界定被认为是国民性研究从经验走向科学的标志。

其五，神话说。美国华人学者刘禾在《国民性理论质疑》一文中，断定它是西方殖民主义和传教士“建构”的“神话”。她指出：“19世纪的欧洲种族主义国家理论中，国民性的概念一度极为盛行。这个理论的特点是，它把种族和民族国家的范畴作为理解人类差异的首要准则（其影响一直持续到冷战后的今天），以帮助欧洲建立其种族和文化优势，为西方征服东方提供了进化论的理论依据。”① 这个“神话”经日本传入中国，被中国的新文化启蒙者接受，持续不断地进行“国民性改造”。

总之，西方的国民性概念是在历史长期发展中逐渐形成的、为一个国家或民族大多数成员所共同具有的精神状态和活动方式，它不仅是用来表示渗透在一个民族或一个国家的文化中的内在精神或心理模式，而且具体地表现为国民价值规范、国民性格以及国民风度。国民性概念虽然先后出现在西方的社会哲学、心理学和文化人类学等学科中，但始终与欧洲的政治变化和思想运动保持着紧密联系。在近代，它随着欧洲殖民运动的扩张，与欧洲中心主义、种族主义和进化论观念结合在一起，因而，可以说是由知识变迁、思想活动和世界历史运动等诸因素共同催生的一个历史范畴。

① 刘禾：《跨语际实践：文学、民族文化与被译介的现代性（中国：1900—1937）》，生活·读书·新知三联书店1999年版，第75页。

笔者认为，对国民性的界定，必须坚持历史与逻辑相统一的观点。只有通过考察国民性这个范畴的形成历史，才能对其进行科学界定。

首先，“国民性”是启蒙思想家从国人本身的弱点来思考屡遭失败的原因的过程中逐渐形成的范畴。在戊戌维新以前，洋务派主要用人心风俗指称国民性；戊戌维新以后，国人开始用更多的表述方式泛指国民性，诸如国魂、国民精神、国民性格、国民气质、国民品格、国民性质、国人德性、国人特点、民族性、民族魂、民族之性质、支那人之性质以及国民之品格等。“国民性”这个中文词源自于日语的“国民性”，在日语中，“国民性”意为“一国或一民族的全体所共同具有的性质和感情”。英语 nationalism 亦可译为民族性。因此“国民性”可引申为民族性，可以将民族性和国民性作为同一概念使用的。在《鲁迅全集》中，“国民性”就是“民族性”，“民族性”一词共出现了 11 次，“国民性”则出现了 15 次，并在其中交换着使用这两个词。在近代中国，梁启勋是详细介绍“国民性”这一概念的第一人。在《国民心理学与教育之关系》中，梁启勋以法国社会学家李般的国民心理学为依据，较为系统地论述了国民性的内涵：“博物学家类分种族，莫不观察其遗传之特性，以为真正特性有二，一属生理，一属心理，属生理者若皮肤之色泽，若头盖骨之形状容量足也，心理者盘踞各民族制度、技术、信仰、政治之中而左右其进化者也，谓之道德与智力的特性，此道德与智力特性相结合成民族之精神，实其民族过去之总合而共同祖先之遗产也，于同一种族之中，专取一人而论之，虽其特性往往而大异，若举其大多数，广察其全体，则其例殆亦与生理上相同，确然有所谓公共之心理特性者存，取族中各人之心理而综合之，即所谓国民性也，即一民族之平均模型也。”① 从梁启勋的论述中，我们可以看出梁氏所谓“国民性”，不是具体某个国民所具有的特性，而是某一民族的平均模型；就其构成而言，国民性包括了生理、道德与智力等方面的特性，其中，道德和智力特性决定了某个民族的技术、信仰与政治。从中可以看出，国民性概念着眼的是“集体心理”，后来“国民心理学”实际就是由“国民性”发展而来的。

其次，“国民性”是一个国家的大多数国人特征的综合，是通过国民的特点得到表现的。然而，并不是每个国民具有的心理和行为特征都能称为国民性，因为“国民性”是指一国国民的四个方面：一是国民的主流表现，虽然一个具体国民的特征多种多样，但“国民性”是指一国国民的主流特征。二是国民的稳定表现，即“国民性”具有跨时间的持续性和跨情境的一致性，它应表现在不同的时期和事件上。例如，在学习、旅游、休闲等方面的心理与行为的一致性。三是国民的独特表现，虽然不同国家间的国民的心理和行为有共同性，但“国民性”研究关注的重点是他们生活模式或倾向的独特性，即差异性。四是国民的社会表现，指“国民性”是在社会化过程中形成，是社会的人所特有的。也就是说，“国民性”是国民特质及其表现方式的集合，表现为民族心理及其由民族心理构成的民族性格、民族风采和民族风格。不同国家的部分国民之间，可能共有同一种特质，但由于这种特质在不同国家的整个国民中出现的概率不同，因而不同国家的国民性格仍然具有不同的特点。在中国人性格中，含蓄和柔而

---

① 梁启勋：《国民心理学与国民教育之关系》，《新民丛报》（第 25 号）1903 年第 2 期。

刚的特质都是广泛而深刻的，也就成了中国人的“国民性”，而在美国人那里则不足以构成国民性特点。“因此，国民性研究，不是离开或者抛弃对个人的研究，相反，对个人的研究是国民性研究的基础。”① 当然，一个国民群体的整体素质如何，不仅决定于其内部的个体素质，而且取决于他们的组合关系是怎样的，改进国民性要从提高个人素质入手。

再次，“国民性”是一个国家的大多数国人特征的抽象，需要通过国人的道德价值观念、社会心理及行为方式特征来表现。在国民性语境中，国民的道德价值观念侧重的是人们的社会价值取向和伦理道德观念；社会心理侧重的是大多数社会成员所普遍具有的感性社会意识；行为方式侧重的是社会大多数成员自觉遵循的行为模式，其具体表现为国民的风俗习惯，体现在劳动方式、消费方式和交往方式等方面。这三者在国民性结构中具有不同地位，其中，行为方式是国民性的外在表现形式，道德价值观念是其最深层次的内在决定因素，而社会心理处于它们中间充当桥梁作用。任何秩序化的行为方式在上升到道德价值观念之前，必然内化为广泛的社会心理；而任何抽象化的道德价值观念，经由社会心理的转化，才转化为自觉、有效的行为方式。只有当行为方式、社会心理和道德价值观念三者之间达于和谐一致、有机统一时，才能形成稳定而成熟的国民性。因此，所谓国民性改造，就是改变一国绝大多数国民的行为方式、社会心理和道德价值观念。尽管国民没有优劣之分，但是相对于社会发展要求来说，国民性是有高低优劣之分的。人的素质规定着国民性之高低优劣。“人的素质之高低优劣是相对于社会

① 沙莲香：《论中国人的素质构成与社会发展》，《教学与研究》2000 年第 7 期。

生活变化对人的适应能力及其发挥作用的要求而言的。"[①] 国民性包括民智、民德和民力三大素质，而国民素质构成结构是指国民素质的搭配和排列，是人的全面发展的重要范畴。近代倡导国民性改造的先辈，就是以此为切入点，力求造就德、智、力全面发展的新国民。国民性的素质结构决定着国民性改造的对象和内容。近代中国国民性改造思想的主要内容包括三大部分：国民性批判、理想国民目标模型的设计以及国民性改造途径。其中，国民性批判是确立国民性改造途径的前提和基础，通过对国民性弱点的揭露，阐明国民性改造的必要性和紧迫性。理想国民目标模型是核心内容，是国民性改造所要达到的目标。国民性改造途径是关键，它的合理与否决定着国民性改造能否成功。

最后，"国民性"是一个对国家的发展具有重要影响的范畴。我国幅员辽阔，地大物博，人口众多，历史悠久，因此在南北东西、山区平原、沿海内地不同地域生活的民众，处于不同阶层和时代的民众，思想观念也并不完全一致。但由于千百年来，中国民众生活在以儒家道德思想为核心的文化氛围中，接受了封建正统思想的教化，所以各种官方所提倡的行为规范、思想主张在中国民众中留下了深刻的印痕。比如，忠、孝、仁、义等道德成为民众意识的重要内容。法家等思想也直接或间接地对中国民众产生了相当大的影响。这种文化上的统一对中国人群的凝聚、文化的代代相传以及民族共同心理习惯的形成，具有铸模作用。国民性具有广泛的群众性，蕴含着无法估量的力量。可以想见，国民性影响国民对某些社会重大问题所作出的抉择，影响着中国社会的发展进程。

① 沙莲香：《论中国人的素质构成与社会发展》，《教学与研究》2000 年第 7 期。

总之，基于国民性改造思想的研究和学界的研究，可以认为“国民性”就是一个国家中占人口大多数的普通民众，在其漫长的生产、生活以及其他社会实践中所形成、承袭、流传的共同的心理习惯、价值取向、道德情操、审美意趣、宗教信仰和理想境界等。它既不同于某个个人的意愿，也不是许许多多个体心性的简单集合，而是广大民众共有或相通的思想情感、意志和行为。“国民性”表现国民的道德价值观念、社会心理及行为方式特征，并随着一定的历史条件、社会环境的变迁而发展和变化。由于“国民性”是亿万民众心智的果实，不但累代相传、延绵持久，而且具有巨大的群体覆盖面，因而是决定一个民族兴衰存亡的重要因素。

# 第一章　严复“制度与国民性互动”思想的形成

严复“制度与国民性互动”思想是特定时代的产物，来源于严复对近代中国社会的透彻分析和独特把握，来源于对中国传统思想和西方近代思想的博采众长，经过了一个不断发展的过程。考察严复“制度与国民性互动”思想形成的历史背景、理论基础和发展过程，对于理解该思想无疑具有重要意义。

## 第一节　严复“制度与国民性互动”思想形成的背景

在甲午战争失败以后，严复把中国社会变革思想推进到了更深层次——由物质技术和社会制度层次深入到心理意识、民族素质层次。严复这种推进有其深刻的历史原因和时代背景。

### 一、甲午战败以后的救亡反思思潮

从历史上看，中华民族虽然有着反求诸己的深厚传统。孟子有云：

“仁者如射……发而不中，不怨胜己者，反求诸己而已矣。”[①] 然而，对西方和对自己重新认识，都意味着抛弃成见，是非常艰难痛苦的事情。因而，虽然中国在鸦片战争后屡受西方列强的欺侮，但是在维新变法前仍然很少有人愿意承认中国人本身的素质存在一定程度上的不足。民族反省的深入与民族危机的发展是成比例的。中国在惨重失败后进行民族反省，失败愈重，刺激愈深，反思愈切。五四时期，陈独秀、梁漱溟、梁启超等人都回顾了随着民族危机发展而不断深入的近代民族反省思潮。19 世纪末 20 世纪初，洋务运动的失败、甲午战争、八国联军进京、列强强迫中国割地索款等一系列事件大大加深了中国的民族危机。而被中国人视为蛮夷小国的日本，“以寥寥数舰之舟师，区区数万人之众，一战而翦我最亲之藩属，再战而陪京戒严，三战而夺我最坚之海口，四战而覆我海军”。[②] 中国遭受这个奇耻大辱使当时的先进知识分子开始进一步的反思：号称“天朝上国”的泱泱大国为什么一再败于蛮夷手下？由此，部分先进的中国人在重新认识世界的同时，也开始重新认识自己。重新认识世界，逐步认识到西方文明有长于我的优点，于是有了不断发展的向西方学习思潮；重新认识自己，深入到对国人的心理状态、精神风貌、价值取向、思想情感方式和行为方式进行批判和自我反省，渐渐意识到传统文明有不如人的短处，于是有了日益深入的“民族反省”思潮。

具有强烈爱国精神的严复，对国家的遭遇非常悲愤。他“觉一时胸中有物，格格欲吐”，[③] 为此随着“自强”变成“救亡”的呐喊，在《直

① 《孟子·公孙丑章句上》，载《四书五经》，北京古籍出版社 1993 年版，第 156 页。

② 严复：《原强》，载《严复集》，中华书局 1986 年版，第 7 页。

③ 严复：《与梁启超书》，载《严复集》，中华书局 1986 年版，第 514 页。

报》等报纸上发表《论世变之亟》《原强》《救亡决论》等著作，就中国失败的根源和中国救亡的道路进行深入思考。通过鸦片战争后激烈的国际竞争以及日趋严重的民族危机与古代中国的民族危机的比较，严复发现：“今日之世变，盖自秦以来未有若斯之亟也。”① 这种前所未有的世变就是，西方列强不是中国以前所称的蛮夷之族。首先，西方列强具有比中国更为先进的制度体系，“无法与法并用而皆有以胜我者也”。② 所谓“无法胜我”是指，“自其自由平等观之，则捐忌讳，去烦苛，决壅敝，人人得以行其意，申其言，上下之势不相悬，君不甚尊，民不甚贱，而联若一体者”。所谓“有法胜我”则是指，“自其官工商贾章程明备观之，则人知其职，不督而办，事至纤悉，莫不备举，进退作息，未或失节，无间远迩，朝令夕改，而人不以为烦”。③ 其次，西方民族在近代具有比中国民族更为优秀的国民素质。“其民长大鸷悍既胜我矣，而德慧术知较而论之，又为吾民所必不及”。④ 决定国家强弱间的根本因素是国民素质的高低。国家的强大不仅仅表现在人口、国土的多寡以及兵力、枪械的多少，更为关键的是人，是组成这个国家的民众的整体素质。因而，严复引入一个社会繁荣发展的必要条件——优秀的国民性。“溯源竟委，发明富强之事，造端于民，以智、德、力三者为之根本，三者诚盛，则富强之效不为而成；三者诚衰，则虽以命世之才，刻意治标，终亦隳废”。⑤

① 严复：《〈穆勒名学〉按语》，载《严复集》，中华书局1986年版，第1003页。

② 严复：《原强》，载《严复集》，中华书局1986年版，第11页。

③ 严复：《原强》，载《严复集》，中华书局1986年版，第11页。

④ 严复：《原强》，载《严复集》，中华书局1986年版，第11页。

⑤ 严复：《与梁启超书》，载《严复集》，中华书局1986年版，第514页。

在守旧派和洋务派看来，中国惨遭失败的原因是“轻言战”与“轻言和”，结果造成战和颠倒。显然，守旧派和洋务派的认识是十分肤浅的。与此形成鲜明的对照的是，严复对中国“积弱不振”的原因有着非常深刻的认识。他认为，中国“积弱不振”不仅有表层原因——单纯的军事技术上的落后和经济财力上的不足，更有深层次的原因——导致军事失败的制度和思想文化的落后。他的反思已经从军事经济层面深入到整个社会制度体系和民族素质。这表明，严复已经开始通过扫瞄中外社会发展的纵深历史，以便寻找救亡的根本，这在当时显然是一中国人前所未有的长远视角。

## 二、社会改革失败引发的变革反省

促使严复关注改造近代中国国民性的因素，除了民族遭遇的刺激外，另一个则是社会改革的挫折。在洋务运动、戊戌变法运动和辛亥革命的相继失败中，他悟出了制度与国民性共同改造的必要性：社会变革不能脱离人的改造。建设西方式的现代社会制度，必须培育西方式的现代国民。

鸦片战争以后，中国先进人物出于爱国救亡的紧迫感，先在“师夷长技以制夷”思想的指导下学习西方资本主义的物质文明。然而，1895年中日甲午战争的失败，宣告了洋务运动的破产。严复对此进行反思：中国举办的洋务事业，“皆西洋以富以强之基”，但为什么在中国“则淮橘为枳，若存若亡，不能实收其效？”① 他基于进化论指出，变法成败的关键在于寻求风俗人心与法制之间的相互适宜。“盖政如草木焉，置之其地而发生滋大者，必其地肥硗燥湿寒暑，与其种性最宜者而后可。否

① 严复：《原强修订稿》，载《严复集》，中华书局1986年版，第26页。

则，萎挫而已，再甚则僵槁而已。”[①] 由此，严复在甲午战败、洋务运动破产引发的历史反思中，把目光由学习西方物质文明转向了引进西方政治制度和改造国民性。引进西方制度是否能实现国家强盛，其前提是在引进制度的过程中进行人的改造。洋务运动以“中体西用”为理论指导，固守中国传统道德文化，专注于引进西方的军事和工业技术，人为地把本属于整体的现代化运动机械地分割为物质和精神两个部分。这种变法拒绝对人的精神方面进行相应的改造，因而注定它失败的命运。严复在 1898 年初的《国闻报》上载文指出：“夫君权之重轻，与民智之浅深为比例。论者动言中国宜减君权、兴议院，嗟呼！以今日民智未开之中国，而欲效泰西君民并主之美治，是大乱之道也。”[②] 他正是基于英国资产阶级革命的历史教训在戊戌变法前夕就呼吁：思想变革应优先于基本政治制度的变革，应该把改造国民性作为改革基本政治制度的前提。

康有为、梁启超等人在变法的前提这个问题上，与严复几乎是一致的。梁启超在 1896 年撰写的《古议院考》中说：“今日欲强中国，宜莫亟于复议院？曰：未也。凡国必风气已开，文学已盛，民智已成，乃可设议院。今日而开议院，取乱之道也。故强国以议院为本，议院以学校为本。”[③] 康有为于戊戌变法期间上呈给光绪皇帝的《日本变政考》里也指出：其时民智未开，国民程度不够，还不具备实施议会政治所要求具备的自由意识、自治能力及其他素质。因此，政治改革不能作为即时目标，实施议会政治需等待提高国民素质以后。“民智不开，遽用民权，

① 严复：《原强修订稿》，载《严复集》，中华书局 1986 年版，第 26 页。

② 严复：《中俄交谊论》，载《严复集》，中华书局 1986 年版，第 475 页。

③ 梁启超：《古议院考》，载《梁启超全集》，北京出版社 1999 年版，第 61 页。

则举国聋瞽，守旧愈甚，取乱之道也。”① 戊戌变法运动的快速失败恰恰是因为缺乏民众动员，这证明严复等人的担忧并不是多余的。为了推动与现代化的政治变革相适应的文化心理变革，他开始满腔热情地宣传西方资产阶级的思想文化。严复在《天演论》出版之后，又于 1898 年至 1909 年间陆续翻译出版了亚当·斯密的《原富》、孟德斯鸠的《孟德斯鸠法意》、斯宾塞的《群学肄言》、甄克思的《社会通诠》、穆勒的《群己权界论》《穆勒名学》、耶芳斯的《名学浅说》等英法资产阶级思想家的名著。应该说严复的努力没有白费，正如梁启超所说，严复翻译的这些著作算是把 19 世纪西方的“主要思潮的一部分介绍进来了”，这是戊戌辛亥期间我国“学问上最有价值的出品”②。

## 第二节　严复“制度与国民性互动”思想的理论渊源

严复“制度与国民性互动”思想，不仅是当时反帝反封建斗争需要的总结，而且是在吸收和借鉴中外思想成果的基础上发展形成的。严复学贯中西的主观条件使得其思想具有中学和西学两个方面的渊源：一方面，它直接受惠于西方的进化论、社会有机体论以及日本近代启蒙思想的影响；另一方面，它吸收了中国儒家传统的变法思想和德治思想，因而在内在理路上与重视人心治理的儒家治国思想一脉相承。

① 康有为：《日本变政考·卷十一》，载《康有为全集》（第 4 集），中国人民大学出版社 2007 年版，第 259 页。

② 梁启超：《五十年中国进化论》，载《梁启超全集》，北京出版社 1999 年版，第 4030 页。

## 一、互动思想的中学渊源

### （一）古代力命论

中国古代哲学的“力命之争”，既承认自然的客观必然性，又从“天人之际”的角度肯定了人的主观能动性在历史发展中的作用，强调人力奋斗的必要性。荀子的“明于天人之分”和“制天命而用之”就具有这一思想。在这命题中，荀子不仅坚持天道具有不为人的意志所改变的客观性，而且承认“天有其时，地有其财，人有其治”。[①]“人有其治”是指人们可以遵循和利用客观规律，建立合理的制度，治理社会生活。这个思想为柳宗元等人所继承与发挥，形成“天人不相预”和“天人交相胜”思想。他在把宇宙描写成一个永不静止的客观运动的同时，高度肯定人可以通过“明理”来实现“用天之利”。到了近代，这个思想又被思想家转换成为不同形式的心力论，如“心之力”(龚自珍)、“心之力量”(谭嗣同)。谭嗣同认为心力是“人之所赖以办事者是也”，“无是力，即不能办事”。[②] 显然，近代人说的心力是指意识的能动性。

严复也具有力命论思想。一方面，严复承认世界的运行是以“运会”为根据的，“夫世之变也，莫知其所由然，强而名之曰运会。运会既成，虽圣人无所为力，盖圣人亦运会中之一物。既为其中之一物，谓能取运会而转移者，无是理也。”[③] 严复在此认为宏观世界严格服从决定论法则，是一种机械论的宇宙观。他按照“推天理以明人事”的传统思维路径，严复赞成“任天为治”。然而，他又认为人可以制天命而用。在《天演论自序》的结尾称：“赫胥黎氏此书之旨，本以救斯宾塞任天为治之

① 《荀子·天论》，上海古籍出版社 1989 年版，第 96 页。

② 谭嗣同：《仁学·四十五》，华夏出版社 2002 年版，第 202 页。

③ 严复：《论世变之亟》，载《严复集》，中华书局 1986 年版，第 1 页。

末流，其中所论，与吾古人有甚合者。且于自强保种之事，反复三致意焉。”[①] 显然，严复并未因为在宇宙论上持决定论的立场，就完全否定人类在社会生活中的自主性。正是基于上述认识，他提出“开民智、鼓民力、新民德”，号召人们积极自救，有所作为，努力摆脱近代中国的贫弱状态。值得指出的是，严复承认客观世界的存在，因而与叔本华的典型唯意志论不同，后者把世界看作为盲目的生存意志。

显然，严复继承了荀子、柳宗元、刘禹锡等人的基本理路。在《天演论》中，严复对刘禹锡的《天论》进行了述评，“形器者有能有不能。天，有形之大者；人，动物之尤者也。天之能，人固不能也；人之能，天亦有所不能也。故天宇人交相胜耳。天之道在生殖，其用在强弱；人之道在法制，其用在是非……天之所能者，生万物也；人之所能者，治万物也”。[②] 不仅如此，严复还在《天演论》的按语中说：“前篇皆以尚力为天行，尚德为人治。争且乱则天胜，安且治则人胜。此说与唐刘柳诸家天论之言合，而与宋以来儒者，以理属天，以欲属人，致相反矣。大抵中外古今，言理者不出二家，一出于教，一出于学。教则以公理属天，私欲属人；学则以尚力为天行，尚德为人治。言学者期于征实，故其言天不能舍形气；言教者期于维世，故其言理不能外化神。”[③] 在此，严复用中国传统哲学的资源来印证这样一种宇宙图景：在“天演”的必然性中，不是取消了而是包含了人力的巨大作用。人们一方面要保持着对天命的信仰，另一方面要对人事保持着积极投入的

① 严复：《〈天演论〉自序》，载《严复集》，中华书局 1986 年版，第 1321 页。

② 严复：《〈天演论〉手稿》，载《严复集》，中华书局 1986 年版，第 1435 页。

③ 严复：《天演论·论十四矫性》，载《严复集》，中华书局 1986 年版，第 1395 页。

姿态。但是十分清楚，这幅图景主要是依据牛顿力学建构起来的机械论世界观。

### （二）儒家的圣人思想

尽管各学派对“圣人”内涵的理解不尽相同，但在把圣人变得有血有肉上并无区别。各种“圣人”观念都是人们理想的具体化和人格化。中国历史中逐渐积淀而成的圣人观念，极大地影响古代中国的士人，同样也影响着许多近代中国的启蒙思想家。比如，严复就在《论世变之亟》的开头部分提出了他的圣人观。“彼圣人者，特知运会之所由趋，而逆睹其流极。惟知其所由趋，故后天而奉天时，惟逆睹其流极，故先天而天不违。于是裁成辅相，而置天下于至安。后之人从而观其成功，遂若圣人真能转移运会也者，而不知圣人初无有事也。”①

受君主与圣人、政治与教化高度统一的思想影响，严复提出开明专制思想。严复把威权和精英称为“圣人”，认为他们在推动近代中国制度与国民性良性的互动中具有非常重要的作用。“须有秦政、魏武、管仲、商君，及类乎此之政治家，庶几有济。”② 在实践中，严复对威权型的精英也是非常期待的。维新变法时期，严复发表了《拟上皇帝书》，专门向光绪皇帝分析国家面临的国内外形势，就国家的内政外交提出自己的见解，期待皇帝收揽民心，推动变法。这展现出其对圣人满怀希望。辛亥革命后，他看到共和革命所带来的乱象，写下“美人期不来，乌啼唇窗白”的诗句，期待“实权派人物袁世凯（或袁世凯式的人物）

---

① 严复：《原强》，载《严复集》，中华书局1986年版，第1页。

② 严复：《与熊纯如书》，载《严复集》，中华书局1986年版，第646页。

出来收拾局面，恢复秩序”。当袁世凯热衷复辟帝制时，严复仍然把他当作稳定秩序的得力“精英”，认为如果除掉袁世凯，“则天下必乱，而必至于覆亡”。[①] 当袁世凯去世后，他又对黎元洪、段祺瑞寄予厚望。[②] 他与熊纯如的通信主张：以政治强人实行专制来追求国家统一，并进一步地实施法家如管仲、商君、申韩，甚至曹操等人所倡循名责实之政。这反映严复具有明显的“霸政”色彩，说明“严复的历史观带有明显的精英主义倾向”[③]，正因为如此，他时而反对共和制，时而对洪宪帝制态度暧昧；时而赞同清帝复辟，时而又认为清王朝大势已去；时而认为袁世凯不是新权威主义政治强人和皇帝的理想人选，时而又主张洪宪帝制后应留用袁世凯。

受“圣人”思想影响，严复的理想国民模型承认每个人均具备成就圣人境界的可能性。严复所提倡的“新民”，直接取自儒学经典《大学》中所说的“大学之道，在明明德，在亲民，在止于至善。”[④] 三纲领用今天的话来说即显扬美德、革新民习、达于至善，其核心是提倡尚德精神，倡导以“修身为本”。他在《主客评议》一文中提到：“吾《大学》之所教，始以民德，终以新民，固无一不止于至善。”[⑤] 可以看出，严复“制度与国民性互动”思想虽然有别于传统“大学之道”的“正人心”“明廉耻”，但显然深受这一传统思维模式的影响，即从革新国民风貌、从

① 严复：《与熊纯如书》，载《严复集》，中华书局 1986 年版，第 631 页。

② 严复：《与熊纯如书》，载《严复集》，中华书局 1986 年版，第 646 页。

③ 庞虎：《中国自由主义的启蒙困境与现实启迪——以严复为例》，《江汉论坛》2009 年第 2 期。

④ 《大学》、《四书五经》，北京古籍出版社 1993 年版，第 5 页。

⑤ 严复：《主客平议》，载《严复集》，中华书局 1986 年版，第 115 页。

个人道德修养上寻求改造社会。严复对理想人的探寻也得益于儒学对理想人格的设计。《中庸》说：“知、仁、勇三者。天下之达德也。”① 受其影响，严复认为，所谓新民或者所谓改造国民性就是把整个民族都改造成达德的国民。为此，他从知、仁、勇三方面出发，提出构成改造近代中国国民性思想主要内容的“鼓民力、开民智、新民德”框架。可见，他本着圣人传统思路探寻理想人性是在近代新的历史条件下进行新的理想人格设计。

### （三）道家的天道自然观和认识论

严复在译介西学的同时，还对两部道家经典著作进行了评论和分析，写成了《〈老子〉评语》和《〈庄子〉评语》。他曾说：“生平喜读《庄子》，于其道理唯唯否否，每一开卷，有所见，则随下丹黄。”② 在创建“制度与国民性互动”思想的过程中，严复也非常注重发掘和吸收道家的思想资源。

首先，道家思想为严复“制度与国民性互动”思想提供哲学基础。这主要表现在两个方面：一是在世界观上，老庄的“天道自然”观为严复的进化论提供了理论背景。《庄子》说：“天地者，万物之父母也，合则成体，散则成始。”③ 严复以庄子的这一思想为基础，指出宇宙之间各种事物运动变化的根本原因是“质力相推”。“质”就是质量，“力”就是能量。这二者是互相依存的，没有质就没有力，没有力也就不能显示出质。一定的力表示一定的质，一定的质又转化为

① 《中庸》、《四书五经》，北京古籍出版社 1993 年版，第 25 页。

② 严复：《与熊纯如书》，载《严复集》，中华书局 1986 年版，第 648 页。

③ 《庄子 · 达生》，《诸子集成》，浙江古籍出版社 1993 年版，第 528 页。

力，这样的相互作用推动着物质不停地变化。质力的运动采取两种形式：“翕”和“辟”，即“翕以聚质，辟以散力”，“质力杂糅，相济为变”。[①]“翕”是指事物的收缩、闭合和静止，使力聚合为质，凝聚成物；“辟”是指事物的膨胀、张开和运动，使质散发为力。宇宙万物由纯到杂的变化都是质力翕辟运动的结果。“斯宾塞谓天演翕以合质，辟以出力，即同此例。翕以合质者，合则成体也，精气为物也；辟以出力者，散则成始也，游魂为变也。”[②]可以看出，严复的进化论，吸收了老庄的自然观中可以对社会进化机制进行哲学解释的理论依据。当然，严复也对老庄“天道自然”思想进行了提炼、发挥和改造。二是在认识论，老庄的“道学”观为严复理解近代西方逻辑方法提供思想资源。严复认为老庄的“道学”观在认识论上可以和近代西学会通。《老子》第四十八章中的“为学日益，为道日损”形象地表达了西学逻辑方法论中归纳法和演绎法的特征。“日益者，内籀之事也；日损者，外籀之事也；其日益也，所以为其日损也。”[③]在他看来，西方科学昌明的一个主要根源西方重视“即物实测”的归纳法。归纳法可以通过众多事物的比较发现普遍性的规律。严复认为这些规律就相当于道家的“道”，道家通过道的“每下愈况”把规律的功用形象地表达出来。可以看出，他对道的传统内涵进行了一番改造，使道家不可言说的“道”成为可知的知识性的道，从而使道家的“道”具备了近代西方思想的属性。

其次，道家思想影响严复的政治观念。一是道家无为思想影响严复

① 严复：《〈庄子〉评语》，载《严复集》，中华书局 1986 年版，第 1131 页。
② 严复：《天演论》，载《严复集》，中华书局 1986 年版，第 1327 页。
③ 严复：《〈老子〉评语》，载《严复集》，中华书局 1986 年版，第 1095 页。

的民主观。“用西方资产阶级上升阶段的观点去解释《老子》，严复是第一人。”[①] 严复认为，道家的无为而治思想与孟德斯鸠的民主思想具有相似之处。“盖太古君不甚尊，民不甚贱，事与民主本为近也。此所以下篇八十章有小国寡民之说。……如是之世，正孟德斯鸠《法意》篇中所指为民主之真相也。……老子者，民主之治所用也。”[②] 这是严复融会中西思想的实例。在严复看来，西学对中学的优势体现在学术和政治方面。西方学术的精神是“黜伪而崇真”，西方政治的精神是“屈私以为公”。中国历史上并不存在近代民主，但在《老子》中却具有这种民主思想或适合民主政体的观念。即“黄老为民主治道也”[③]。老子要求社会治理遵循自然，社会从质朴到文明的发展是符合自然的。“失德而后仁”中的“德”是民主之德；“失义而后礼”中的“礼”是君主之礼。这两者之所以能在西方“行之而常通”，而不能在中国实施，是因为西方社会崇尚“自由”，而中国古代没有实现该思想的社会环境。二是道家思想影响严复的自由观。严复对庄子的评价很高。他认为庄子早在西方之前就已经阐述了自由平等思想，“庄生在古，则言仁义，使生今日，则当言平等、自由、博爱、民权诸学说矣”。[④] 他还认为庄周认识到了“自由”与“义务”的辩证关系。对《庄子·天道》中的“上必无为而用天下，下必有为为天下用”，严复作了一些分析：“上必无为而用天下者，凡可以听民自为自由者，应一

① 罗耀九：《严复改造中国传统道德的探索》，清华大学出版社2001年版，第156页。

② 严复：《〈老子〉评语》，载《严复集》，中华书局1986年版，第1091—1092页。

③ 严复：《〈老子〉评语》，载《严复集》，中华书局1986年版，第1076页。

④ 严复：《与熊纯如书》，载《严复集》，中华书局1986年版，第648页。

切听其自为自由，而后国民得各尽其天职，各自奋于义务，而民生始有进化之可期。”[①]在严复看来，尽天职包括杀身成仁、舍生取义之事，是最高的美德。要具备这种美德，其前提是人民应能自由、自化。应该说，严复发挥了《庄子》中自由这一非常宝贵的思想，使其中的自由超过了《庄子》的本意。

### （四）法家的变法思想

严复认为，中国的变革，“大患在士习凡猥，而上无循名责实之政”。[②]要使近代中国的变革取得成效，就要从过去的变革实践中吸取经验和教训。首先，要在变革人心的同时坚持制度变革。因为“齐之强以管仲，秦之起以商公，其他若申不害、赵奢、李悝、吴起，降而诸葛武侯、王景略，唐之姚崇，明之张太岳，凡为强效，大抵皆任法者也。”[③]其次，要培养一些品德高尚，充满变革智慧的改革家。“自吾观之，则今日中国须有秦政、魏武、管仲、商君，及类乎此之政治家，庶几有济。不然，虽季札、子臧，吾辈亦相率为虏。”[④]当时流行“民气”“民魂”“种性”“国性”等说法，指的就是民族精神、国民精神。启蒙思想家尤其是晚清国粹派注意从传统文化中继承有益成分，作为陶铸国魂，改造民族精神的思想资料。由此可见，严复“制度与国民性互动”思想反映了继承中华民族精神的一种自觉。

① 严复：《〈庄子〉评语》，载《严复集》，中华书局1986年版，第1146页。

② 严复：《与熊纯如书》，载《严复集》，中华书局1986年版，第619页。

③ 严复：《与熊纯如书》，载《严复集》，中华书局1986年版，第619页。

④ 严复：《与熊纯如书》，载《严复集》，中华书局1986年版，第646页。

## 二、互动思想的西学渊源

严复“制度与国民性互动”思想还有着丰富的西学渊源。严复深受密尔、斯密、赫胥黎、斯宾塞、孟德斯鸠等人的影响，接受了英国的君主立宪、自由主义、功利主义和社会达尔文主义等思想。然而值得注意的是，严复对这些西方学者的思想观念并非全盘接受，他对上述西方思想，一方面有不自觉的认识与误会，另一方面也作自觉的取舍与批判，可以说，严复“制度与国民性互动”思想是将西方观念与本土的一些思想融合在一起的产物。

### （一）进化论和社会有机体论

首先，严复通过天演进化与任天为治二者的巧妙结合，论证了“制度与国民性互动”思想的必要性和可能性。严复早在留学期间就接受了斯宾塞等人的进化论思想，认为天演规律，不仅适用于生物界，而且适用于人类社会。人类社会存在“种与种争，群与群争，弱者常为强役，愚者常为智役”。① 只有适应生存竞争的智者强者，才能在其中生存和发展。可以看出，严复并没有完全接受斯宾塞的观点。斯宾塞宣扬任天而治，反对人为地干涉进化的进程。他多次强调：人在天演进化的规律面前是无能为力的，任何主动进行的改革将注定徒劳无功。维持自由的社会状态是顺应进化的最好形式，这时人的道德、智力等都可以在天演进化力量的驱动下逐步完善，最终达致一种完全和谐的境界。届时，“完全的道德，完全的个体化和完全的生命就将同时实现”。② 严复

① 严复:《论世变之亟》，载《严复集》，中华书局 1986 年版，第 1 页。

② 斯宾塞:《社会静力学》，商务印书馆 1996 年版，第 249 页。

显然看到这些观点不利于中国的自强。为了纠正《天演论》中的这一不足，严复引入了赫胥黎的思想。赫胥黎主张“任人为治”，重视人在社会进化过程中的作用。他强调，尽管世界本身是一个大竞争场，只有那些适应生存竞争的智者、强者才能生存和发展，这是任何民族都无法逃避的物竞天择规律；但是弱者在激烈争斗中并不注定被强者消灭，因为弱者可以通过提高其自身素质来增强竞争能力而生存下来。他译介《天演论》，正是因为该书于“自强保种之事，反复三致意焉”。[①] 他力图用“物竞天择”社会进化论证明：必须通过“制度与国民性互动”，唤醒和培养国人，使之为自强保国而奋斗，才能不被淘汰。这样，严复就用社会进化论证明了“制度与国民性互动”的必要性。

其次，严复还用“社会有机体论”论证“制度与国民性互动”的可能性。如果说进化论证明国民性改造的必要性的话，那么“社会有机体论”证明了国民性改造的可能性。近代中国的竞争表现的是国家之间的竞争，国民性改造的具体对象则是个人，那么个人素质的提高是如何增强国家的竞争能力的呢？严复运用社会有机体论解释了这个问题。

1895 年 3 月，严复在天津《直报》上发表《原强》一文，利用斯宾塞“社会有机体论”，重新审视中国的问题。中国自海禁大开以来，已经引进了不少西法。这些西法都是“西洋至美之制。以富以强之机”，但到了中国却都“迁地弗良，若亡若存”，为什么呢？那就是因为“民智既不足以与之，而民力民德又弗足以举其事故也”。[②] 在这篇论文中，他把社会的构造和运作与人的生理构造和运作进行类比，认为“本单之

① 严复：《〈天演论〉译例言》，载《严复集》，中华书局 1986 年版，第 1321 页。

② 严复：《原强》，载《严复集》，中华书局 1986 年版，第 15 页。

形法性情，以为总之形法性情”，①“一群之成，其体用功能，无异生物之一体，小大虽异，官治相准”。②“未有三者备而民生不优，亦未有三者备而国威不奋者也”。③ 生物体的强弱优劣取决于一单元细胞的质量，因此，一个民族的状况是由每个民族成员的素质决定的，“社会之变相无穷，而一一基于小己之品质”。④ 在近代中国整个社会的国民素质低下的情况下，无论有什么好的措施，都不可能实行。因此，治国根本在于治“民”，“贫民无富国，弱民无强国，乱民无治国”。⑤ 从这一社会有机体论的思想出发，严复强调要彻底解决中国的问题，不仅要在“收大权，练军实”等治标的策略上用力，还要讲求治本之道——在民智、民力和民德三方面加以考究。这样，严复就把近代中国具体国民的改造和国家的改造联系起来，从而得出了民族强弱兴亡系于民力、民智、民德的结论。值得注意的是，自由作为一种自我肯定，本身就是一个自足自律的概念，因而并不要在它的外部添加些什么。严复也许并不懂得“天赋自由”与斯宾塞的社会有机体说中的“自由”并不能实现真正和谐共处。

### （二）西方国民教育思想

首先，严复“制度与国民性互动”思想受到西方国民性理论的启发。最早对国民性进行研究的是西方的思想家。早在 19 世纪晚期，斯宾塞

① 严复：《原强修订稿》，载《严复集》，中华书局 1986 年版，第 25 页。

② 严复：《原强修订稿》，载《严复集》，中华书局 1986 年版，第 17 页。

③ 严复：《原强》，载《严复集》，中华书局 1986 年版，第 5 页。

④ 严复：《〈群学肄言〉译余赘语》，载《严复集》，中华书局 1986 年版，第 126 页。

⑤ 严复：《原强修订稿》，载《严复集》，中华书局 1986 年版，第 25 页。

的《教育论》就讨论了国民性改造问题。此后，有更多的人致力于国民性、民族性格的探讨，并取得了许多成果。如英国人塞缪·斯迈尔，他发表了《自助论》《性格论》和《节俭论》等著作，他在这些著作中倡导讲求实际、忍耐、勤劳、进取、勇敢、独立等理想的民族特性。在日本，明治时期的启蒙思想家也很关心国民性的探讨，他们翻译和发表了许多相关的论著。比如，《明六杂志》曾发表箕作麟祥的《各民族的自由与当地气候的相互关系》、西周的《国民性》、中村正直的《论国民性改造》等文，这些论文集中讨论了日本国民性改造等问题。福泽谕吉的《文明论概略》《劝学篇》等著作，也抨击了日本人的奴性与旁观，提倡独立精神和责任意识。后来，他们考察民族性格和培养理想国民性的思想也影响了在国外留学、流亡的中国人，他们把孟德斯鸠的《论法的精神》、斯迈尔的《自助论》等译成了中文。而对严复“制度与国民性互动”思想产生直接影响的，则是斯宾塞的《教育论》。

影响的第一个表现是，严复的民德、民智和民力思想借鉴了斯宾塞的教育思想。严复把这部著作翻译为《劝学篇》，并指出：“《劝学篇》者，勉人治群学之书也。其教人也，以浚智慧、练体力、厉德行三者为之纲。”①“是以西洋观化言治之家，莫不以民力、民智、民德三者断民种之高下，未有三者备而民生不优，亦未有三者备而国威不奋者也。反是而观，夫苟其民契需恂愗，各奋其私，则其群将涣。以将涣之群，而与鸷悍多智、爱国保种之民遇，小则虏辱，大则灭亡。”② 因为，该书提出了德智体三方面的教育观：教育的任务是教导人们怎样生活；在教学内

① 严复：《原强修订稿》，载《严复集》，中华书局 1986 年版，第 17 页。

② 严复：《原强修订稿》，载《严复集》，中华书局 1986 年版，第 18 页。

容方面，主强实科教育，批评古典教育；在教学法方面，主张启发学生的学习自觉性，反对形式主义的教学；在德育方面，宣传自然后果的原则，反对惩罚；重视体育在教育中的地位。他的教育思想，充分反映了当时教育的要求，对中国近代教育产生了很大的影响。

第二个表现是，严复借鉴了斯宾塞的国民性与制度互动思想。斯宾塞和洛克等人一样，认为近代中国国民教育是迈向正确政治秩序，实现国家繁荣的必要一步。他说：“富强不可为也，政不足与治也。相其宜，动其机，培其本根，卫其成长，则其效乃不期而自立。”① 而严复则提出教育与立法是统治者应该完成的两项重要的任务，“苟民力已苶，民智已卑，民德已薄，虽有富强之政，莫之能行”。② 可以看出，这个命题是以斯宾塞的思想为依据的。然而必须指出的是，严复并没有全盘照搬斯宾塞的教育思想。与斯宾塞竭力反对普及工人教育不同，他主张提高全体国民的素质。

其次，严复“制度与国民性互动”思想还借鉴外国人对中国国民性研究的成果。西方对中国国民性的研究，最早可以追溯至孟德斯鸠，这项研究后来经由赫尔德和黑格尔一直持续至今。在鸦片战争后，这些思想随着国门的打开，逐渐由西方人、中国留学生和传教士传进了中国。

在这些思想中，孟德斯鸠的《法意》对严复影响最大。在 19 世纪晚期，孟德斯鸠在《法意》中讨论了地理环境对民族性格的影响。他依据社会现象本身，从气候决定论出发，归纳了不同气候、不同政体下国民的“一般性格”。在该书中，他把中国国民性概括为中国家国同构的组织特点、群体本位与道德本位的价值取向以及怯懦服从、宽仁温厚、

① 严复：《原强修订稿》，载《严复集》，中华书局 1986 年版，第 26 页。

② 严复：《原强修订稿》，载《严复集》，中华书局 1986 年版，第 26 页。

勤劳俭约等人格特征。他还深入地分析了中国国民性产生的各种根源。在孟德斯鸠看来，"国民的一般性格由两种原因促成：一是取决于气候的原因，二是法律、宗教、风俗和习惯等文化原因"[①]。因此，他开西方思想家批判中国国民劣根性之滥觞，奠定了近现代中西方讨论中国国民性的基本话语框架。[②] 严复对近代中国国民劣根性原因的分析与孟德斯鸠的分析具有很大的相似之处。比如。严复就认为地理环境极大地影响国民性，"徒以神州奥壤，地处温带上腴，民生其中，不俟冒险探新，而生计已足，此所以历代君主皆舍海而注意于陆。自弃大利，民智亦因以自封，遂至积重以成百年来之世面"。[③] 他认为，优越的自然条件在满足人们基本生活需要的同时，也促成了人们思维的封闭性。这点将在第二章的第二节和第三节进行分析。

此外，在鸦片战争后来到中国的外国商人、传教士和外交官等对近代中国国民性的批评也对严复有重要的影响。西方人随着与中国接触的增多，进一步认识到了中西民族之间存在着国民性的差异。他们实地考察了近代中国民族的国民性格，对中西方国民性进行了对比研究和评论。仅 19 世纪末发表的有关著作就有：威妥玛的《新议略论》、林乐知的《中西关系论》、明恩溥的《中华民族性》、斯密斯的《中国人的气质》等，这些著作中的有关论述，在中国引起很大反响，因而也必然对严复有重要影响。比如，袁世凯统治时期，其政治顾问古德诺、有贺长雄等人为袁氏复辟制造舆论，诬蔑中国国民程度不足，不适合民主共和而只

① ［英］罗伯特·夏克尔顿：《孟德斯鸠评传》，刘明臣等译，中国社会科学出版社 1991 年版，第 388 页。

② 陈丛兰：《孟德斯鸠中国国民性思想探析》，《道德与文明》2009 年第 5 期。

③ 严复：《〈蒙养镜〉序》，载《严复集》，中华书局 1986 年版，第 257 页。

适合君主专制。从严复参与筹安会和对袁世凯称帝的暧昧态度中，可以看出他们对严复产生了重要影响。

（三）西方近代民主政治思想

严复“制度与国民性互动”思想的形成，不仅有现实的原因——近代中国民族危机对严复思想的强烈冲击和严复对英国民主政治有过近距离观察，而且有其民主政治理论渊源——西方资产阶级的民主政治学说。民主主义是在英法资产阶级革命时期所兴起的一种社会思潮，其代表人物包括孟德斯鸠、伏尔泰和卢梭等人。孟德斯鸠主张资产阶级和封建贵族通过相互妥协，建立君主立民主政治体，实行立法、行政、司法三权分立。后来，这一构想不但为当时法国资产阶级革命提供了理论武器，并且成为以后资本主义国家政治制度的基本原则，被资产阶级尊崇为“理性和自由”的经典。严复十分信服孟德斯鸠的学说，精心翻译了他的代表作《论法的精神》。在这部名著中，严复增加了330多条按语，使《法意》成为其所有译著中按语最多的一部。

中日甲午战争特别是日俄战争后，国内受西方民主政治思想的影响，议论和赞成立宪的人逐渐多了起来。对于发展民主政治，严复始终赞同。戊戌变法前，他就连续发表了一系列政治论文，批判封建专制，提倡“尊民叛君，崇今叛古”。戊戌变法失败后，他仍然大量介绍西方资产阶级的民主学说。在此基础上，严复根据近代中国的具体国情，创造性地提出自己较为系统的民主政治主张。严复认为孟德斯鸠把统治制度分为“公治、独治、专制”三种类型是不科学的，科学的分类是把政治制度分为君主和民主二类，而君主制又进而分为君主专制制和君主立宪制。他认为当时的中国正处于由君主专制向君主立宪过渡的时期，在这个时期，人民仍然是没有过问政治的权力。在严复看来，从专制发展立宪要遵循天演进化规律，西方国家如此，中国也是如此。孟德斯鸠的国家政治制度学说为严复的民主政治设计提供了蓝本。

### （四）西方近代自由主义和功利主义思想

首先，受西方近代自由主义的影响，严复提出了自由市场经济制度下的自由人格模型。西方近代自由主义是萌发于17世纪的一种社会思潮，当时的主要内容是格老秀斯、霍布斯、洛克和卢梭等人阐释的社会契约论和天赋人权原则。西方近代自由主义到了19世纪以后，就在英国等西欧各国广泛流行起来，逐渐发展成为当时西欧国家占统治地位的政治思潮，这个时期的代表人物主要是穆勒、边沁和斯宾塞等人。19世纪后半期和20世纪初，西方近代自由主义思潮随着中国的现代化进程的开启传入进来。西方近代自由主义对严复有明显的影响，这可以从他对自由的态度得到证明。1895年，他在《论世变之亟》中开始宣传天赋人权，提出“唯天生民，各具赋畀，得自由者乃为全受。故人人各得自由，国国各得自由，第务令毋相侵损而已”。[①]1903年，他在翻译穆勒的《论自由》时将其改名为《群己权界论》，开始宣传穆勒的自由与约束思想。穆勒在该书中强调，多样性与个性是公众生活中最高的价值准则。没有足够的多样性，我们就无法发掘和实现的人类幸福。他甚至认为，个性的存在与弘扬可以防止专制，而个性的摧残就是专制。个性发展的敌人除了政治专制外，还有传统和习惯。个性自由

① 严复：《论世变之亟》，载《严复集》，中华书局1986年版，第3页。

发展，可以增强个人生命和社会团体的生气，并能带来更多的创新和民族的进步。穆勒对个性的尊重与维护，引起了严复的强烈共鸣。他基于对专制压抑个性导致畸形国民性格的忧虑，大声疾呼：“不自由则无特操，无特操则其群必衰。”[①] 他提倡保证文化、政治和经济等各个领域的自由。在分析国民劣根性的表现、成因和改造以及自由人格时，严复同样吸取了西方近代学者的思想，“东西古哲之言曰：人道之所贵者，一曰诚，二曰善，三曰美。或曰：支那人于诚伪善恶之辨，吾不具知。至于美丑，吾有以决其无能辨也。愿吾党三思此言，而图所以雪之者。”[②] 然而辛亥革命后的乱象引起严复的反思，他在1914年发表《〈民约〉平议》，否定天赋自由，认为“天然之自由平等，诚无此物，即稍变其说，而谓国民宜以完全自由平等为期，此亦非极挚之说也”。[③]

其次，严复“制度与国民性互动”思想还吸收了西方功利主义思想。西方功利主义在18世纪中叶至19世纪中叶流行于西欧各国，其主要代表人物包括边沁、穆勒、斯宾塞等人，他们继承了爱尔维修、洛克等人的幸福主义和合理利己主义思想。19世纪70年代，功利主义正在西欧各国流行，而当时严复正在英国留学。正是由于受西方功利主义的影响，严复后来专门翻译了一些英国功利主义派的著作。严复认同“经济人”假设，非常赞同“功利主义”学说。他把“开明自营”作为推动国民参与“制度与国民性互动”的基础。他把义和利结合起来，“民乐民

① 严复：《〈法意〉按语》，载《严复集》，中华书局1986年版，第988—989页。

② 严复：《〈法意〉按语》，载《严复集》，中华书局1986年版，第989页。

③ 严复：《〈民约〉平议》，载《严复集》，中华书局1986年版，第337页。

乐从善，而治之进不远软”。[①] 人类由痛苦和快乐主宰，国民的本性是趋利避害的，都是按照功利原理行事。而且，整体的利益就是成员的利益总和，一项行动有利于增进整体利益时，就是符合功利原理的，就是有益的。因此，“两利为利，独利必不利”[②]，合理利己应该成为理想国民的一项素质。他极力赞扬西方“于道义必不背”的“开明自营”实际就是合理利己主义。“民智既开之后，则知非明道则无以计功，非正谊则无以谋利，功利何是病？问所以致之之道何如耳。故西人谓此为开明自营。开明自营，于道义必不背也。”[③] 严复不仅批判极端利己主义，而且反对中国古代儒家的重义轻利观念。他认为“正谊不谋利，明道不计功”思想，“于化于道皆浅”，实际是“祸仁义”的东西[④]。它和“崇本抑末”思想相联系，同是封建自然经济的产物，因而压抑了历史上社会经济的发展，使一些有才干的人皓首穷经，而在经济上无所作为，结果使社会“治化难进”。应该说，严复的这些分析是基本上符合客观历史的。但应该指出的是，严复提倡合理利己主义的目的是为了在坚持资本主义私有制的条件下，实现个人利益同社会利益完全结合，这显然违背了资本运行的逻辑，因而是不可能实现的。

## 第三节 严复“制度与国民性互动”思想的形成过程

关于严复思想的发展历程，学界有比较多的分歧。在思想是否发生

① 严复：《〈原富〉按语》，载《严复集》，中华书局 1986 年版，第 859 页。

② 严复：《天演论》，载《严复集》，中华书局 1986 年版，第 1395 页。

③ 严复：《天演论》，载《严复集》，中华书局 1986 年版，第 1395 页。

④ 严复：《原强》，载《严复集》，中华书局 1986 年版，第 15 页。

根本转变上，学界形成两种观点：一为“激进转向保守”的“转化论”，如蔡元培[①]、周振甫[②]、王栻[③]、李泽厚[④]、张志建[⑤]和武云[⑥]等人。二为“严复思想不存在根本的转变”的“内在一致论”，如汪荣祖[⑦]、史华慈[⑧]、林

① 蔡元培针对严复的政治取向提出，“严氏译《天演论》的时候本来算激进派，听说他常常说‘尊民叛君，尊今叛古’八个字的主义。后来他看得激进的多了，反有点偏于保守的样子”。参阅《蔡元培全集》（第四卷），中华书局1984年版，第353页。

② 周振甫认为，严复的思想发展历程分为“全盘西化”“中西折中”“反本复古”三个时期。参阅周振甫：《严复思想述评》，中华书局1940年版。

③ 王栻认为，严复在戊戌变法前是“出色的思想家”，在戊戌政变后“从进步转到保守”，辛亥革命后成为“顽固反动的瘉壄堂老人”。参阅王栻：《严复传》，上海人民出版社1957年版。

④ 李泽厚认为，严复“在戊戌变法走向高潮时便表现出倒退，后来更是背弃了他早年曾经热情信仰过、宣传介绍过的新学、西学，而完全回到封建主义怀抱中去了”。参阅李泽厚：《中国近代思想史论》，生活·读书·新知三联书店2008年版，第254页。

⑤ 张志建认为，严复趋向保守始于1905年，到那时，“就思想而言，他已算不得先进的中国人了”。参阅张志建：《严复学术思想研究》，商务印书馆1995年版，第23页。

⑥ 武云认为，“辛亥革命后，严复对中西文化的态度发生了根本性的变化。尽管在理论上，他仍坚持有条件地‘别择’中西文化，但在具体内容上，已由批判旧学、崇尚西学，转变为肯定、倡扬旧学，提倡尊孔读经，否定、抨击西学。”参见武云：《严复晚期旧学观探析》，《东岳论丛》2001年第2期。

⑦ 汪荣祖认为：“一般人总认为严复的思想早年先进，晚年保守，这样的两分法似乎过于简单”。参见汪荣祖：《严复新论》，载刘桂生：《严复思想新论》，清华大学出版社1999年版，第24页。

⑧ 美国汉学家史华慈（Benjaminl Schwartz）认为，严复的思想“有一持续性的执著与实质上内在的一致性”，即以进化论为基础的渐进改革与提升国民素质。见叶凤美：《寻求富强：严复与西方》，江苏人民出版社1996年版。

载爵[①]、欧阳哲生[②]和刘桂生[③]等人。在思想的分期上，学界有两类观点，一是隋淑芬、张志建、武云和阳伶[④]等人的“两期论”，他们主张以1905年为基点把严复思想分为前期和后期；二是周振甫、李泽厚、王栻、任艳妮、张平海和甄建均[⑤]等人的“三期论”，他们主张戊戌变法前是严复思想发轫时期，戊戌变法到辛亥革命间是严复思想系统形成时期，辛亥革命后是思想反思转折时期。这些不同的观点都具有一定的合理性，但由于它们都是基于中西文化对比语境的宏观分析，因而由其笼统性而出现分歧。如果突破这一宏观框架，从“制度与国民性互动”的微观视角来重新解读严复思想的发展历程，就可以发现：严复“制度与国民性互动”思想，既有一致的一面，又有变化的一面。一致的一面是

---

① 台湾的林载爵认为，“严复一生之中，从来没有激进过，也从来没有主张过全盘西化，自然也就无所谓从激进转为保守”，“在批判传统这个问题上，严复从一开始就不曾反孔、非孔，更不曾主张全盘西化，当然也就无所谓从批判传统转为反本复古了”。参见林载爵：《有关严复思想的两个问题：激进与保守、批判传统与反本复古》，载刘桂生：《严复思想新论》，清华大学出版社1999年版，第53、57页。

② 欧阳哲生认为，严复对传统虽有批判，但并无离异，对西学虽有宣扬，但并无全盘接受。因此，严复“晚年重估中西文化，与其说是一种倒退的历史表现，不如说是在更高层次上的理解和把握中西文化。”参见欧阳哲生：《严复评传》，百花洲文艺出版社1994年版。

③ 刘桂生：《严复中西文化观前后期的一致性》，载刘桂生：《严复思想新论》，清华大学出版社1999年版，第5页。

④ 阳伶：《严复早晚期政治思想的变化及原因》，《湘潭大学学报》（哲学社会科学版）2005年第5期。

⑤ 参见任艳妮：《严复宪政思想演变的重新审视》，《山西高等学校社会科学学报》2008年第2期；张平海，李爱峰：《严复政治思想转变的原因探析》，《河南师范大学学报》（哲学社会科学版）2000年第1期；甄建均：《严复晚年思想的变化及其归宿》，《学术研究》2000年第8期。

指该思想的哲学基础和最终目标没有变化，变化的一面是指实现最终目标的手段方式出现变化，这种变化有两种情况，一种是后期思想对前期思想的修正，一种是后期思想对前期思想的深化。严复“制度与国民性互动”思想，可以据此分为以下三个时期：

## 一、戊戌变法前的思想发轫时期

戊戌变法前，中国屡屡遭受战争的挫败和战后的丧权辱国条约。这种背景深深刺激着严复，他为此用撰写政论文和出版翻译著作的形式表达自己有关国家救亡的见解。这时期的主要观点，表明严复“制度与国民性互动”思想还处于发轫时期。

### （一）该时期“制度与国民性互动”思想的基本框架

首先，提出了“制度与国民性互动”思想的理论基础。在《论世变之亟》中，严复以日进不已的历史进化论为理论基础，批判好古忽今与治乱盛衰的历史循环论，指出近代中国所以落后挨打的原因就在于故步自封，用独裁的政治思想等束缚着人们的思想，阻碍人们睁开眼看世界，向西方寻找救国的真理，从而违背了历史发展的趋势。在《原强》和《原强修订稿》中，严复提出了社会有机体论，从而把个人素质的提高与国家的兴衰存亡联系起来，而且，他还吸收借鉴斯宾塞《教育论》中的思想，把国民教育目标划分为德育、智育和体育三个方面。在《拟上皇帝书》中，他还吸收西方利己主义思想，提出“法之弊否，与私利之多寡为正比例；而私利之多寡，又与变之难易为正比例”。[①]

① 严复：《拟上皇帝书》，载《严复集》，中华书局1986年版，第76页。

其次，提出了"制度与国民性互动"的主要目标。主要目标分为三个层次：第一层是近期目标，是建立民主政治和培养理想国民，实现二者的良性互动；第二层是中期目标，是实现国家的繁荣富强和人民幸福富裕；第三层是远期目标，是最终建立实现"郅治"的理想社会。

再次，提出了"制度与国民性互动"的基本原则和主要途径。基本原则包括：互动要在社会有序的条件下进行，需要国家对互动进行统一规划，"制度与国民性互动"要以维护国民的利益和自由为导向①，互动需要借助一些外在的有利条件，需要破旧立新和"标本并治"②等。主要途径是通过自上而下的体制改革培养理想国民，然后通过理想国民催生民主政治。

### （二）这一时期的"制度与国民性互动"思想的特点

首先，这一时期的"制度与国民性互动"思想缺乏系统性。其表现有二：一是该期没有详细阐述理想国民性的具体内涵。严复看到导致近代中国贫穷落后的重要原因是"民力已茶，民智已卑，民德已薄"③，为此提出以"民智日开，民力日奋，民德日和"④为内容的理想国民模型。在这一时期，严复虽然对民德、民智和民力的内容有所揭示，但是并没有详细阐述其内容。二是对互动的具体途径没有全面分析。在这个时期，严复培养理想国民具体途径主要是教育制度和政治制度，对于另外两条具体途径——法律制度和经济制度，还没有深入阐述。而且，对于

① 严复：《论世变之亟》，载《严复集》，中华书局1986年版，第3页。
② 严复：《原强》，载《严复集》，中华书局1986年版，第14页。
③ 严复：《原强修订稿》，载《严复集》，中华书局1986年版，第26页。
④ 严复：《原强》，载《严复集》，中华书局1986年版，第14页。

如何改革政治制度和教育制度以培养理想国民的分析也不是很全面。

其次，这一时期存在过分褒西贬中的全盘西化思想。他在这时认为，中西两种不同民族文化各成系统、各有独立性，“中学有中学之体用，西学有西学之体用”，二者冰炭不能同炉。他非常赞赏西方的文化，他在《论世变之亟》一文中就列举出为学、接物、礼俗、人才观、财用等中西文化中差异方面。① 尽管严复宣称“未敢遽分其优绌”，但他肯定西方文化，贬低中国文化的观点是一目了然的。更能证明严复贬低中国文化的是他对中国传统文化的严厉批判。他宣称：中国数千年来的“教化学术非也”，“若充类至义言之，则六经五子亦皆责有难辞。”② 要救国救亡就必须“非讲西学不可”③“非西洋莫与师”④。他反对以中体西用为指导的洋务运动，认为洋务派仿效西方练兵、筹饷、购船等只是袭皮毛之举。他认为，中国传统文化应该实现由“用”到“体”的全面转轨。由此可见，严复在中西文化对比时，存在对西方文化过度褒扬和对中国文化过分贬抑的误区。

总的来说，尽管严复在这期间已经正式提出了“制度与国民性互动”思想，从而开启了持续长久、影响深广的近代中国改造国民性的社会思潮，使对民族心理的反思成了近代启蒙思想中的新领域。但是，严复在这时期对经济制度、法律制度、婚姻家庭制度与国民劣根性的关系的研究还没有深入，在如何推进新制度与新国民互动的措施上的论述并不多。

---

① 参见严复：《论世变之亟》，载《严复集》，中华书局 1986 年版，第 3 页。

② 严复：《〈“支那”教案论〉提要》，载《严复集》，中华书局 1986 年版，第 53—54 页。

③ 严复：《原强修订稿》，载《严复集》，中华书局 1986 年版，第 30 页。

④ 严复：《原强修订稿》，载《严复集》，中华书局 1986 年版，第 26 页。

## 二、戊戌变法到辛亥革命间的思想系统形成时期

戊戌变法失败后，严复虽然一度情绪消沉，“惟以译书自课”，但是，随着清政府在1906年宣布仿行君主立宪和此后掀起的一场声势浩大的立宪运动，严复参与政治的热情也又一次被激发，自此他又开始积极致力于以“愈愚”为目标的民主政治启蒙。这个时期，他的思想得到进一步的发展，他的译著达到新的高峰，除了《天演论》外，其他“七大译著”都发表在这一时期。据统计，他在这10年中发表的译著、演讲、文章和参加集会等，都要比百日维新时期多很多。相较于戊戌变法前，其“制度与国民性互动”思想得以系统化。

### （一）对“制度与国民性互动”思想的系统化

首先，在清末新政的背景下，严复开始有机会对民主政治和理想国民模型作了进一步的论述。对于民主政治，严复强调政府受宪法和法律制约，要向人民负责。人民依宪法和法律决定政府的去留更换是民主政治的实现，它使社会告别了通过革命更换政府的模式，从而确保国家的稳定发展。民主政治制度下的自由，是宪法和法律范围内有“管理”和“治理”的自由，是不妨碍和伤害社会群体利益的自由，不是个人的随心所欲。这种有“治理”的自由，才能成为民主政治制度的根本目的。因此，“人生无完全十足之自由，假使有之，是无政府，即无国家”。[①]严复还深刻指出，民主政治所保障的公民自由是国家强大的前提，剥夺人民的自由会危害国家的繁荣和发展。因此，决不能把专制统治者的“仁政”等同于民主政治下人民所追求的自由。对于理想国民性模型，

① 严复：《政治讲义》，载《严复集》，中华书局1986年版，第1287页。

严复在继续阐述理想国民在政治和教育领域的要求的基础上，进一步分析了其在经济和法律等生活领域的要求。在经济生活领域，国民要有经济理性，懂得开明自营、诚实守信和本末并重；在法律生活领域，国民应该知晓法律、遵守法律、信仰法律。

其次，严复进一步论述了“制度与国民性互动”的具体途径。在近代中国实施民主政治的路径上，实行地方自治是实施民主政治的当务之急。严复论述了法制建设对国家、社会、人民的重要意义。在立法体制上，坚持为民立法的原则和三权分立体制；在司法体制上，坚持平等和人权的原则。在经济体制方面，整顿币制以培养诚实守信品德；实行自由主义的市场经济体制，以培养国民竞争意识；建构现代税收体制，以培养国民爱国思想。这样他就从政治、经济、教育和法律四个生活领域，论述了制度与国民性的互动。

再次，更为重要的是，严复对制度与国民性的互动关系作了深刻概括。在1901年4月，严复在《〈日本宪法义解〉序》中指出：“法可因民而日修、而民亦因法而日化；夫而后法与民交进，上理之治，庶几可成。”①

### （二）对中西文化的辩证认识

在这个时期，严复虽然还侧重于提倡西学和“破旧学之拘挛”，但他的文化观有所变化。这首先表现在他开始相信中国文化也有长处。他曾说：“自尧舜禹汤文武，立之民极，至孔子而集其大成，而天理人伦，以其垂训者为无以易”，“五伦之中，孔孟所言，无一可背”。②“经史词

① 严复：《〈日本宪法义解〉序》，载《严复集》，中华书局1986年版，第96页。

② 严复：《论教育与国家之关系》，载《严复集》，中华书局1986年版，第168页。

章，国律伦理，皆不可废。”① 更为重要的是，严复对中国传统文化，不是一概否定其价值和意义，而是主张对其进行甄别和改造。在严复看来，中西两种不同民族文化并非冰炭不能同炉，而是可以相互吸收、相互融合，并行不悖。“新学愈进，则旧学愈昌明，盖他山之石可以攻玉也。”② 因此，严复在此主张“以与旧学相辅为教”，“必将阔视远想，统新故而视其通，苞中外而计其全，而后得之”。③ 显然，严复谋求与旧学相妥协，实际是重建了对待西方文化和传统文化的准则——中西文化之间应该形成一个全面的、理性的、平衡的互动关系。

他提出中西文化会通的方式方法。在他看来，运用西方新学中的理论概念和研究方法整理研究中国的旧学，可以使中国传统文化焕发出一种符合时代精神的全新意义。这是因为中西学之间的许多思想是可以相互印证的，只要我们在精通西学的基础上，更好地解读中国传统文化，则可以“即异而观其同”，有所新发现。“以其所得于彼者，反以证吾古之所传，乃澄湛精莹，如寐初觉，其爱切有味，较之觇毕为学者，万万有加焉”④。

可以看出，严复在这个时期的思想，虽然没有了维新变法时期的激烈和大胆，但是具有维新时期所没有的慎重和细腻。在这个时期，他对维新变法前提出的很多思想，开始了多角度、全方面和立体化的阐释，从而使得其“制度与国民性互动”思想，特别是其中的民主政治变革思

① 严复：《论今日教育应以物理科学为当务之急》，载《严复集》，中华书局1986年版，第284页。

② 严璩：《侯官严先生年谱》，载《严复集》，中华书局1986年版，第1481页。

③ 严复：《与〈外交报〉主人书》，载《严复集》，中华书局1986年版，第560页。

④ 严复：《〈天演论〉自序》，载《严复集》，中华书局1986年版，第1319页。

想，逐步从前期的零散状态逐步转向系统化。

## 三、辛亥革命后的思想反省时期

辛亥革命后，严复政治思想日趋保守。这期间，严复依然固守渐进式改良主义民主政治理念，不仅反对民主共和，而且在对待传统国民性的态度上也发生了重大的变化。他的转变完全与近代中国日趋激进的变革主流形成鲜明对比，因而备受争议，被许多人称为时代落伍者。

### （一）对中西方国民性及其培养的反省

随着资本主义国家贫富不均日益悬殊，特别是 1914 年第一次世界大战爆发，严复对西方国民的认识发生了变化。以前，他认为文明程度提高，一切问题就可以迎刃而解。现在，他不相信这个观点了。“文明之程度愈进，贫富之差数愈遥，而民之为奸，有万世未尝梦见者礴。”① 在 1917 年的《太保陈公七十寿序》中，他又指出：“种民肝脑涂地，身葬海鱼以亿兆计，而犹朱已横暴残酷，于古无闻。”② 他认为“彼族三百年之进化，只做到‘利己杀人，寡廉鲜耻’八个字”。③ 由此可以看出，他已经改变了以前对西方文化的敬仰。“且诸公所以醉心于他族者，约而言之，什八九皆其物质文明已耳。不知畴国种之阶级，要必以国性民质为之先，而形而下者非所重也。”④ 严复通过列强侵华和欧战揭露西方社会的腐朽一面，是符合实际的。

① 严复：《〈法意〉按语》，载《严复集》，中华书局 1986 年版，第 986 页。

② 严复：《说党》，载《严复集》，中华书局 1986 年版，第 305 页。

③ 严复：《与熊纯如书》，载《严复集》，中华书局 1986 年版，第 692 页。

④ 严复：《思古谈》，载《严复集》，中华书局 1986 年版，第 324 页。

这种对西方文化的失望，又反过来强化了严复对中国古代儒家文化的崇仰。他否认近代中国国民“恶根性”的存在，认为“中国之国性民质，根源盛大，岂可厚诬”。[①] 这种优秀的国民性表现为天然爱统一，孔教不设鬼神，不谈格致，专明人事，平实易行，以及为儒教垂训陶养出的不顾生计的道义精神，等等。为此，他写了《思古谈》《读经应当积极提倡》《导扬中华民国立国精神议》等与时代主流逆向而行的论文。他在这些论文中，不仅反复申论尊孔与读经的必要性和重要性，而且明确提出要把“忠孝节义”作为“立国之精神”加以弘扬，其目的是“用以保持吾国四五千载圣圣相传之纲纪彝伦道德文章于不坠。”[②]

值得注意的是，他与以复兴古学为己任的国粹派并不相同。他认为儒家为经典有许多有助于国性的东西，不应全盘否定，而应会通创新。他为此还根据资产阶级伦理，对传统的忠孝仁义作了重新阐释。“盖忠之为说，所包甚广，自人类之有交际，上下左右，皆所必施，而于事国之天职为尤重；……孝者，隆于报本，得此而后家庭蒙养乃有所施，国民道德发端于此，且为爱国主义所由导源；……节者，主于不挠，主于有制，故民必有此，而后不滥用自由，而可与结合团体；……至于义，则百行之宜，所以为人格标准，而国民程度之高下视之。但使义之所在，则性命财产皆其所轻。”[③] 可以看出，这种重新阐释，反映了严复已经在一定程度上正确认识到中国传统文化存在的价值。

然而从根本上讲，国家政治稳定与否取决于，国民政治参与程度和

---

① 严复：《思古谈》，载《严复集》，中华书局 1986 年版，第 324 页。

② 严复：《与熊纯如书》，载《严复集》，中华书局 1986 年版，第 605 页。

③ 严复：《导扬中华民国立国精神议》，载《严复集》，中华书局 1986 年版，第 343—344 页。

国家政治制度化程度之间的相互关系。国家政治不稳定的原因恰恰在于，国民政治参与的不断扩大，超过了政治制度所能承受的限度，既有的政治制度不能将政治参与的要求和行动纳入制度化轨道，这样政治体系就会不稳定，导致国家动乱和社会暴力的出现。严复显然没有认识到，这个时期国民在忠孝等方面的变化是封建权威力量动摇、社会动荡加剧和新的知识阶层出现的结果。

### （二）对民主政治制度及其实现途径的反省

辛亥革命失败后，国际和国内形势发生的巨大变化对严复思想产生了极大的冲击。在国际方面，西方发达国家为了争夺殖民地而爆发了第一次世界大战，这使严复清晰地看到西方先进文明仍然存在糜钱残命的残酷现实。为此，他多次深有感慨。他说：“西国文明，自今番欧战，扫地遂尽。”[①] 在国内，辛亥革命虽然推翻清政府的独裁统治，但紧随之而来的是社会出现严重的动荡。这种情况促使严复严重关注社会秩序问题。他经过反思认为，导致这种乱象的原因在于：中国过早地推行共和政体。因为，民主政体要以国民高尚的品德为基础，而“吾国形势、程度、习惯，于共和实无一合”。因此，他“终觉共和国体非吾种所宜”。他主张“天下仍须定于专制”[②]，认为只有实行君主政体才能结束中国长期动乱的局面。不然，社会秩序就不能恢复，国家富强就不可实现。直至 1920 年，他仍坚持“鄙人自始至终，终不以共和为中华宜采之治体”。[③]

① 严复：《与熊纯如书》，载《严复集》，中华书局 1986 年版，第 600 页。

② 严复：《与熊纯如书》，载《严复集》，中华书局 1986 年版，第 603 页。

③ 严复：《与熊纯如书》，载《严复集》，中华书局 1986 年版，第 711 页。

近代中国正处于一个社会激烈变革的时期，在这个时期，旧的秩序和旧的观念虽然被迅速解构，但是新的秩序和新的观念并没有能够及时建构起来，结果导致整个社会秩序和人们的思想世界都陷入一种混乱状态。严复提出的改变这种混乱状态的路径是，回到传统文化中去，挖掘其中的合理资源，并对它们进行重新阐释，然后把它们作为中华民族的特性和立国精神加以弘扬。他说“孔子之道大，真莫与京，故其所言，不仅为中国今人所莫及也，欧人去之，乃益远矣。”① 然而，列强侵略中国和第一次世界大战实际是帝国主义本质的暴露，辛亥革命后的社会动荡和思想混乱也只是社会大转型中的必然现象，它们之所以出现，既不是因为科学的罪恶，也不是因为民主的罪恶。严复把这些混乱状态归因为民主和科学，反映了其思想的局限性。

（三）对中西制度文化会通的反思

在制度文化的会通上，随着国际国内形势的发展变化，严复晚年在对文化制度的认识上也发生了转变，由中期的中西制度文化会通论，走向中西制度文化对立论。他说：“又悟向所谓合一炉而冶之者，徒虚言耳，为之不已，其终且至于两亡。故今立斯科，窃欲尽从吾旧，而勿杂以新；且必为其真，而勿循其伪，则向者书院国子之陈规，又不可以不变，盖所祈响之难，莫有逾此者。”② 直到 1921 年，严复临终前还告诫子女：“须知中国不灭，旧法可损益，必不可叛。”③

在伦理文化的会通上，严复的思想也出现了变化。这种变化表现在

① 严复：《与熊纯如书》，载《严复集》，中华书局 1986 年版，第 690 页。

② 严复：《与熊纯如书》，载《严复集》，中华书局 1986 年版，第 605 页。

③ 严复：《遗嘱》，载《严复集》，中华书局 1986 年版，第 360 页。

国民性的建构上就是，晚年的严复提倡忠孝仁义，把它们作为近代中国理想国民模型的重要组成要素。在他看来，忠孝仁义是各个社会维持秩序的国民性保证。为培育这种国民性，严复转向尊孔复古，提出“鄙人行年将近古稀，窃尝究观哲理，以为耐久无弊，尚是孔子之书”①。

严复“制度与国民性互动”思想是在国人反思战争屡屡失败的原因、总结社会改革不断受挫的教训和来华外国人批判近代中国国民劣根性的历史背景下形成的；它既吸收了中学中的传统“心力”论、儒学重视道德修养的思想和传统变革的理念，又汲取了西方进化论、社会有机体论、国民性思想、近代民主政治思想、近代自由主义和功利主义思想；它的形成过程可以分为戊戌变法失败以前的思想发轫期、戊戌变法失败到辛亥革命前的系统形成期和在辛亥革命失败后的思想转折期。

在严复“制度与国民性互动”思想发生、发展的过程中，始终没有改变的是他建立民主政治的渐进式理念、国民素质改造论和君主立宪制等。当然，严复“制度与国民性互动”思想在这过程中也的确发生过一些变化，这主要体现在他对待中西文化的态度上。而在辛亥革命之前，他积极倡导的主要是西学，目的是为了启迪国民。在辛亥革命之后，他转而批判西学，认为西学具有消极的一面，同时大声提倡复兴中国传统文化。在民主共和制逐渐成为变革方向的清末民初，他却与时代潮流逆向而行，仍然提倡君主立宪；在提倡新文化成为整个社会主流的时刻，他却在主张弘扬旧学，号召国民保持国性。正是因为严复这种转变与时代发展形成了鲜明的反差，所以，他被后人斥为“保守者”“落伍者”。然而，从抵制全盘西化和民族虚无主义的角度来说，无疑是有其积极意义的。

① 严复:《原强》，载《严复集》，中华书局1986年版，第7页。

# 第二章　严复对旧制度与近代中国国民劣根性恶性互动的反思

为了挽救积贫积弱的中国，严复对近代中国的制度文化和国民品格进行了分析。他通过中西方国家的比较，发现“群之治乱强弱，则视民品之隆污，主治者抑其次矣”。[①] 为此，他把不适合国家发展的国民性称为国民劣根性，并对其种种表现进行全面批判，而且还分析近代中国国民劣根性的成因及其对旧的制度的固化作用。这些分析深刻揭示了近代中国国民劣根性形成和发展的路径依赖机制，为其探索走出旧制度与国民劣根性恶性循环互动之路奠定了理论基础。而用制度经济学的方法分析，严复实际上发现了国民劣根性与封建制度之间的双向强化关系。

## 第一节　对近代中国国民劣根性的批判

严复对近代中国国民劣根性的批判，是从政治、经济、教育和法律等社会生活领域进行的。他对近代中国国民劣根性的分析在当时的中国

① 严复：《政治讲义》，载《严复集》，中华书局 1986 年版，第 1253 页。

具有建设性、全面性和启发性，同时具有一定的局限性和变动性。

## 一、国民劣根性的深刻探析

严复以是否有利于国民的生存竞争为标准，比较全面地分析了近代中国国民劣根性的种种表现。这在制度经济学看来，实际是指国民的非理性行为。

### （一）国民缺乏政治理性

政治理性（Politicalreason）是指政治活动中，遵循正常的规范，运用智力进行缜密的推理。在政治活动中，遇到事件特别是重大事件，需要作出反应。事件涉及切身利益或触动感情时，理性要求考虑问题的出发点，不是一时的冲动和感情，而是一贯坚守的信念和遵从的理论。① 政治理性要求人们按照从价值逻辑去从事政治活动，对面临的事件进行全面的了解，掌握客观情况，接受充分的信息，在此基础上，根据自己的价值观，进行认真思考，仔细推理，作出最符合自己利益的政治抉择。政治理性要求思考问题的逻辑性，政治行动的规范性，即保持冷静、克制，不走极端。政治人是理性人，但并不是说政治人是自利的。“理性人不同于自利人，理性人可能是利己主义者，也可能是利他主义者。理性人有个比较稳定的偏好、在面临给定的约束条件下最大化自己偏好的人。”② 严复的理性人为标准深刻全面分析了国民在政治方面的劣根性，认为

① 陶文昭:《政治理性》，载李德顺:《价值学大词典》，中国人民大学出版社1995年版，第950页。

② 参见张维迎:《博弈论与信息经济学》，生活·读书·新知三联书店2004年版，第1页。

近代中国国民品格中最根本的缺点是“奴隶性”、离散性和排外性，这些缺点表现了国民的政治非理性特征。

奴隶性。“奴隶性”是封建统治所造成的人们安分、柔顺、依赖、卑怯的顺民性格和自居于奴隶地位的奴才意识。“奴隶性”具有多种表现：一是盲从性。即没有独立政治人格和独立决策意识，盲目听从他人的决策和指挥。其行为特征是，“常有一哄之谈，牢不可破，虽所言与事实背驰，而一犬吠影，百犬吠声之余，群情汹淘”。① 比如，在洋务运动中，“或云固圉为急矣，则请练陆营而更立海军；或云理财最要矣，则请造铁路、开各矿而设官银号；义以事事雇用洋人之不便也，则议广开学馆以培植人才。大抵皆务增其新，而未尝一言变旧”。② 在对待西学上，不深入研究西学进步之所在，“大抵求为舌人，抑便谈对而已”③。二是冷漠麻木。即当国家处于危难或权力和利益受到侵犯时，很多人苟且偷安、任人宰割、身处困境而安之若命。三是虚伪性。即阳奉阴违和伪巧欺诈。商人、士人和卿大夫往往都是“谗谄面谀之众，骄伪倾巧之夫”，他们“易邀宠眷，而邦国之事，乃以荒矣”。④ 可以看出，“奴隶性”是指国民的行动是违背人类趋乐避苦的理性。

离散性，即同属于一个群体之中的人们之间缺乏理解和信任，始而互相怀疑，继而猜忌，终而仇恨。其表现主要有三个方面：一是缺乏正确的国家思想。国人认为国家只是皇帝的私产，国事与自己无关。结

① 严复：《论今日教育应以物理科学为当务之急》，载《严复集》，中华书局1986年版，第281页。

② 严复：《拟上皇帝书》，载《严复集》，中华书局1986年版，第69页。

③ 严复：《〈原富〉按语》，载《严复集》，中华书局1986年版，第904页。

④ 严复：《宪法大义》，载《严复集》，中华书局1986年版，第324页。

果，“人心涣散，各顾己私，无护念同种忠君爱国之诚”。[①] 二是缺乏群体观念和合作精神。国民“知损彼之为己利，而不知彼此两无所损而利焉，然后为大利也”。[②]“中国二人联财则相为欺。”[③] 因而，不能结成牢固稳定的团体。三是彼此相贼。国民之间常常为了小事，相互嫉恨，相互猜忌，结下仇恨。于是整个社会陷入一盘散沙之中。政治理性的一个表现是，国民的行动要遵循三元利益结构。“三元利益结构是指以社会整体为主体的公共利益、以社会特定集团为主体的集团利益（阶级社会中主要体现为阶级利益）和以政府组织或官僚个体为主体的政府自身利益。集团利益是政治生活中不可回避的客观存在，主要来源于社会经济生活中处于不同地位的集团的物质需求。”[④] 可以看出，离散性也是一种政治理性缺乏的表现。

排外性。即一个群体对于群体外的人或文化的排斥。在严复看来，近代中国国民的排外性是伴随近代中国的社会变革和西方文明的逐渐传入而形成发展起来的，在这一过程中，它呈现出两种截然相反的趋势：一是国人断断然于夷夏之防，错误地认为“中国为礼义之区，而东西朔南，凡吾王灵所弗届者，举为犬羊夷狄。神州而外皆夷狄，其果夷狄否，未尝考也。抵死虚，未或稍屈”[⑤]。二是媚外心态。人们崇拜、迷信西方文化，一切唯外人是从。“国之少年妇孺于衣、食、住三者，莫不

① 严复：《拟上皇帝书》，载《严复集》，中华书局 1986 年版，第 73 页。

② 严复：《原强》，载《严复集》，中华书局 1986 年版，第 15 页。

③ 严复：《原强》，载《严复集》，中华书局 1986 年版，第 15 页。

④ 汪波：《“政治理性人”的基本逻辑——政治学基本人性假设的新思路》，《海南大学学报》（人文社会科学版）2008 年第 1 期。

⑤ 严复：《救亡决论》，载《严复集》，中华书局 1986 年版，第 45 页。

以服用外产为荣观，以被服国货为贱辱”。[1]他认为留日学生掀起的“拒绝外人资本之内流，而自开矿山、自造铁路，以及一切抵制利权”的运动，其动机在于“宁使中国之路不成，矿不开，不令外国货财于吾国而得利”。[2]为此，他在《论抵制工约之事必宜通盘筹划》一文中不顾当时抵制美货运动的全国性，呼吁人们保持冷静思考。他说：“愿寄语诸君少安毋躁可耳，勿使觇国之士谓吾民聩聩，于报施之际，毫不置白黑于胸中也。”[3]在严复看来，排外有理性和非理性之分。文明排外尽管是民族主义情绪的一种合理宣泄，但是如果运用不当，就必然会给民族进步造成损害，因而是一种非理性行为。

### （二）国民缺乏经济理性

理性经济人是以亚当·斯密为首的西方经济学家关于人类经济行为的一个基本假定，意指经济主体所追求的目标是使自己的利益最大化。这些西方经济学家认为国家的发展就是得益于经济理性行为，即消费者追求效用最大化；厂商追求利润最大化；要素所有者追求收入最大化；政府追求目标决策最优化。严复从这个假设出发，认为重农抑商、安贫乐道和尚义轻利等，实际是近代中国国民缺乏经济理性的表现，是近代中国落后的一个原因，因而是国民在经济生活方面的劣根性。

重农抑商。这表现为以下方面：一是片面重农。国人不懂得农工商

---

① 严复：《论中国救贫宜重何等之业》，载《严复集》，中华书局 1986 年版，第 296 页。

② 严复：《〈法意〉按语》，载《严复集》，中华书局 1986 年版，第 1005 页。

③ 严复：《论抵制工约之事必宜通盘筹划》，载《〈严复集〉补编》，福建人民出版社 2004 年版，第 25 页。

都是国家发展不可或缺的产业部门，而认为农业是唯一的救贫之路。二是鄙视商业。近代国人认为商人“奸伪狡诈”，对近代国人从事商业活动所获得的财产不能给予有力的法律保护。“小之守令，大之督抚，乃至政府朝廷，皆可以一日之觊觎，一纸之文书，而夺其所有。”[①] 这种国民习俗自然不利实业家，结果中国经济长期得不到发展。重农轻商把人们的目光局限于农业生产领域，妨碍了商品经济的发展，结果不但养农促农的工商业被扼杀，且本属于现代农业的林牧副渔也遭到严重伤害。重农轻商并不是对国民更有利的选择方案，理应是理性经济人所拒绝的。为此，严复对近代中国国民这一经济上的非理性积习深恶痛绝。

安贫乐道。安贫乐道是封建经济制度内在矛盾的产物，主要表现为以下几个方面：一是为了实现平均，往往不惜以牺牲经济发展为代价。国人遵循“不患寡而患不安，不患贫而患不均。盖均无贫，和无寡，安无倾”。[②] 二是“安于朴陋，束于习惯，而贫常啬琐，无独辟过人之思想故也”。[③] 严复极为反对近代中国国民的这种平均主义思想，认为它把一切社会机会和社会分配看作是撇开了效率、人人都可得到的东西，从而割裂了平等与效率、利益与竞争的关系。“去奢崇俭”是重本轻末思想消费观的反映。这种消费观不仅压抑人性，而且抑制人们的需要，违背了人的利益最大化原则，阻碍生产发展。严复深刻指出，“地丁合一”“推丁入亩”和“均等税制”等制度都渗透着均平思想。正是这样的制度安排消融了许多社会矛盾，使社会冲突功能限于社会原型的机械

① 严复：《读新译甄克思〈社会通诠〉》，载《严复集》，中华书局1986年版，第150页。

② 《论语·季氏》，载《四书五经》，北京古籍出版社1993年版，第108页。

③ 严复：《原贫》，载《严复集》，中华书局1986年版，第293页。

修复，从而使近代中国社会冲突难以导向社会更新。因而，平均主义实际是统治者诱引人们安于现状的统治术。

尚义轻利。即国民把个人利益与群体利益对立起来，以利己为耻，利他为荣。其表现主要有：一是公私对立，主张“皆以功利道义相反，若薰莸之必不可同器”①。二是耻于言利，国民“以言利为讳，又习于重农抑商之说，于是生财之途常隘，用财之数常多，而财之业于天地之间，往往遗弃而不理”②。严复深刻批判近代中国公私对立观，认为这有害于道德。“古之言为善也，以为利人，而己无与也；今之言为善也，以不如是，且于己大不利也。知为善之所以利己，而去恶且不止于利人，庶几民众从教，而不祸仁义也。民之所以为仁若登，为不仁若崩，而治化之所难进者，分义利为一者害之也。”③ 严复还借用亚当·斯密的功利原则对“耻于言利”进行了深刻批评。他指出，“吾弃财而不理，则人之睨其旁者，势必攘臂而并争，于是财非其财。吾弃财不理而不给于用，用仍取给于隘生之途，途益隘而取益尽，于是上下瘁，而国非其国。财非其财，国非其国，则危败之形立见。”④ 因此，对近代中国而言，改变重义轻利风尚，将“利”摆在一个恰当的位置十分必要。正是基于义利统一对人己关系的健康处理和义利统一对救中国之贫的现实作用，严复将近代中国传统道德忌言“利”之倾向凸显出来，纠正了传统道德言义不言利、存义去利之偏颇。

---

① 严复：《天演论》，载《严复集》，中华书局 1986 年版，第 1395 页。

② 吴汝纶：《〈原富〉序》，载《严复集》，中华书局 1986 年版，第 1552 页。

③ 严复：《〈原富〉按语》，载《严复集》，中华书局 1986 年版，第 858 页。

④ 吴汝纶：《〈原富〉序》，载《严复集》，中华书局 1986 年版，第 1552 页。

## （三）国民缺乏科学理性

科学理性是西方近代文明的核心，它直接作用于社会生产和生活，并对社会价值体系和理想人格的形成产生重大影响。“科学理性是科学主体特有的一种精神或认识能力，它促使科学主体从一定的本体观和理由出发去探索科学客体并按一定的规则进行推理得出合乎逻辑的结论。”[①] 科学理性的基本精神是相信世界的客观性、统一性、规律性和可知性，追求真理和人类进步，主张通过审慎的技术操作和干预以控制自然、造福人类。科学理性不仅包含着公正性、无私利性、公共性以及批判精神，而且表现为一组方法论原则，诸如精确性、逻辑一贯性等。严复认为近代国人在文化方面的国民性弱点，是“好古保守”“漠视科学”“思维偏执。”可以看出，严复实际上揭示了国人在文化方面缺乏科学理性。

好古保守，即国民为传统习惯严重束缚，以古人之是为是，而不是以符合客观实际的科学结论为行动准则。这种劣根性在治学精神上的表现又是，“尚率由而重改作，贵述古而薄谋新”[②]。对于这种排斥西方先进文化，反对文化创新的保守性，严复曾经给予严厉批判。他认为，近代国人这种保守性导致国民缺乏创新精神，形成安于现状的惰性，因此，它不仅障碍了经济的发展，而且制约了民族的进步。“中之人好古而忽今，西之人力今以胜古；中之人以一治一乱、一盛一衰为天行人事之自然，西之人以日进无疆，既盛不可复衰，既治不可复乱，为学术政

① 高剑平：《科学理性概念的界定》，《广西民族学院学报》（哲学社会科学版）2004 年第 3 期。

② 严复：《拟上皇帝书》，载《严复集》，中华书局 1986 年版，第 66 页。

化之极则。”[①] 基于这种认识，他提出：推动社会变革过程，需要在国民的思想观念上破旧立新。

漠视科学，即忽视自然科学，缺乏科学精神。第一，知识结构上存在缺失。其具体表现有：偏重德育，轻视“体智二育”；“偏于艺事，短于物理”；“知求增长智识，而不重开沦心灵”；“外籀甚多，内籀绝少”[②]。第二，科学精神缺失。在科举制度升官发财的功利诱惑下，读书人难以坚持脚踏实地的自然科学研究，结果难以培养“知其所以然”的科学精神。由于缺乏科学精神，国人尽管看到了西方坚船利炮的威力，办起了兵工厂和船厂，但却对西方基础学科、管理学科知识采取拒斥的态度。国人长期钻研只是古文词、古今体、碑版篆隶、汉学考据和魏碑晋帖等无用无实之学。而周、程、张、朱等人的玄学理学，“侈陈礼乐，广说性理，所托愈高，去实滋远。徒多伪道”，同样无助于改进民生。“故由后而言，其高过于西学而无实；由前而言，其事繁于西学而无用。均之无救危亡而已矣。”[③]

思维偏颇，即国人强调直觉形象思维，轻视理论联系实际和抽象逻辑思维。首先，缺乏分析方法、实验方法、数学方法、逻辑方法和综合方法等相结合的思维方式。近代中国人只重视以“良心”“良能”为根基的理智，而不重视和发展实验方法，是一种对自然对象和人分析研究的伪智性论。他举例说：“盖陆氏于孟子，独取良知不学、万物皆备之言，而忘言性求故、既竭目力之事，惟其自视太高，所以强物就我。后

① 严复：《论世变之亟》，载《严复集》，中华书局 1986 年版，第 1 页。

② 严复：《论今日教育应以物理科学为当务之急》，载《严复集》，中华书局 1986 年版，第 281 页。

③ 严复：《救亡决论》，载《严复集》，中华书局 1986 年版，第 44 页。

世学者，乐其径易，便于惰窳敖慢之情，遂群然趋之，莫之自返。其为祸也，始于学术，终于国家。”① 这种思维方式违背了逻辑思维规律，因此，很多不正确的认识长期以来得不到修正，很多已有的正确认识得不到发展和深入，也得不到证明。其次，缺乏逻辑思维方法。中国传统思维中，整体思维占主导地位，强调要从全局角度去观察事物，注重整体的完整一致。由于重视整体思维方法，忽视了分析方法，中国传统思维始终没有发展出突破整体思维的分析方法，没有将思维形式和内容区分开来。而且，中国人轻视对逻辑形式的探索，经常思维的形式和内容混同在一起，没有形成形式化的逻辑思维方式。直到近代，中国始终没有形成亚里士多德那样的完整的形式逻辑体系，更没人提出像康德的范畴论一样的逻辑体系。

### （四）国民缺乏法律理性

法律理性是指国民信奉法律，不迷信权力，不依赖人治，更远离以暴制暴，而是选择将法律当作自己权利的保护神。国民基于这种法律理性，在法律有利于自己的时候会接受法律的裁判，当法律不利于自己的时候一样会尊重法律并接受法律的判决。严复所批判的近代国民在法治方面的劣根性，有轻视法律、宗法思想、贱讼息讼。这些劣根性反映了国民缺乏法律理性。

轻视法律。严复指出近代国民轻视法律的表现有以下方面：一是认为权大于法，以言代法。具体表现就是：许多国人把官员说的话当作“法”，没有听从官员说的话就叫作“违法”；当官员说的话改变了，就

① 严复：《救亡决论》，载《严复集》，中华书局 1986 年版，第 45 页。

认为“法”也跟着改变了。二是强调法不外人情，重德轻法。在道德与法的关系中，道德占主要地位。当司法过程中出现道德与法律的冲突时，往往坚持“人情大于王法”的道德优先原则。这样就导致“拉关系，走后门，讲私情”等腐败风气。三是普遍的清官思想。国民遇到不公平的事，不是自觉地积极使用法律进行抗争，而是盼望遇到清官，希望仰仗“青天”为自己做主，伸张正义。“圣君贤臣治国论”、“清官政治论”和“为民做主论”就是其表现。严复认为，把清明的政治单纯地寄希望于个人品质的纯正和道德教化的成功之上，而不是寄托在民主和法制精神的发扬之上，显然是极端错误的。

宗法思想。其具体表现有以下方面：一是把礼作为国人有罪与否和罪刑轻重定罪的最高标准，遵从“以礼决讼”“引礼入律”和“礼法合一”。古代中国人的法观念主要是“家法”观念。“王法”和“国法”不过是公共的“家法”。二是重视尊卑贵贱。尽管古代法律主张借助重刑使人畏惧慑服，不致以身试法，以达到长治久安的目的，但实际的司法实践讲究名分，把人分为三六九等。等级高的成员犯法可以通过“赎刑”及变相的“赎刑”——“以钱代法”“以官代法”“以功代法”——来逃避或减轻法律的制裁。而普通老百姓犯法则必须遭受严厉惩罚。重官轻民，官与民在法律面前不平等的表现随时可见，结果法律面前人人平等的观念很难深入人心。

轻讼避讼。即中国人盛行“无讼”“贱讼”“息讼”“止讼”观念，而缺乏自觉的维权意识和法律观念。近代国民这种劣根性表现为以下几个方面：一是以无讼为理想社会。国人认为美好的社会景象是人人恭让谦和、不竞不争。国民评价官员治理社会好坏的重要标准，不是他们成功地办理了多少件案件，抓了多少“盗贼”，而是地方百姓是否“民风淳朴”，“几致刑措”等。二是以诉讼为耻。国人认为有德者则不会生讼，诉讼是惹是生非，“缺德者滋讼”。评价官吏司法能力的标准，不是官员是否按照法律做出了正确的审判，而是其是否能够通过有效的方式使国人为了息讼。严复认为，儒家“无讼”的倡导实质上是“有义务而无权利，有国家而无个人，有干涉而无自由，有差别而无平等，重让而非争”①。国人的诉讼观念很不可取，因为无讼是一种要求个人放弃应有权益，逆来顺受，以换来家庭、乡里、国家的一种苟且的、是非（事实上的、法律上的）不明的“和谐”和“安定”。这种“礼治”“无讼”的提倡，“有抹杀人格的趋势”。

上述可见，严复对近代中国国民劣根性的揭露是比较全面的。他生动地刻画了近代中国国民劣根性的种种表现——与小生产方式相联系的农业社会典型的思想观念和行为方式，揭示了国民劣根性的最本质特征——非主体性，还分析了非主体性意识在不同层面的映照——政治上的皇权主义，经济上的平均主义，人格上的依附性以及思想上的狭隘经验性、保守性等。

美国社会学家英格尔斯认为：“完善现代制度以及伴随而来的指导大纲、管理守则，本身只是一些空的躯壳。如果一个国家的人民缺乏一种能赋予这些制度真实生命力的广泛的现代心理基础，如果执行和运行着这些现代制度的人，自身还没有在心理上、思想态度和行为方式上经历一个向现代化的转变，失败和畸形的悲剧结局是不可避免的。”② 邓小平也曾强调：“中国的事情能不能办好，社会主义和改革开放能不能坚

① 范忠信等：《情理法与中国人》，中国人民大学出版社 1992 年版，第 161 页。

② ［美］阿历克斯·英格尔斯：《人的现代化》，四川人民出版社 1985 年版，第 4 页。

持，经济能不能快一点发展起来，国家能不能长治久安，从一定意义上说，关键在人。”[①] 严复敏锐地认识到，在现代化的实现过程中，人的现代化至关重要，再先进完善的现代化制度和管理方式，如果没有实现人由“传统人”向“现代人”的转变，不经历心理上和人格上向现代化的转移，都不可能取得成功。由此可见，严复对近代中国国民劣根性的认识和批判也是比较深刻的。

更重要的是，严复是中国近代史上以资产阶级的理性精神为标准对传统君子人格进行批判的第一人。严复对国民性弱点的揭示、鞭挞，是近代中华民族的第一次自觉而彻底的自我剖析，它在文化心理结构的深层上，体现了民族的觉醒，就此而言，严复对近代国民性的揭示和批判是值得充分肯定的。

## 二、近代中国国民劣根性批判的局限性

严复对近代中国国民劣根性的抨击是非常激烈的，所用的中西对比分析方式是可取的。在戊戌政变前，中国的一些精英人物诸如李鸿章、张之洞、陈宝箴等尽管主张学习西方文化，但都是坚持“中体西用”，与西方文化霸权保持着不是尊严的距离。而严复在戊戌变法前后基本上认可殖民主义者为中国建构的妖魔化形象，因而不能否定其中一些言辞不免偏颇，所作出的一些判断也不免片面。这种局限性主要表现为以下几个方面：

第一，近代中国国民性优劣评价存在绝对化。国民性优劣评价的绝对化就是，脱离时代背景和具体实际，抽象地笼统地认为某一行为是优

① 《邓小平文选》第三卷，人民出版社 1993 年版，第 380 页。

秀的或恶劣的。然而，近代中国国民性并不存在绝对的孰优孰劣。从历史发展角度看，国民性具有时代性。国民性的时代性是指任何一种国民性都有其发生、形成、发展和成熟的过程。它的发展总是在一定社会历史阶段中进行的，并以时间作为其基本的存在形式。换句话说，国民性是过去、现在和将来组成的时间之维中的具体存在。比如，以安分、柔顺、依赖为特征的顺民性格，就曾使得中国社会在较长的时期内保持了稳定，从而有利于社会发展，因而有其存在的必然性。根据物竞天择的进化原理，如果这些国民性是劣的，就应该在中国发展的历史长河中被淘汰，而不会保留下来。因此，评价国民性的优劣时，要直接联系特定的具体的历史时期以及该时期的国民性特殊内涵和具体问题，诸如时代背景、时代要求、时代任务、时代主题、时代精神等。因此，只有当人们把国民性与特定时代背景相联系，看其是否体现了时代发展精神、符合时代主旋律时，才能说它是否是进步的或优秀的国民性。

此外，每一个时代的国民性都具有多面性，包含了优质的、劣质的或两者兼有的国民性内容和形式。因此，其中可能存在一些“超时代性”的国民性。“超时代性”是指这种国民性在人类历史的任一阶段，都可以为任何时代的人们所实践的国民性。正因为如此，“世异备变”“继往开来”“变古通今”“与时俱进”通常口号般为人们所乐道，而“泥古不化”“厚古薄今”“尊古师古”“法古学古”“疑古批古”“复古返古”则为人们所批判。从这个角度讲，国民性内在包含着时代性和“超时代性”的统一。这样，尽管每一个时代国民性的具体内容和时代特质是不同的，但是在内容和形式上存在着普遍性。我们不能笼统地批判和抵制一个民族的国民性。

第二，国民性评价标准存在西方化问题。严复对国民性研究是以西方作为参照体的。由于中国在反抗西方列强的斗争中多次失败，再加上所引进的西方科学技术和社会制度对整个近代中国的发展确实起了一定的促进作用，这就使得他对中国国民性的认识带有很强的被动性，从而以西方的国民性来作为衡量中国国民性的尺度。也就是说，他把自己所认识到的西方价值观、思维观作为参照体来看待与评价中国国民性，以保民族之生存，求国家之强盛。

严复对近代中国国民劣根性的种种批判是深刻的，但是在人类学看来，其批判的参照物还是存在值得商榷的地方。从严复指责中体西用实际是牛体马用的观点可以看出，他认为每一个文化因素唯有在它所属的文化系统之中，才能正常发挥其功能。如果把一个文化因素从其所属的文化系统机械地搬到另一个文化系统中，这个文化因素就可能与新系统失去契合，从而丧失其原来的意义和功能。按照严复的上述逻辑，判断一个文化因素的价值和优劣，只能从其是否促进该民族的发展来判断，而不能因为其能促进西方社会的发展，就理所当然地认为也能促进中国的发展。但是，严复在近代中国国民性的研究中并没有始终坚持这一观点。他是以西方的标准来审视近代中国国民性的，并以此作为评价中西国民性的优劣。他指出现代西方民族的主要性格类型是外向型的性格，这种性格是在现代化进程中逐渐形成的，相对于内向型的性格而言，更有利于推动社会的现代化进程。因此，他认为近代中国要推动现代化进程，必须屏弃旧时的内向型性格，并且铲除形成这一性格的“文化土壤”，这样才能培养国民的外向型性格。可以看出，严复这种认识实际上是把近代中国的现代化与中国的西化等同起来。显然，这种认识不能使中国的现代化走出具有自己特色、合乎自己国情的道路，而且为近代中国现代化错误地一味模仿西方提供了认知机制。中国有中国的国情，中国有中国的国民性，西方也有自己的国情，有自己的民族特点。西方的国民性不能移植在中国土壤上，不能作为判断中国人行为、价值、思维观的是非标准。中国制度与国民性的改造，要从中国文化出发，在发展过程中根据历史的变化、民族与现实之间的矛盾，对中国传统文化和西方现代文化加以会通，而不必完全以西方国民性作为改革的参照体。

第三，国民性的批判分析存在笼统化。在进行中西国民性比较时，他采用的是形而上学、绝对化的方法。对西方国民的性格和行为，极力加以美化和颂扬；对于中国国民的性格和行为，则武断地加以贬抑和批判。比如，在批判“奴隶性”的表现时，严复没有把广大人民群众与封建统治阶级分别对待。对于国民的优点和弱点，严复没有区别其中哪些是国民由自身阶级局限性形成的，哪些是由统治阶级强迫灌输的。由于缺乏明确的阶级观点，结果他往往笼统地把近代中国这些国民性弱点叫作国民劣根性。从改造国民性的实际内容来看，他所批判、所改造的国民性弱点，多数不是普通国民本身所固有的，而是由反动统治阶级长期强迫灌输给他们的。实际上，严复揭露出的各种国民性弱点，即使在半殖民地半封建的中国，也只是反映了国民性格的一个侧面。比如，他忽视支撑了中国五千年历史的“民族的脊梁”——勤劳勇敢、自强不息、忧国忧民和公而忘私等。

由于缺乏科学、客观的方法，严复在其思想早期对所有传统国民性几乎都是简单化地给予否定，这样就过分渲染了中国人身上的弱点，忽略了中华民族特别是劳动人民的美德，因而，有以偏概全、过于武断和危言耸听等不足。这就给国民造成一种错觉——近代整个中华民族落后到了“无可救药”的程度。显然，若整个中华民族都处于奴性、嫉妒、虚伪、愚昧、唯我、空谈、保守、无公德、无自治力、无国家思想之中，这个民族是没有挽救性希望。因而，这批判非但无助于民族自信心的激扬，反而容易导致国民的自卑心理，从而与改造国民性的初衷背道而驰。梁景和先生就认为，尽管严复对近代中国国民性批判的动机是积极的，“但用这种态度对待自己，只会产生民族自卑感和民族虚无主义，其害无穷”。①

第四，研究国民性的方法存在简单化。国民性是一个民族的性格、气质、行为方式和价值观点的总概括，是这个民族的基本文化内核，同时也是不同民族之间彼此区别的标志。由此而言，国民性研究不仅要分析国民的价值观念、思维方式和行为表现，而且要探究民族文化对人们心理的影响以及其在国民行为上的表现。国民性还是特定历史条件下的产物，尽管有一定的稳定性，但也会随着社会历史的发展变迁而变化。而田野调查是调查人员通过直接参与当地人生活的方式，据以客观准确地体验、记录和分析他们思想行为，是公认的也是最早的人类学研究法。因此，要证明那些保留至今的传统国民心理，是促进还是阻碍现代化的步伐，更科学的方法是把田野参与观察与其他方法的合作。国民性研究的对象决定了国民性的研究必须采用问卷调查法、田野观察法、心理测验法和内容分析法等实证方法。在20世纪初，通过许多人类学家的努力，西方国民性研究开始跨出哲学家思辨的殿堂。早在19世纪后期，以马林诺夫斯基的老师W. H. 里弗斯为代表的西方社会学家，就已经开始用现场研究资料来论述民族性格及其差异，并形成了文化模式、基本人格结构与生态模式等若干理论解说。

① 梁景和:《清末国民意识与参政意识研究》，湖南教育出版社1999年版，第65页。

但是，与此相比，严复对国民性的研究仍基本停留在简单抽象的层次。首先，严复研究中国国民性的方法多半是简单的比较分析法。这种方法虽然有助于严复对中西国民性的特点及其形成原因进行详尽的比较分析，并在一定程度上揭示了中西民族的若干特性，但也有很大的局限性。由于这种方法具有较大的思辨色彩，对国民性的概括显得抽象、笼统和矛盾。因而从严格的意义上说，严复的研究只是现代中国国民性研究的第一阶段。其次，严复对铸造国民性的认识，从严格意义上说还是一种朦胧模糊的意识。他不是建立在长期田野调查等实证研究之上，而是出自于其哲学思辨。他虽然已经认识到国民性广泛而直接地表现在人们日常的生活、思想和行为中，是人们对所遇事物立即作出的、未经深思熟虑的欲望、情绪、心理、精神、习惯和气质等，也意识到制度对近代中国国民性形成具有的强大塑模功能，并形成“制度与国民性互动”思想，但是，严复的这种观察并不是建基于对人们的生活体验与田野观察，因而未能像现代国民性研究那样得到心理测验的证明。在这种情况下，严复在国民性研究中形成的部分结论出现偏颇，也就是可想而知的了。

## 三、近代中国国民劣根性批判的启示

尽管严复对近代中国国民劣根性的批评存在上述局限性，但仍可给我们很多启示。

第一，应对国民性进行跨学科探讨。近年来，海外华裔学者在这方面已取得了不少优秀成果，如孙隆基的《中国文化的深层结构》、杜维明的《现代精神与儒家传统》、许烺光的《美国人与中国人：两种生活方式比较》、李亦园和杨国枢的《中国人的性格》《中国人的心理》和《中国人的心理与行为：本土化研究》，等等。《中国人的心理》是其中杰出的成果，它从心理学、人类学、社会学、精神医学、史学、哲学等不同学科出发，对中国近代国人的国民性或民族性，特别是在特殊历史、文化及社会环境中所表现的国民性进行了广泛探讨，科学解释了国民性的形成、特征、历程及变迁，产生了很大的反响。① 从多学科视角研究国民性的思路具有其合理性。

第二，应对国民性进行实证性研究。目前，我国大陆地区的国民性研究，大多是在对中国数千年来的国民性表象进行归纳总结后作概括性研究。如张岱年概括为：天人合一、以人为本、刚健有为、以和为贵；方立天认为是重德精神、务实精神、自强精神、宽容精神、爱国精神；张岂之认为是人文化成、刚柔相济、究天人之际、厚德载物、和而不同、经世致用、生生不息，等等。国民性研究是不能仅从古代文化立论的。因为亘古不变的传统是不存在的，恒定如一的国民性也是没有的。任何一个民族的国民性都要适应时代的、环境的和社会的变化，否则无以生存，无以发展。美国天主教大学教授、价值与文化研究中心主任麦克林（George F. Melean）指出："民族精神是有一定客观的基础，是一个民族经过磨炼后学到的东西，但其表现形式不是在过去中去寻找，而应在当代的发展和复兴中寻找。民族精神不是某种先天的和静态的结构，不是某种具有封闭自足意义的东西，而是一种动态的结构。"② 因此，国民性研究如果仅仅依据于历史文献和历史事件，就很容易把活生

① 吴兰丽、潘斌：《"全球化与民族精神"国际学术研讨会纪要》，《华中科技大学学报》（社会科学版）2004 年第 5 期。

② 高秉江：《民族精神的同一性问题——麦克林教授访谈录》，《华中科技大学学报》（社会科学版）2005 年第 3 期。

生的生活从国民性上剥离，使得国民性成为空洞的概念和没有生命力的标签。在社会生活中，人们对事物的认知与其生活行为并不总是完全一致的，有时甚至存在较大距离。因此，国民性研究一定要立足于国人尤其是平民大众的活生生的现实生活，即立足于他们的实际生活，对国民性典型个案进行剖析，对国民性进行地区性、层次性的量化研究和统计分析。

第三，应对国民性进行分层比较研究。学界已往的国民性研究，大多把国人视为一个完全同质的统一体，忽视了国人因为职业、地位、收入、年龄、性别等因素导致的国民性差异，也就是没能认识到不同阶级的国人在国民性体会、理解和表达上的差异。如我国古代上层社会虽然大力宣扬“修、齐、治、平”和“立德、立功、立言”的精英理念，但是普通的百姓仍然信奉“日出而作，日落而息。凿井而饮，耕田而食”和“天下攘攘，皆为利往。天下熙熙，皆为利来”的生活哲学。这说明社会上层与下层、社会精英与草根平民，他们在国民性上是有明显差异的。此外，“一方水土养一方人”，各地人群的国民性也会因地理环境的不同而有地域性的不同。因此，需要在研究国民性的过程中对国民进行分层研究，这样才能形成对国民性的有自身特色的理解。

第四，应为近代中国国民性改造提出切实可行的具体途径。尽管文化人类学中“文化与人格”学派对民族精神的研究受到后世学者的批判，但他们的研究仍然对国民性研究具有重要启示价值，那就是他们研究的具体方法和步骤是清晰明确的。比如，他们对一个社会的儿童养育习惯的研究，对社会文化形貌的研究，对社会基本人格结构的研究，对典范人格或群聚人格的研究等。相对而言，我们的国民性研究至今连国民性研究的范式都还未予确立，在阐述培育和弘扬中华民族精神或改造国民性时，往往是用政治思想教育的方式僵硬地灌输给青少年，而不是“用心灵去复活心智，用价值去复活观念，用内容去复活形式”的问题，而后者恰恰是改造国民性的根本所在。因此，要科学地搞好国民性改造研究，可谓任重而道远。

尽管严复对近代中国国民劣根性的批评存在上述局限性，但并不能因此而否定其高尚的品德。因为严复那稍显激进的批判，不仅使人清晰地感受到其强烈的爱国情感和沉重的忧患意识，而且使人感受到其在民族自我反省中的痛切心情和对民族自我拯救的迫切愿望。更值得注意的是，在大多数人仍处于自我感觉良好的阶段，严复那有失偏颇的批判，无疑是振聋发聩的，有助于推动国人进行深入的自我反省，尽管也可能使部分人丧失自我进步的信心。

## 第二节　封建制度对近代中国国民劣根性的塑造

严复不仅对近代中国国民性弱点的种种表现给予深入批判，而且进一步探析了其产生的各种根源。在他看来，国民劣根性的根源在于人种遗传、自然环境、历史传统、社会制度等各种因素。严复也还注意到了自然环境对国民性的影响。他认为，因为我国“海陆兼控”，地处温带，土地肥沃，国民不用“冒险探新”，就可以生存，所以“历代君民皆舍海而注意于陆”，结果导致“民智亦因以自封”。[①] 更重要的是，他认

① 严复:《代北洋大臣杨拟筹办海军奏稿》，载《严复集》，中华书局 1986 年版，第 257 页。

为“中国礼俗，其贻害民力而坐令其种日偷者，由法制学问之大，以至于饮食居处之微，几于指不胜指”。[①] 为此，他从政治制度、经济制度、教育制度和法律制度等方面，详细揭示了近代中国国民劣根性的制度根源。严复对近代中国国民劣根性根源的分析，揭露了封建制度是压抑理性和扭曲人性的根源，因而具有反对封建主义的积极意义。同时，可以发现，严复在国民性的形成上坚持的是一种环境决定论，而不是实践决定论。

## 一、政治体制对近代中国国民劣根性的陶铸

### （一）专制制度导致奴性

严复批判了封建专制对国民性格、民族心理的毒害，认为国民“奴隶性”是封建专制统治的必然结果。专制所寻求的是降低人们的心志。这种制度化教育要培养的是人的奴性。“奴隶性”对专制国家政权的巩固来说至关重要。因为在那里推行的行为原则就是绝对的服从。

首先，专制制度导致国民的依附和盲从。“今夫善为国者，未有不期民之自立者也。行政之权日张，民自立之风必日逊，此其国家之所以弱耳。”[②] 正是因为官府统制了国民生活的各个方面，不给国民自由选择的空间，结果百姓没有自主权意识，因此他们的创造力也就无法发挥。严复严厉批判封建君主对百姓所实施的严密统制，“名曰辅之，适以锢

① 严复：《原强修订稿》，载《严复集》，中华书局 1986 年版，第 28 页。

② 严复：《〈社会通诠〉按语》，载《严复集》，中华书局 1986 年版，第 931 页。

之；名曰抚之，适以苦之。生于其政，害于其事。”[①] 近代中国与西方强国在制度上的这些不同，导致中国国人缺乏自立，产生依附性。“夫上既以奴虏待民，则民亦以奴虏自待。”[②]他的分析是一针见血的。1701年，来华传教的法国神父汤尚贤就曾经惊讶地发现这点。他说：“对于中国人来说，没有比皇帝的东西更神圣的了，即使是一件微不足道的东西，他们也把它奉若神明，小心保管好。”[③]在专制制度的长期束缚下，民众产生严重的“奴隶性”。他们认为所拥有的一切都是皇帝赐予的，连处死大臣都称之为“赐死”，被刑者还要向皇帝“谢恩”。

其次，皇权制度导致皇权意识。所谓皇权意识就是生成和渗透于民众心目中的一种尊崇皇帝的社会心态。它包括了崇拜皇帝、皇权至上、忠于皇帝和圣君意识等内容，是由对皇帝的敬畏感与自我的卑怯心态相互融合而成的政治心理。严复认为，是皇权制度导致皇权意识的形成。在封建社会中，皇权至高无上支配一切。由于“在上之人，既持之益坚，斯在下之人，违之而不敢，从之而不便，乃有一二人阳奉而阴违之。及其行之大效，乃莫不起而效之”。[④] 结果，由此导致国民产生皇权意识。在此，严复的分析是深刻的。他正确地揭示了皇权意识形成的制度原因。几千年来，皇帝权制度一直是封建专制制度的灵魂与核心，在皇权制度的影响下，国民把皇帝作为可敬可畏的象征，“民奉其君，爱之如父母，仰之如日月，敬之如神明，畏之如雷霆。”它对国民性格的影响是深远的，它使得许多人在辛亥革命后仍然残存着“帝王情结”“真命

① 严复：《〈原富〉按语》，载《严复集》，中华书局1986年版，第879页。

② 严复：《原强修订稿》，载《严复集》，中华书局1986年版，第31页。

③ 朱静：《洋教士看中国朝廷》，上海人民出版社1995年版，第12页。

④ 严复：《论中国教化之退》，载《严复集》，中华书局1986年版，第483页。

天子情结”“真龙天子情结”，甚至导致严重阻碍民主的进步。

### （二）封建等级制度导致离散性

严复认为，封建等级制度是导致近代国民缺乏民族意识和群体观念的重要原因。他主要从三个方面进行分析。首先，等级制度导致国民没有“国家观念”和民族意识。在清末，全国上下犹如一盘散沙，高者洁身自好，对国之存亡荣辱不闻不问；劣者人人自私自利，“宁坐视其国之危亡，不以易其身一朝之富贵”。① 严复认为这是中国封建专制统治的必然结果。在专制独裁下，历代封建君主皆视民为奴虏，为私产，剥夺了他们参与国家政治生活的权利。因而，皇帝的更替，“顾其所利害者，亦利害于一家而已，未尝为天下计也”。② 其次，等级制度导致国民没有群体观念。在等级制度下，国人饱受压迫，百姓毫无自由、平等可言，结果使民众以奴虏自待。所以，“任恤与保爱同种之风扫地无余。”③ 再次，等级制度还导致国民相互妒忌甚至争斗。在中国官僚体制中，“上司重叠，皆得制吾之死命；同寮比肩、互相搏噬，以争腐鼠；其下则门丁胥役，幕友官亲，相为环伺，咸以本官为其发财之机器，而又不顾其机器之损坏”。④

等级制度是中国封建国家普遍的社会现象，这种制度把社会上的人按照一定的标准区分为贵贱不同的等级，要求不同等级的人们在衣食住行和婚丧祭祀等方面必须遵循不同的生活程度和生活方式。如果违背了

① 严复：《拟上皇帝书》，载《严复集》，中华书局 1986 年版，第 76 页。

② 严复：《〈法意〉按语》，载《严复集》，中华书局 1986 年版，第 949 页。

③ 严复：《与吴汝纶书》，载《严复集》，中华书局 1986 年版，第 521 页。

④ 严复：《论胶州知州某君》，载《严复集》，中华书局 1986 年版，第 60 页。

这种规定，就要受到惩罚。由于不同的等级具有不同的社会地位和经济地位，使得君臣界限、官民界限比较明确。比如，清代法律明确把奴婢、堕民、丐户、九姓渔户、疍户、佃仆、隶卒、长随等列为贱民，并对贱民的生活劳动做了许多规定：与主家有主仆名分，不得与良民共居处，同坐共食；不得与良民通婚姻；不得应考、报捐；并在服饰上有所限制。这正标志着中国封建等级制度，到清代臻于成熟。可见，严复的分析是比较深刻的。

### （三）宗法制度导致宗法意识

宗法意识是一种以父家长制为核心，以血缘家族为原则，以尊卑有序为基础的思想意识，包括宗族本位意识、宗法观念、宗法思想、宗族观念、宗族意识等方面。关于宗法制，严复认为："宗法云者，谓一群之民，所由出者同也。"① 它在封建社会以前就已经存在并且相当完备，包括分封制、嫡长制、丧服制、世卿世禄制等重要内容。宗法、宗族、家族尽管并不完全同一，但宗法制度是与君主专制权力结合在一起的，是封建国家得以建构的支柱。因此，它不但是一种实体性组织和社会力量，而且始终是上层建筑的一个重要组成部分。在封建社会，宗法制度不但没有减弱，反而不断得到强化。"宗法谓之天合，一族之内，血胤相同。"② 所以，宗法制度实际上是存在于宗族内部的这样一整套日常行为规范——它规定着应该怎样确立、行使和维护宗子（宗族族长）及宗子权力。这样一种日常行为规范，必然广泛而深入地影响着国家、社

① 严复：《政治讲义》，载《严复集》，中华书局1986年版，第1272页。

② 严复：《政治讲义》，载《严复集》，中华书局1986年版，第1262页。

会、家庭和个人。正是这种基于血缘关系的制度的长期影响，生活于其下的民众常常把它们内化为宗法意识。

严复的这个观点是深刻的。因为，宗法制度形构了中国社会的特殊细胞群——鸡犬之声相闻，民至老死不相往来的村社，这些村社包含家庭宗族与邻里乡党两大环节，由家庭而组合成家族，再进一步集合为宗族和组成社会，进而成为国家的基石。可以说，这种社会结构给宗法制度、宗法思想的迁延提供了丰厚的土壤。在宗法制度影响下，中国国民形成了宗法观念，践行“亲亲贵贵”的行为原则。前者强调的是父慈子孝和兄弟和睦，目的是为了维护血缘关系，后者宣扬的是忠于长辈和上级，目的是为了维护其等级秩序。可以看出，中国宗法文化的主要特征和主要目标就是使人们遵从尊卑等级，安分守己，这是与提倡自由与平等的西方文化截然相反的。正是因为如此，排斥那些与儒家传统不同的西方文明，就成为生活在宗法社会里的中国人的本能要求。

## 二、经济体制对近代中国国民劣根性的激发

### （一）货币制度混乱导致欺诈

近代中国的货币制度极为混乱，不仅危害商品的等价交换，而且严重劣化了国民性。严复认为，中国货币制度存在严重问题。中国的货币制度存在的问题是，允许地方政府铸造货币。由于管理混乱，地方官府在铸造货币时，可以在货币中“多杂沙铅”，获取很大的利益，结果导致各地“吏民为奸，毁铸蜂起，鹅眼綖环，触手皆是，免悬至重之法，犹不足以止之也。且奸如是众矣，而犹患钱荒。光绪初载，每银一两大率可换时钱千四五百文，至廿四五年市价无逾八百文者，可以证

矣”。[①] 由于货币名实不副，结果阻碍了经济的发展，而且导致“售欺长伪，从弊启奸”。因此，严复指出，这样的货币制度“为民德风俗之祸者尤钜”。[②]

### （二）保障制度落后导致依附性

严复把社会保障制度称为惠振。与传统观念不同的是，严复特别反对这种近代广为人们称赞的惠振制度。他受赫胥黎、斯宾塞和孟德斯鸠等人的影响，认为这种社会保障制度对国民性具有消极作用，是落后的。在物竞天择的社会环境中，最好的助人济贫方式是增强救济对象的自立能力。然而近代中国的惠振，不仅导致“北方之民，最无盖藏”，更为严重的是有害民德，导致国民“不以仰哺于人为耻”[③]。因而，他坚决反对这种社会救济制度。

当然，严复并不完全反对社会救助。在《原富》中，亚当·斯密曾对“蠲产助学”“若有微词”。但是，严复对此却不以为然，他认为应当大力倡导蠲产助学。因为蠲产助学有两大好处：“一则使幼学者无衣食朝暮之忧，得以聚精会神，深究其学，及其既成，遂为群之公利，举世之耳目”；“二则使开敏而贫之人，藉此而有所成就，而国无弃材之忧”[④]。他对于西方的“蠲产助学”非常赞赏，主张中国应该加以借鉴。他说：“使中土他日新学，得与泰西方驾齐驱，而由此有富强之效者，

① 严复：《论铜元充斥病国病民不可不急筹挽救之术》，载《严复集》，中华书局1986年版，第180页。

② 严复：《〈原富〉按语》，载《严复集》，中华书局1986年版，第886页。

③ 严复：《〈法意〉按语》，载《严复集》，中华书局1986年版，第1012页。

④ 严复：《〈原富〉按语》，载《严复集》，中华书局1986年版，第867页。

其诸蠲产助学者为之一赞欤！”① 由此可见，严复赞赏的是那种能够增强国民独立生存能力的社会保障制度。

### （三）实业教育制度缺失导致市场经济观念缺乏

市场经济观念是对市场经济的认识和理念，包括自立、平等、竞争、效率、求利、开拓、信用和双赢等基本理念。确立市场经济理念，可以指导市场经济更好地发展，促进国民更好地参与世界经济竞争。严复认为，实业教育是培养近代国民市场经济观念的重要途径。“实业教育，所栽培成就之人才，则能养人，有学问，而心力兼劳者也。学子有志为实业之人才，必先视其业为最贵，又菲薄仕宦而不为者，而后能之。又必其人所受体智二育均平，不致为书生腐儒，而后可。”②

然而，严复看到，由于“中国重士，以其法之效果，逐令通过之聪明才力，皆趋于官，百工九流之业，贤者不居”。③ 结果，中国封建经济体制中长期缺失实业教育制度，即使是到了清末，也只有零散的个别规章，并没有形成系统的完善的实业教育制度体系。由于清代教育观念变革得不彻底，结果实业教育制度施行所需条件不具备，发育运作时间不充分，其教学效果不甚理想，以致在科举制度废除之后被谑称为“失业教育”。正是由于中国缺少实业教育制度，结果导致近代国民缺乏商品流通和人际交往，合作精神比较淡薄，眼光狭窄，心胸狭窄，进而阻碍了国民的生存竞争能力。

---

① 严复:《论胶州知州某君》，载《严复集》，中华书局 1986 年版，第 60 页。

② 严复:《实业教育》，载《严复集》，中华书局 1986 年版，第 207 页。

③ 严复:《论胶州知州某君》，载《严复集》，中华书局 1986 年版，第 60 页。

### （四）海禁制度导致排外性

首先，是由于坚持封闭自守的外交政策，实行严格的海禁制度，结果导致近代国人思想保守。“历代君民皆舍海而注意于陆。自弃大利，民智亦因以自封，遂致积重以成百年来之世面。”[①] 至于说民主、宪法、参政权、党派等西方国民人所共知的政治概念，国人却“未之闻也”。这种情况使严复发出中国人“有奴隶之性质，无国家之思想”的感慨。

其次，具有封闭色彩的宗法制度造就了近代中国国民的媚外性和排外性。媚外性是指国人对自己的文化存在自卑感，在面对西方文化时缺乏自信；排外性则为另一个极端，是指国民对西方文明采取鄙视和吸纳的态度。严复认为：“宗法社会之民，未有不乐排外者，此不待教而能者也。……至今物极者反，乃有媚外之象。然其外媚之愈深，其内排之益至，非真能取前事而忘之也。而自谓识时者，又争倡民族之主义。夫民族主义非他，宗法社会之真面目也。”[②]

## 三、教育体制对近代中国国民劣根性的培植

严复认为，科举考试制度、学校教育制度以及社会教化制度是近代国民劣根性的重要制度根源。因为，封建教育制度是专制统治者建立的，其教育目的是“勖人人以屈伏”，“使之为奴才”[③]。

---

① 严复：《代北洋大臣杨拟筹办海军奏稿》，载《严复集》，中华书局1986年版，第257页。

② 严复：《读新译甄克思〈社会通诠〉》，载《严复集》，中华书局1986年版，第148页。

③ 严复：《〈法意〉按语》，载《严复集》，中华书局1986年版，第942页。

### （一）清代科举考试制度对国民性的劣化

首先，科举考试内容的呆板，使人思想僵化，知识贫乏。由于清代科举的导向作用，万千士子不得不精研八股文，结果导致大批士人思想禁锢、知识贫乏。究其原因有三：一是八股文体规则苛严，学会八股必须长期勤学苦练，这使广大士子废弃群经，惟事八股。二是科举津津乐道的是古文词、古今体、碑版篆隶、汉学考据等，结果使得文人学子忽视了对生产实践的研究。三是考试依据的程朱理学，只是“侈陈礼乐，广说性理”，导致学子“师心自用”[①]。

其次，科举考试的为官导向，导致国民无智。由于教育目的的异化，“中国教育，不过识字读书；识字读书不过为修饰文词之用；而其修饰文词，又不过一朝为禽犊之兽，以猎取富贵功名。方其读四子五经，非以讲德业、考制度也，乃因试场命题之故。其流览群史，非以求历代之风俗民情，教化进退，政治得失也，乃缘文字得此乃有波澜运用，资其典实之故。且功令既定，岂容稍示异同，风气所趋，不妨公然剿袭”。[②]

再次，科举考试中作弊盛行，导致士风败坏。科举考试是选拔少量国家官员的考试，但在封建时代，士的主要出路是读书做官。由于科举一旦得中则富贵荣华，因此，尽管其出路狭窄，但仍促使许多士人竭尽全力去猎取它，甚至不惜铤而走险以身试法，以求侥幸获中。其结果是关节、顶替、联号等科场舞弊时有发生，而且由于“有力之家，每每为

① 严复：《救亡决论》，载《严复集》，中华书局1986年版，第44页。

② 严复：《论今日教育应以物理科学为当务之急》，载《严复集》，中华书局1986年版，第281页。

之，而未尝稍以为愧也。”[①] 这样，科举考试就自然败坏学子的道德。

## （二）学校教育制度对国民性的劣化

严复认为清代教育制度也是国民劣根性的重要根源，它使得国民愚昧无知。在他看来，传统教育制度存在如下缺陷：在教学内容上，唯经是从；在教学方式上，死记硬背。正是这样的教育制度导致受教育者缺乏怀疑精神、独立性格和自我思考的能力。

首先，旧的教学内容导致国民漠视科学。以培养士为目标的旧教育，其教学内容足以破坏其才。在他看来，这种以读经注经为主要内容，以尊经尚经为价值取向的教学方法，完全不是开启民智，而是祸国殃民。“中国名为用儒术者，三千年于兹矣，乃徒成就此相攻、相感、不相得之民，几争旦外患忽室，则糜烂废不相保持。其究也，且无以自存，无以遗种，则其道奚贵焉？”[②] 对于洋务派提倡的以“中学为体，西学为用”为宗旨的教育思想，严复也颇不以为然。他说：“以科学为艺，则西艺实西政之本，设谓艺非科学，则政艺二者，乃并出于科学，若左右手然，未闻左右之相为本末也。”[③] 可以看出，严复对旧教育及洋务派教育思想的分析，是很中肯的，批判也是深刻的。正是在这个分析批判的基础上，严复确立了自己的教育思想体系。

其次，中国传统的教育方法使国民思想僵化。传统教育方法的不足有四点：一是必求古训；二是强调死记硬背；三是只重视增长知识，而不重视学习方法；四是缺乏实践教学。这种教育方法导致国民迷信古人

① 严复：《救亡决论》，载《严复集》，中华书局 1986 年版，第 41 页。

② 严复：《原强》，载《严复集》，中华书局 1986 年版，第 14 页。

③ 严复：《与〈外交报〉主人书》，载《严复集》，中华书局 1986 年版，第 559 页。

思想，排斥外来文化，进而使得思想僵化。严复的批判一语中的。这种教育方法，实际上就是将教育者与受教育者都置于经学独断论的价值体系中，一切以经义为断，一切从经义出发。在这种教育方法指导下，教学过程完全是对经义的论证过程，从而在相当程度上使教育过程变成扼杀人的创造性的过程。

再次，文字狱的推行扼杀国民的思想创新能力，导致崇尚空谈。清统治者为了维护其统治，大力推行文化专制，禁止平民谈论政治。为了达到其维护统治思想和消灭异端思想的目的，清统治者望文生义，罗织罪名，用血腥屠杀来威慑文人士子。这使得清朝的文字狱次数之频繁，株连之广泛，超过历代。其恶果是在屠杀了许多士子和株连许多无辜者的同时，还在思想文化领域造成恐怖的气氛，使人人自危，噤若寒蝉，进而严重束缚人们的思想。在这种严酷的文化专制下，许多人被迫从事吟诗作赋、训诂注解等方面，结果在社会中形成无实无用的学术风气。然而，在清朝大兴文字狱时，欧洲却在兴起启蒙运动。可见，文字狱是导致中国国民劣根性重要原因之一。

应该说，严复以“无用”“无实”批评中国传统学术是有失公允的。首先，在某种程度上，中国的学术与政治是合为一体的。对读书人而言，传统的学问所蕴含的政治功能要比自身的学术功能更能体现出这学问的价值，也就是说，思想是用来解决现实问题的。陈寅恪先生曾经指出，“传统旧学惟重实用不究虚理，其长处短处均在此。长处即修齐治平之旨；短处即实事之利害得失观察过明，而乏精深远大之思”[①]。其次，真正的学术并不必然带有鲜明的实用理性倾向。在近代这样一个特殊的

① 转引自何兆武：《也谈对学衡派的认识与评价》，《读书》1999 年第 5 期，第 49 页。

历史语境中，国民提出学术要求为解决中国现实社会问题服务是可以理解的。但是，应该注意到，如此一来就不可避免在社会上造成一种急功近利的激进心态，使整个社会缺乏审慎的眼光。

### （三）社会教化制度对国民性的劣化

社会教化制度是指学校以外对人民群众进行思想道德教育的制度，是清代统治者控制社会的一个环节。对于清代社会教化制度，严复同样进行了严厉批判。“华风之敝，八字尽之：始于作伪，终于无耻。……所以至于斯极者，其教化学术非也。”① 这种制度宣扬的是孝悌观念和三从四德观，主张的是“去异尚同”，旌表的是“谆良谨悫者”，结果消除了国民的“豪侠健果，重然诺、立节之风”。②

严复的批判是恰当的。清朝统治者于康熙九年（1670）亲自为社会教育写了《上谕十六条》，于雍正二年（1724）把《十六条》逐条加以解释，写成洋洋万言的《圣谕广训》，规定每月朔望两天将全乡老少集中到讲约公所学习。学习的内容统一是这两种教材。其教育内容是“敦孝弟以重人伦，笃宗族以昭雍睦，和乡党以息争讼，重农桑以足衣食，尚节俭以惜财用，隆学校以端士习，黜异端以崇正学，明礼让以厚风俗，务本业以定民志，讲法律以警愚顽，训子弟以禁非为，息诬告以全良善，诫匿逃以免株连，完钱粮以省催科，联保甲以弭盗贼，解仇忿以重身命”。③ 显然，清代的社会教化尽管有助于社会的稳定与和谐，但

① 严复：《救亡决论》，载《严复集》，中华书局 1986 年版，第 53 页。

② 严复：《拟上皇帝书》，载《严复集》，中华书局 1986 年版，第 66 页。

③ 《上谕十六条》，《钦定大清会典事例》卷三九七，光绪己亥夏御制本，第 2—3 页。

是其教化内容不可避免地带有精神糟粕印迹。

## 四、法律体制对近代中国国民劣根性的塑造

清代的审判注重多层次多级别的审判和复核，是“多级审转复核制”。严复根据治制性质决定立法宗旨的法理，深刻剖析了清代法制对国民性的影响。

### （一）清代立法制度对国民性的消极影响

首先，立法防奸结果导致特权观念。严复指出，秦以来的帝王都是“窃国大盗”，而两千年来的法律则是帝王用以压抑臣民的工具。中国的旧法，“皆所以坏民之才，散民之力，漓民之德者也”。[①]这种以“防奸”为立法宗旨的法律，最终束缚臣民行动，压抑人们才智。中国的一切法度，都可以用来证明此“言之不诬”[②]。例如《大清律例》规定，选用文武官员之权“操之于君上……大臣但当请旨奉行，不得专擅”，军队的调遣，须奉谕旨，将领擅自调动所属军队，杖一百，罢职发极边充军，大小官员犯公、私罪必须事先奏闻取旨，不许擅自审问。所有秋审、朝审案件的最后判决都“取自上裁”。为了防止大臣朋党形成不利于皇权的势力，严禁内外官交结。“凡内外官员除系至亲好友世谊乡情彼此往来，无庸禁绝外，如外官赴任时，谒见在京各官，或至任所差人来往结交者，革职。其在京各官与之接见，及差人至外官任所往来者，亦革职”[③]，即使各旗王公所属人员，现居外官因事来京者，也不许谒见

① 严复：《辟韩》，载《严复集》，中华书局1986年版，第36页。

② 严复：《〈法意〉按语》，载《严复集》，中华书局1986年版，第970页。

③ 故宫博物院编：《钦定吏部则例》，海南出版社2000年版，第246页。

本管王公，违者从重治罪，该管主公也一体惩罚。

严复的论断揭示了清代法律的阶级本质，是深刻的。为了维护清朝皇帝至高无上的特权地位，中国的法律以“防奸”为宗旨，建立了非常严密的法律体系。以《大清律例》为中心，以则例、事例、民族法和地区性特别法等法规为枝干，以习惯法、宗族法为补充的规范体系。从控制对象看，法律规范体系覆盖了上自将相、下至普通百姓的几乎所有国民。《清史稿·刑法志》曾对其法律称赞道：“其立法之善者，如犯罪存留养亲，推及孀妇独子；若殴兄致死，并得准其承祀，恤孤嫠且教孝也。犯死罪非常赦所不原，察有祖父子孙阵亡，准其优免个次，劝忠也。枉法赃有禄人八十两，无禄人及不枉法赃有禄人一百二十两，俱实绞，严贪墨之诛也。衙蠹索诈，验赃加等治罪，惩青役所以保良懦也。强盗分别法无可贷、情有可原，歼渠魁、赦胁从之义也。复仇以国法得伸与否为断，杜凶残之路也。凡此诸端，或隐合古义，或矫正前失，皆良法也。”[①] 从控制系统看，整个社会自帝王至县令组成了一个覆盖整个社会的层层控制体系。从《大清律例》关于不准越诉的规定就可明确看到这一点。《大清律例》规定：“凡京官及在外五品以上官有犯奏闻请旨，不许擅问。六品以下，听分巡御史、按察司并分司取问明白，议拟闻奏区处。若府、州县官犯罪，所辖上司不得擅自勾问。止许开具所犯事由，实封奏闻。若许准推问，依律议拟回奏，候委官审实，方许判决。其犯应该笞决、罚俸、收赎、记录者，不在奏请之限。若所属官被本管上司非理凌虐，亦听开具实迹实封径自奏陈。”[②] 正是这些严密的规定，

① 清史编纂委员会：《刑法志一》，《清史稿》国防研究院 1961 年版，第 1734 页。

② 沈之奇：《大清律辑注》，法律出版社 2000 年版，第 14—15 页。

维护了统治者的特权。严复在一定程度上揭示了专制主义法律的反动实质及其腐朽性。

其次，防止参政导致国民“各恤其私”。严复指出，专制之法是近代国民自营私利的根源。在西方，任何涉及社会的事情，“人人皆得而问之”。在中国，人们普遍认为社会之事是国家之事。而“国家之事”唯有君主和官吏“得以问之”。假使国民过问社会之事，便被看成“不安本分之小人”。对于这样的“小人”，官吏可以绳之以“危法”①。于是，人们除了自己的私利以外，便无所关心，只能“以自营为唯一之义务”。严复的分析切中封建统治者的要害。孟德斯鸠曾指出：“中国立法之敝”在于“生于支那民所有事，在各恤其己私。”②也就是说，国民不考虑长久大利，而只顾从事一己暂时小利，“非其智之不足任也”③，而是因为法律逼迫的结果。

再次，以礼代法导致国民权利观念淡薄。严复指出：“中国政家不独于礼法二者不知辨也，且举宗教学术混之矣。”④“西文‘法’字，于中文有理礼法制四者之异译。”⑤严复的观点是深刻的。在长达两千多年的封建社会中，儒家法理思想认为法只能奏效一时，而道德教化才是根本。凡违背封建伦常和礼仪的，统统都要受到法律的严惩。在法无明文规定的，以礼为准绳；法与礼抵触的，依礼处断。在引礼入法的实践中，以礼为依据的各种家法和家规，也被封建国家所承认，甚至上升为

① 严复：《〈法意〉按语》，载《严复集》，中华书局1986年版，第994页。

② 严复：《〈法意〉按语》，载《严复集》，中华书局1986年版，第994页。

③ 严复：《〈法意〉按语》，载《严复集》，中华书局1986年版，第999页。

④ 严复：《〈法意〉按语》，载《严复集》，中华书局1986年版，第992页。

⑤ 严复：《〈法意〉按语》，载《严复集》，中华书局1986年版，第936页。

法律。尽管礼法互渗突出了伦理在社会调节中的作用，但由于礼过多考虑主观情感和道德因素，使人们被动地承认自己的社会地位，结果礼与法不分的治术就使统治者的治理带有很大任意性，导致法的效力丧失普遍性，进而使得国民权利观念相当淡薄。

## （二）清代司法制度对国民性的影响

首先，立法、行政、司法三权一体，导致国民形成清官思想。在中国封建制度下，“天子之一身，兼宪法、国家、王者三大物”①。家国一体，君主集一切权力于一身，没有国与家的区分。这种体制导致专制之君“怒则作威，喜则作福，仁可以为民父母，暴亦可谓豺狼”。地方司法官员也是“以一体而兼三权，故法制有分部、分官而无分柄”。② 在这种司法体制的影响下，执法者的行为得不到有力的监督，国民在司法中能否得到公正的对待，只能取决于司法者的素质。因此，国民只有把生存好坏的希望寄托在个别人身上，久而久之就形成了清官思想。

其次，治狱残酷导致国民惧讼避讼。“吾国治狱之用刑讯，其惨酷无人理。”③ 在这种刑讯制度下，封建官吏“得一囚而炮焙之，攒刺之，矐其目，拔其齿”。④ 这种司法制度，造成了无数冤狱，使得国民很难预测官府裁决的结果，因而往往惧怕诉讼，逃避诉讼。为此，他斥之为“天下至不仁之政”。严复的分析是准确的。在清律中，正式规定的刑讯种类有笞、杖等正刑，枷号、夹棍、拶指等加重刑。尽管清律对笞、杖

① 严复：《〈法意〉按语》，载《严复集》，中华书局 1986 年版，第 948 页。

② 严复：《〈法意〉按语》，载《严复集》，中华书局 1986 年版，第 969 页。

③ 严复：《〈法意〉按语》，载《严复集》，中华书局 1986 年版，第 954 页。

④ 严复：《〈法意〉按语》，载《严复集》，中华书局 1986 年版，第 954 页。

等有明确的定制，不能随便超越，但是，由于清律规定：对于“依法拷讯，邂逅致死，或受刑之后因他病而死者，均照邂逅致死律，勿论”[①]。这样，就为司法官员滥刑提供了借口。随着封建政权的腐败，笞杖无度和滥用夹棍在审判中经常出现，法外之刑更是举不胜举。

再次，刑罚不中导致近代国民以诈为荣。严复指出：刑罚不中，“而侥幸之人，或可与法相遁。此上下之所以交失，而民德之所以终古不蒸也”。[②] 在清末司法，清代统治者实行严刑峻法，往往没有考虑到执法的可行性，结果产生了司法不中弊端。与科举考试的相关法律执行就有这个弊端。法律对科举考试中的作弊的惩罚是非常严厉的：一是处罚对象多，“士子夤缘贿赂、交通关节者，从重治罪。其父兄为子弟作弊，及考官通同作弊者，一并治罪”。[③] 二是处罚手段严。“考官、士子交通作弊，一应采名受贿，听情关节中式者，审实将作弊之考官并夤缘中式之举子处斩，俱立决。”[④] 由于过于严厉，以至于“一狱之决，自大吏下至儒官无一免者”[⑤]。为此，统治者不得不在司法中避重就轻，结果是士子非但不以考试作弊为耻，反而把作弊进化成一种考试风气，使得国民“以诳为能，以信为拙”。[⑥]

---

① 《断狱·故禁故勘平人》，《大清律例》卷三六，张荣铮等点校，天津古籍出版社 1993 年版。

② 严复：《〈法意〉按语》，载《严复集》，中华书局 1986 年版，第 969 页。

③ 《禁令·严禁夤缘诸弊》，《钦定科场条例》卷三三，编纂委员会编：《续修四库全书》（830 史部·政书类），上海古籍出版社 1996 年版。

④ 《禁令·严禁夤缘诸弊》，《钦定科场条例》卷三三，编纂委员会编：《续修四库全书》（830 史部·政书类），上海古籍出版社 1996 年版。

⑤ 严复：《〈法意〉按语》，载《严复集》，中华书局 1986 年版，第 953 页。

⑥ 严复：《〈法意〉按语》，载《严复集》，中华书局 1986 年版，第 953 页。

应当承认，严复没有注意到封建自然经济对国民生活方式、思想情感方式及性格特征的消极影响，因而对近代中国国民性弱点病源的探寻是不全面的。而且，他还未能联系社会经济基础分析认识近代中国国民性的病根。而突破这种状况的是李大钊等人，他们接受了唯物史观后，才正确地指出尽管纲常伦理、家族制度、愚民政策等对塑造国民性弱点有着深刻的影响，但这些说到底要受到封建社会经济基础的制约。国民性归根结底是从属于意识形态范畴的，终究要受到当时的经济基础的制约。意识形态作为社会精神生活过程和上层建筑的组成部分，就其本质来说，归根到底是由一定社会经济状态决定并为此服务的。1859 年，马克思在《〈政治经济学批判〉序言》中作了精辟的表述："人们在自己生活的社会生产中发生一定的、必然的、不以他们的意志为转移的关系，即同他们的物质生产力的一定发展阶段相适合的生产关系。这些生产关系的总和构成社会的经济结构，即有法律的和政治的上层建筑竖立其上并有一定的社会意识形式与之相适应的现实基础。"① 近代中国是一个传统农业社会，它的一个根本特征就是以家庭为基本生产单位，以自然经济为主导的经济形式。在这个社会中，家庭不仅是社会的基本生产单位，而且是基本的消费单位。以这种经济结构为基础的社会，具有较强的封闭性和排他性，因为整个社会就像一个由千万个小家庭组成的大拼盘，社会成员之间除了宗法性的交往外，缺乏与社会整体利益的联系，因而往往忽视团结与合作的重要性。由此可见，形成国民"恶根性"最深刻原因是经济因素，而严复在这点上的研究恰

① 马克思：《〈政治经济学批判〉序言》，《马克思恩格斯选集》第 2 卷，人民出版社 1995 年版，第 32 页。

恰是非常薄弱的。

但是瑕不掩瑜，严复关于近代中国国民劣根性的制度根源的分析还是比较全面的，其中不乏启蒙思想家所特有的深刻洞识。首先，他把封建专制统治者的统治术划分为两种形式：一种形式是强力高压，另一种形式是怀柔愚民。这两种手段双管齐下，长期严重地践踏了人的个性和尊严，剥夺了人们所应当享有的平等地位和自主权利，结果造就了中国人可怕的麻木性和可悲的“奴性”。这些观点既反映出了严复对封建专制制度批判的深刻性和尖锐性，也在一定程度上展示了严复高倡自由、民主和人权的思维理性。其次，他在专制主义的一统天下的现实情况下，为自由高唱赞歌，显示出超人的胆识。他在《论世变之亟》一文中指出，科学与民主是西方文化的精髓，而这一精神之所以只能在西方“行之而常通”，则是因为西方文化具有珍视自由的传统。中国古代民主和科学不发达的原因是，专制制度扼杀人的个性与自由。因此，培育具有民主和科学精神的国民，就不仅必须恢复人的自由，而且必须伸张人的个性。在《原强》一文中，他更进一步指出西学的真髓是“以自由为体，以民主为用”。到了 1897 年，他又特意翻译了约翰·穆勒的著作《自由论》，在翻译过程中，他根据自己对“自由”的理解，对“自由”进行了文字上的掩饰，比如，用“繇”字代“由”字，把《自由论》改译成《群己权界论》，甚至对“自由”附加了许多限制性的条件。严复的这些行为直接喻示的是：既然近代中国国民劣根性产生的根源是封建专制制度，那么就应当铲除这个腐败的旧制度。严复关于旧制度对国民性的消极影响的分析是深刻的，后人基本上没有超越过他的认识高度。

从总体看，严复站在中西对比的高度对近代中国国民劣根性成因所作的揭示是比较深刻的。与同时代的人比起来，严复对近代中国国民性弱点之病源的分析，涉及了不少方面，对某些方面的剖析有一定的深度，特别是他正确地指出了封建君主专制制度和封建纲常名教是造成国民劣根性的罪恶根源，这就使其国民性解剖具有揭露、声讨封建主义的积极意义。就近代政治思想的发展史来看，他对近代中国国民性的批判，带有鲜明的民主主义色彩，是近代文化领域反封建斗争的重要组成部分。

但值得注意的是，严复的理论是环境决定论。他虽注重社会环境对国民性形成的作用，但他却始终停留在这一点上，而没有进一步探讨环境改变的动因。他和爱尔维修和欧文等人一样，认为人是环境和教育的产物。马克思认为，环境虽然有塑造国民性的一面，但环境毕竟不是国民性形成的终极决定因素，因为环境归根到底还是要由人的社会实践活动来改变的，只有人的实践活动才是更深层次的终极决定的因素。如果脱离了人的实践活动，国民性改造就无从谈起。可以看出，严复对近代中国国民性的形成依赖于社会历史活动并不理解和重视。

## 第三节　近代中国国民劣根性对封建制度的固化

在严复"制度与国民性互动"思想中，制度与国民性的作用是双向的。严复在揭示封建制度导致近代中国国民劣根性的同时，还探析了近代中国国民劣根性对封建制度体系的固化。他指出，近代中国国民劣根性不仅阻碍资本主义制度的生成，还限制了国民的社会变革能力，从而维护了封建制度的稳定。严复关于近代中国国民劣根性对封建制度体系的固化机制的分析是很深刻的。①

## 一、国民劣根性对制度创新能力的压制

对于近代中国国民劣根性为何能够阻碍民主政治的形成，巩固君主专制，严复进行了深入的阐释。他一针见血地指出，生存竞争历来被封建统治者视为危及“相安相养”的大逆不道，所以“宁以止足为教”。这种教育实际是一种“牢笼天下，平争泯乱之术”。② 它压制了国民的制度创新潜能，从而使社会保持了表面和谐和制度的稳定。可以看出，严复上述分析是深刻的。

首先，“奴隶性”消解国民参与变革的动机。严复指出：“虽有桀纣，使为暴有极，民尚可以忍也。”③ 就是说，国民因具有“奴隶性”，就会对专制制度保持难以置信的忍耐性和服从，从而使制度创新缺乏动力和基础。这种坚韧的忍耐不是心甘情愿的服从，而是由于形势所迫产生的无奈的服从。严复的认识是深刻的。“如果一个国家普遍缺乏权利意识，那么它的人民只能在专制和奴役的道路上徘徊。”④ 如果农民还没有真正意识到自己的权利，那么就不可能去自觉维护和实现自己的权

① 按照社会学家马尔库塞提出的观点，单向度的人主要是指那种认同社会现实，维护现有制度，思想和行为有着巨大的惰性，没有合理批判社会现实精神和能力的人。而造就单向度的人的社会，则是单向度的社会。可以看出，奴性国民与单向度的人，奴性国民与封建制度的互动关系和单向度的人与资本主义制度的关系都是相似的。

② 严复：《论世变之亟》，载《严复集》，中华书局 1986 年版，第 2 页。

③ 严复：《〈群己权界论〉译凡例》，载《严复集》，中华书局 1986 年版，第 133 页。

④ 谢鹏程：《公民的基本权利》，中国社会科学出版社 1999 年版，第 29 页。

利，使其在政府面前非常弱小。同时，由于对自身主体地位认识的不足及对权利意识的淡漠，农民在自身的发展上缺乏自主性，依附性仍然较强，把希望寄托在“国家”“上级”“领导”“精英”身上。严复还深入探究其中原因。他说：“盖种有强弱之分，使积威约渐，则强种之所为，苟未至于即夺其所为生，将皆为弱者之所容忍。何则？彼知争之无益，而所丧将滋深也。”[①] 事实的确如此。参与反抗不仅要冒着极大风险，而且要付出很高成本。一是参与变革的机会成本，包括遇见一个“好的”官员而脱困、通过科举考试提升自身地位和通过自身努力获得属于自己的土地等成本。二是参与变革的直接成本，如牺牲亲人和自己的损失。在封建社会的任何一个朝代，参与社会变革的定罪都是“株连九族”。对于参与社会变革的经济主体而言，一旦这种变革失败，他所失去的已经不仅仅是自己的生命，也包括了亲人的生命。国民的“奴隶性”很强，不仅表明其趋乐避苦的人性被压制了，而且表明他们比人格独立的人具有更明显的厌恶风险的偏好。这就是说，他们更担心的是眼前的利益损失，而不是将来的收益。因而，当他们面对参与变革需要付出巨大的预期成本时，经常是退缩的。由此可见，国民的“奴隶性”，在一定程度上消解国民的反抗动机，因而有助于封建专制制度的巩固。

其次，排外性妨碍国民对外来制度的择取。严复指出，受夷夏观念的影响，中国人在心理上对外来文化形成了一种自发的蔑视。在与外来文化接触时，他们对外来文化首先作出的反应就是整体性的拒斥。中国人的最响亮口号就是：“中国为礼义之区，而东西朔南，凡吾王灵所

① 严复：《〈社会通诠〉按语》，载《严复集》，中华书局 1986 年版，第 924 页。

弗届者，举为犬羊夷狄。”[①] 对于留日学生掀起排外运动，严复多次表达了反对意见。他认为排外运动，实际是“宁使中国之路不成，矿不开，不令外国货财于吾国而得利”。[②] 为此，他不惜冒当时之众怒与章太炎等人在报刊上进行辩论。他指出，这种排外思想阻碍了近代国民对外面世界的深入了解，导致“吾民不通外情。”兴修路矿被阻于“风水”，引进科技被视为“奇技淫巧”，被西方视若平常的新生事物，却难以被中国接受。如欧洲“或揉猫皮、擦琥珀、放风筝……；或见水化没时，鼓动其气之盖……；或普庆微虫而玩之，或与禽兽同卧起以规之。……以若所为，若行之中国，必群目之曰呆子”。[③] 义和团排外运动的失败说明严复的认识是深刻的。义和团的爱国热情固然可歌可泣，但他们在社会变革进程中，试图运用历史文化传统、社会舆论和国家政策等构成一个抵御西方工业文明的心理氛围，则是违背历史发展潮流的。文明排外运用不当，就很有可能阻碍民族进步和社会发展。因为盲目排外将妨碍国民深入了解西方民主政治的合理性，使他们不能发现并吸收其发展过程中收获的先进成果。正如利玛窦所说：“从远古以来，君主政体就是中国人民所赞许的唯一政体。贵族政体、民主政体、富豪政体或任何其他的这类形式，他们甚至连名字都没有听说过。”[④] 显然，拒绝选择先进文明，结果只能是维护中国旧有的制度。

---

① 严复：《论世变之亟》，载《严复集》，中华书局 1986 年版，第 2 页。

② 严复：《〈法意〉按语》，载《严复集》，中华书局 1986 年版，第 1005 页。

③ 严复：《论中国之阻力与离心力》，载《严复集》，中华书局 1986 年版，第 466 页。

④ ［意］利玛窦、金尼阁：《利玛窦中国札记》（上），何高济等译，中华书局 1983 年版，第 44 页。

再次，保守性强化专制制度的合法性。严复指出，近代中国国民保守崇古，对古训中的谬误，非但不能察明，反而当成真理。对于这种保守思想，严复进行了深刻批判。严复指出："夫稽古之事，固自不可为非。然察往事而以知来者，如孟子求故之说可也。必谓事事必古之从，又常以不及古为恨，则谬矣！"[①] 他指出："圣祖之精神默运，直至二百年而遥。而有道曾孙，处今日世变方殷，不追祖宗之活精神，而守祖宗之死法制，不知不法祖宗，正所以深法祖宗。"[②] 严复的批判是客观的。在大多数近代中国国民看来，这个世界上既没有什么事物需要他们去深入研究，也没有什么思想理论需要他们去改造与完善。因为，中国的先贤前哲们已经把社会发展的美好图景、衡量一切的价值标准和指导为人处世的准则等，巨细无遗地记录在大经大法之中，后人所要做的只是遵照先人的要求去做就可以了。在这种传统观念的指导下，中国国民到了鸦片战争时期，依然沉浸于天朝上国的梦境，幻想通过遵循祖宗法制以达至拯国救民和维护封建统治的愿望，而没有意识到西方列强之所以在经济上日益发达，在科技上日益进步，是因为其先进的制度。在鸦片战争前的反抗中，中国民众从来都是"以千百年前之章程，范围百世下之世变"。[③] 用一个王朝代替另一个王朝，而没有想过革除皇帝制度。这也说明，国民的保守性一定程度上维护了专制制度的合法性。

## 二、近代中国国民劣根性对封建基本制度的强化

君主专制制度是一个庞大的制度体系，其中，皇权制度、宗族制

① 严复：《救亡决论》，载《严复集》，中华书局 1986 年版，第 51 页。

② 严复：《救亡决论》，载《严复集》，中华书局 1986 年版，第 48 页。

③ 严复：《论中国教化之退》，载《严复集》，中华书局 1986 年版，第 438 页。

度、封建土地所有制度等是基本制度。严复指出，近代中国国民的皇权意识、小农意识、宗法思想等劣根性在阻碍资本主义经济发展的同时，巩固了封建制度。

第一，皇权意识强化皇权制度。严复认为，在两千多年漫长的中国封建社会中，“忠于皇帝”是最高道德，其极端形式是“君要臣死，臣不得不死”，其扩展形式则是“君为臣纲”。在这种意识的作用下，民众很少对皇权制度的合法性表示怀疑。由此，严复指出皇权意识对皇权制度的强化机制。这个看法是科学的。马克思认为中国社会是以家长制权力统治为特征的中央集权与皇权专制相结合的政治结构。中国“皇帝通常被尊为全国的君父一样，皇帝的每一个官吏也都在他所管辖的地区内看做是这种父权的代表”。① 这样建立起“这个广大的国家机器的各部分”，形成一套完备的专制机制和庞大的官僚队伍，实行着“家长制的权力”的统治。“在那里，国王是唯一的政治人物。总之，一切制度都由一个人决定”。② 这就使得整个社会在家长制的锁链下，紧紧地系在封建帝王的手中。在辛亥革命后，虽然满清政府被推翻，建立了中华民国，而且孙中山还倡导“敢有为帝制自为者，天下共击之”③，但是仍然有许多满清时代的旧官僚，保留着皇权意识，“他们的思想，只知道皇帝，所以他们做事的专制，还是在实行皇帝的职权。”④ 这种现象就证明：虽然皇权意识在近代尽管已经过时，但还有着极大市场。它仍然试图维护或者复兴皇权制度，因而极大地阻碍中国

① 《马克思恩格斯全集》第 9 卷，人民出版社 1959 年版，第 110 页。
② 《马克思恩格斯全集》第 1 卷，人民出版社 1956 年版，第 412 页。
③ 孙中山：《孙中山选集》（上卷），人民出版社 1956 年版，第 69 页。
④ 孙中山：《孙中山选集》（下卷），人民出版社 1956 年版，第 861 页。

社会进步。

第二，小农意识保持了地主土地所有制度的长盛不衰。这是因为两个因素：一是由于小农意识的影响，农民严守土地，很少随意流动和迁徙。除了盐、铁等极少数必需品外，农民很少与外界发生商品交换关系。与这种狭隘的自然界限相适应，农民的社会活动与生产方式也就很难超越自然村落的界限。国民因此也一般不用离开所在的宗族和村社，这样就把农民紧紧地束缚在土地上。二是贱商观念抑制了民间工商业发展。严复指出，贱商观念就是“其言理财也，则崇本而抑末，务节流而不急开源，戒进取，敦止足，要在使民无冻饥，而有以剂丰歉、供租税而已”。① 这种贱商观念不仅为禁榷、专卖制度和官工业制度的存在和限制工商业的发展提供合法性，而且还严厉打击了“学民”、“商民”和“技艺之民”。近代中国统治阶层通过自己设置手工工场制造军用品等重要物品，垄断了重要社会资源的生产、分配及消费，牢牢抓住了社会财富生产的基础——农业和工商业。这样，封建国家就通过这种行政干涉及权力垄断，不仅将全体人民化为封建国家的附庸、奴仆，使农民附着于土地、不得随意流动并受乡村宗法村社支配的农奴，还使工商等经济部门在以皇权为核心的官僚衙门统治下，做着违反经济规律的事，使封建社会的自然经济处于长期停滞状态。

再次，宗法观念强化宗法制度。宗法观念包括“家法”观念、等级观念和人情观念。具有这种观念的人，在交往中表现出强烈的亲疏意识，对自己所依附的亲属、同事、上级有强烈的归属感，而对圈子外的人则视同路人。严复指出，宗法观念强化宗法制度，从而在一定程度上

---

① 严复：《拟上皇帝书》，载《严复集》，中华书局1986年版，第66页。

维护了封建君主专制制度。在宗法思想的影响下，“王法”不过是公共的“家法”，是皇权的产物。法律被视为家长的手杖，是家长权威的体现。这样，宗族成为公法上最常见的单位，“荣则荫及宗族”，“刑则株连宗族”，“一损俱损，一荣俱荣”。因而，“乱臣贼子”和“犯上作乱”就与“不肖子孙”一样，都是挑战尊卑贵贱的宗法秩序的言论和行为，都会遭受宗族的严惩。严复的分析是深刻的。因为，在广大民众的社会生活中，以血缘为基础的家族与宗族极其重要。在封建社会，由于皇权只能达到县一级，因而县以下的基层社会的治理需要由宗族组织来担任。这样，宗法性家族就得到国家的默许或支持，在国家鞭长莫及的地带发挥管理作用。宗族组织也就构成皇权在社会基层的维护封建制度的统治工具。在一定程度上中国封建社会是宗法家族社会，维护宗法制度就是保护封建制度的基础。

## 三、近代中国国民劣根性对资本主义制度的阻滞

严复认识到近代中国国民劣根性对资本主义制度的产生、发展和稳定有着消极的作用。他主要从以下几个方面对国民劣根性的这种阻滞作用进行了分析：

第一，缺乏平等合作观念阻滞公司制度的建立。“公司者，西洋之大力也。”① 然而，这种西方行之有效的“至美之制”却在中国“淮橘为枳”。严复认为其中原因在于国民的“民智既不足以与之，而民力民德又弗足以举其事故也”。② 他深入分析了其中的主要原因。一是近代中

① 严复：《原强》，载《严复集》，中华书局 1986 年版，第 15 页。

② 严复：《原强》，载《严复集》，中华书局 1986 年版，第 15 页。

国国民没有平等观念。严复认为，欧美商业的公司之所以能够在激烈的经济竞争中战胜其他形式的经济组织，主要原因在于这种经济组织实行了建立在平等合作的观念基础上的制度。由于“专制君主之民，本无平等观念，故公司之制，中国亘古无之”。[①] 二是近代中国国民缺乏合作精神。严复认为，公司作为以营利为目的，从事商业经营活动或某些目的而成立的组织，需要投资人之间相互合作，共同承担公司的经营管理责任。它的竞争力源于合作方的共赢意识。可是，中国人“知损彼之为己利，而不知彼此两无所损而利焉，然后为大利也”。[②] 他们在公司中，往往“二人联财则相为欺”。[③] 而且，他们在看到他人发财时，又心生妒忌，往往群起攻之。三是近代中国国民具有严重的依赖性。这突出表现在洋务运动中。当时，我国尽管效仿西方“设商部，立商会，鼓舞其民，使知变计”，但还是“一若向有大利在前，吾民皆梦然无所见，而必待为上之人为之发纵指示也者”。[④]

第二，耻于言利阻碍资本主义市场经济体制的形成。严复认为，近代中国资本主义经济体制不能发展，与国民耻于言利有着密切的关系。因为办实业、兴工厂、搞经济，必须言“利”，“利”是发展资本主义市场经济体制的动力。耻于言利将妨碍资本的发展和资本主义市场经济体制的形成。因此，严复反对所谓的厚义薄利，认为“此用意至美，然而于化于道皆浅，几率天下误仁义矣。自天演学兴，而后非谊不利，非道无功之理，洞观若火。……故人演之道，不以浅夫昏子之利为利矣，亦

① 严复:《〈法意〉按语》，载《严复集》，中华书局 1986 年版，第 999 页。

② 严复:《原强》，载《严复集》，中华书局 1986 年版，第 15 页。

③ 严复:《原强》，载《严复集》，中华书局 1986 年版，第 15 页。

④ 严复:《〈法意〉按语》，载《严复集》，中华书局 1986 年版，第 999 页。

不以谿刻自敦滥施妄与者之义为义，以其无所利也。”[①]当然，严复也反对一切见利忘义的行为。他说：“自营大行，人道急而人种灭也。”[②]他的主张是在“义”的前提下获取“利”，“唯公乃以存私，唯义以为利”。[③]严复这个思想的确是非常深刻的。对近代中国资本主义经济而言，改变重义轻利风尚，将“利”摆在一个恰当的位置十分必要。只有坚持“义利合”的义利关系模式，国民才能成为社会进步的动力。国民舍利，非但不能促进社会发展，反而是对仁义的损害。重义轻利固然高尚，但资本主义市场经济体制的发展进步绝对离不开对“利”的追求。

第三，崇俭观制约资本主义经济的繁荣。对国民“崇俭”“安贫”的劣根性，严复同样进行了深刻的分析。有书说：“惟俭有以奖勤。盖俭而后母增，母增而后勤者有所藉手而致力。以其有所致力，而勤民乃以日多。一国之地产，由生转熟，所殖日优由此。劳力之民，多而不壅由此。”对于这个观点，严复指出：“由此言之，则富庶之源，皆发于俭矣。然计学家则谓，民增之限视食。而庶之为量，又视日用饮食所谓民质之崇卑。使民质崇，则过庶不易，而所患或稀。若民质甚卑，则过庶易成，而所患众矣。徒俭不足以救之也。民俭之患如此，此又当与前说参观者也。”[④]他认为，“崇俭”是要通过消费来束缚工商业的发展，达到维护封建自然经济的目的，因而是重本轻末思想消费观的反映。对近代中国资本主义经济发展来说，严复反对绝对的崇俭观是合理的。因为这种观点本质上是封建经济伦理观念，是保守顽固派为反对资本主义生

① 严复：《〈原富〉按语》，载《严复集》，中华书局1986年版，第859页。

② 严复：《天演论》，载《严复集》，中华书局1986年版，第1345页。

③ 严复：《〈原富〉按语》，载《严复集》，中华书局1986年版，第897页。

④ 严复：《〈原富〉按语》，载《严复集》，中华书局1986年版，第877页。

产方式而打出的幌子。崇俭会导致国家贫穷衰落，使中华民族无法立足于世界民族之林。人们从事生产的根本目的在于满足物质和精神生活需要，以保障自身的生存和发展，把创造出来的物质财富与精神财富用于享受。承认人们这个目的是合理的、正当的，才能调动人们的生产积极性，从而推动资本主义经济较快发展。在“冠履之分严”的中国，倡导崇俭，只能导致富裕者坐享其成，而贫穷者更加贫穷。更深刻的是，他用稻米比作物质财富，既不能全部吃完，也不能都留作种子。资本主义经济的发展离不开扩大再生产，因此，国民消费要适度合理，才能为扩大再生产奠定基础。如果因人们需求过度增长，进而超过社会生产发展的承受力，那么将阻碍科学的发展和生产力的提高。可见，严复的这个比喻很形象，体现了他对资本主义经济伦理观的深邃理解。

第四，近代中国国民民主法治观念淡薄，尚未达到实行民主政治对国民的要求。严复认为政治制度运行好坏取决于国民素质。如果国民素质达到制度运行的高度，“则下令如流水之源，善政不期举而自举，且一举而莫能废”。[①] 如果国民素质达不到制度运行的要求，则会使新制度出现水土不服。因此，民主政治的关键，不是建立宪法，而是培养适合民主政治要求的国民。“宪法甚高，民品甚卑，则将视其政俗相睽之程度，终于回循故辙而后已，立法虽良，无益也。”[②] 他认为，由于在封建专制体制下，近代中国国民没有参与民主政治生活的机会，未能养成民主观念、法治意识和自由人格，因此不能立即建立民主政治制度。由此可以看出，严复认为国民素质低下阻碍民主政治的发展。严复在一定

① 严复:《〈天演论〉按语》，载《严复集》，中华书局 1986 年版，第 1339—1340 页。

② 严复:《〈庄子〉评语》，载《严复集》，中华书局 1986 年版，第 1129 页。

程度上理解了民主政治与国民素质的关系。在国家政治生活中，民主的广度取决于国民参与政治的人数，民主的深度则取决于国民参与政治的质量。对民主政治的运行而言，民主的深度至为重要，因为高质量的政治参与，是民主政治努力追求的重要目标，更是民主政治顺利运转的重要保证。没有高素质的国民，即使国民参与政治的人数很多，也必然会导致民主变质，甚至出现倒退到专制的结局。民主政治的顺利运行，要以高素质的国民为基础。对民主政治的实现来说，培养国民素质是一个不容忽视的重要问题。

近代中国国民大多数是缺乏公民意识的农民，非主体性的农民意识仍然是他们精神世界的主流。对于这样的传统农民，马克思曾作过这样的精辟分析：“他们把自己的全部注意力集中在一块小得可怜的土地上，静静地看着整个帝国的崩溃。”[①] 对于社会的变化，就像观看自然现象一样无动于衷。对于自身的地位、命运和发展，“他们不能代表自己，一定要别人来代表他们。他们的代表一定要同时是他们的主宰，是高高站在他们上面的权威，是不受限制的政府权力，这种权力保护他们不受其他阶级侵犯，并从上面赐给他们雨水和阳光”[②]。因此，严复关于国民劣根性对资本主义制度的产生、发展和稳定具有阻滞作用的认识是深刻的。

综上，通过整章的分析和梳理可以发现，严复准确地认识到君主专制制度是一个复杂的制度体系，它与近代中国国民劣根性之间存在着一种相互依赖的共生关系。路径依赖是美国学者诺斯对制度变迁过程中的

① 《马克思恩格斯选集》第 2 版第 2 卷，人民出版社 1995 年版，第 63 页。

② 《马克思恩格斯选集》第 2 版第 1 卷，人民出版社 1995 年版，第 678 页。

自我强化现象的新解释。他认为制度变迁与技术变迁相似存在着报酬递增和自我强化机制。这种机制使制度一旦走上某一变迁方向，就会在以后继续按此方向发展。沿着既定的方向，经济和政治制度的变迁既可能因进入良性循环的轨道而迅速优化，也可能因顺着原来错误的路径继续下滑，而最后被“锁定”在一种恶性循环状态①。运用路径依赖理论来分析，可以看出严复对近代中国国民劣根性与旧制度关系的分析是比较深刻的。

严复关于国民性与制度互动的思想也是为 20 世纪 30 年代以来的人类学研究成果所验证的。20 世纪 30 年代以来，一些人类学家曾运用人类学方法对国民性的形成进行了深入研究。人类学家卡丁纳认为，一个国家的国民性是由这个国家的“初级制度”（Primary institution）所造成的。在他看来，国民生存所依靠的生产方式、家庭、婚姻、儿童养育等初级制度，不仅为宗教信仰和神话传说等“次级制度”（Secondary institution）所反映，而且能够通过社会的再生产造就国民性。因此，不能把一定的精神文化作为国民性形成的全部因素，而应该把国人生活的基本制度作为国民形成的重要因素。林顿支持卡丁纳的观点，他认为国民生活于其中的某一文化只能使国民形成大致趋同的“众趋人格”（modal personality），但无法形成一种单一的同一的国民性，也就是说国民所生活于其中的文化背景只能塑造一个共同体中具有代表性的人格，而不能塑造出完全雷同的人格。②

① ［美］道格拉斯·C.诺斯：《制度、制度变迁与经济绩效》，上海三联书店 1994 年版，第 11 页。

② 王铭铭：《文化格局与人的表述——当代西方人类学思潮评介》，天津人民出版社 1997 年版，第 69 页。

“人的本质不是单个人所固有的抽象物。在其现实性上，它是一切社会关系的总和。”[①] 严复进一步阐发了这一思想。他不仅详尽批判了近代中国国民劣根性的种种表现，而且深入细致地分析了这些劣根性的制度根源，指出国人的素质低下是制度落后的必然结果。更重要的是，严复在分析了近代中国国民劣根性在以君主专制为核心的各种制度的约束下形成的同时，深入揭示了它们反作用于君主专制制度的机制——君主专制统治者通过强化集权、重农抑商和愚民教育等制度安排，使国民在这些制度的长期陶铸下形成一套为君主专制制度提供合法性辩护的保守的行为模式、社会心理和价值观念，然后通过路径延续，最后将近代中国封建社会制度锁定在效率相对低下的状态。

严复的分析和揭示深刻说明：近代中国国民劣根性与封建制度具有共犯关系。这种关系使得近代中国在受到外来的资本主义文明挑战时，多次与近代科学和工业化失之交臂，失去了主动靠外部力量或外生变量打破路径依赖的良机。由于这种共犯关系，国民意识形态和中国封建制度都具有了极强的保守性和抗变性，从而在根本上抑制了制度创新和国民性改造的可能。

① 马克思：《关于费尔巴哈的提纲》，载《马克思恩格斯选集》第 1 卷，人民出版社 1995 年版，第 56 页。

# 第三章　严复对新制度与理想国民性良性互动的探索

既然近代国人的劣根性不过是制度落后的必然反映，那么，改造国民劣根性的主要办法就是通过制度层面的点滴进步，逐步向新的体制迈进，而不是在保持旧制度不变的环境下进行国民性改造。没有契合民主政治的国民素质，将使国民对民主政治形成“制度幻觉”，而民主政治建构过程中出现的不足将使这种“制度幻觉”大量破灭，进而导致国民对民主政治的制度偏好发生逆转，由此导致制度变迁后的制度不稳定，甚至产生制度复辟。正是基于此，严复通过对互动原则、互动目标和互动内容的分析，合乎逻辑地提出了突破旧制度与国民性均衡状态的思想、推动新制度优化国民性的设想和新国民催化新制度的思想。在目前看来，这些思想是很有启发意义的。

## 第一节　对理想国民模型的建构

严复认为，尽管民主共和制度是先进的制度，也是近代西方繁荣富强的重要因素，但民主政治是建立在国民素质较高的基础上的。品德是实行共和政体的国家的动力，是共和政体唯一的支持力量。如果国民素质低下，那么即使“治以最高之宪法”也是没用的。要实现“既强不可以复弱，既盛不可以复衰”①，只有培育“立宪之民”——真国民。为此，严复根据近代中国国情对国人提出要求，以其学贯中西的学识建构了近代中国第一个具有近代资本主义特色的理想国民模型。目前，学界对这个模型主要依照德智体等现代素质理论进行分析，这种分析具有其科学性和合理性。然而，按照政治、经济和文化等生活领域划分制度才是更为合理的，德智体的分析角度并不与这种制度划分相对应。因而，如果要把握这个理想国民模型与制度之间的关系，有必要按照这种制度划分法，从政治经济等生活领域来审视这个模型。

## 一、理想国民模型的基本要素

严复详细论述了从理想国民在政治、经济、文化和法律等社会生活领域应该具有的素质。这些素质是以自由、平等和爱国等政治品德为核心的，包括政治素质、经济素质、文化素质和法律素质等内容。可以看出，理想国民的基本要素，实际是现代公民意识的内容；严复所谓真国民，实际就是指现代公民。

### （一）在政治生活领域的素质

首先，爱国保群。严复接受孟德斯鸠“民主以德”的思想，认为民主政体的基础是品德，正如荣誉是形成和发展君主政体的动力一

① 严复:《〈女子教育会章程〉序》，载《严复集》，中华书局1986年版，第253页。

样，品德是形成和发展共和政体的动力。这种品德是强烈的国家观念、政治热情和团队精神。在民主政治制度下，“国者，斯民之公产也”。[①]这就需要国民群策群力，通力合作，共同承担维护国家利益的义务，做到“出赋以庀工，无异自营其田宅；趋死以杀敌，无异自卫其室家”。[②]在这里，严复敏锐地认识到爱国保群是以国民的利益为基础的。

其次，崇尚自由。这个自由是精神层面的。“自由，心德之事也。”[③]它不仅是西方国家发展繁荣的最深层原因，而且是民主政治“彼行之而常通，吾行之而常病者”[④]的关键。西方国家崇尚自由，保证了推进社会进化的竞争机制发挥作用，从而得以在国家间的激烈竞争中生存。这一观点是非常深刻的，实现了中国治国理论的一个突破——由科学和制度的层面升到人的层面。严复还认为自由是平等的保证，平等的实现要以自由的实现为基础。他指出：“西之教平等，故以公治众而贵自由。自由，故贵信果。”[⑤]在西方社会中，自由比平等更重要，它给予“平等”以实质性内容，保证个人人格言行一致。因此，崇尚自由应该成为中国国民不可少的品格。这样，严复就把自由作为中国国民性改造的重要的道德再建目标。

再次，自主自治。近代中国新国民不仅需要有独立自由的人格，更要有自主自治的能力。在维新时期，严复对封建君主专制展开了空前

① 严复：《辟韩》，载《严复集》，中华书局1986年版，第36页。

② 严复：《原强修订稿》，载《严复集》，中华书局1986年版，第31页。

③ 严复：《原强》，载《严复集》，中华书局1986年版，第15页。

④ 严复：《论世变之亟》，载《严复集》，中华书局1986年版，第2页。

⑤ 严复：《原强修订稿》，载《严复集》，中华书局1986年版，第31页。

猛烈的批判，赞美西方近代民主政治，但并不主张立即废除君主制。他的理由是“其时未至，其俗未成，其民不足以自治也”。[①] 所以他提出：“富强者，不外利民之政也，而必自民之能自利始；能自利自能自由始，能自由自能自治始，能自治者，必其能恕，能用絜矩之道者也。”[②] 行使民主政治，不仅需要崇尚自由的精神，而且需要自治的能力。在严复设定的教育目标中，德、智、体都是不可或缺，但他又强调“三者又以民智为最急”。“顾富强之盛，必待民之智勇而后可几；而民之智勇，又必待有所争竞磨砻而后日进，此又不易之理也。”[③] 由此可见，严复认为民德的培养，需要以民智充分开发为前提。严复的上述思想在近代中国曾经产生重要影响，得到当时革命派广泛的响应。

### （二）在经济生活领域的素质

首先，开明自营。“开明自营”指的是国民在生产上要坚持“两利为利，独利必不利”，既要肯定人追逐利益的正当性，又要反对极端的“自私自利”。严复提出：“开明自营”非但不与维护公利发生冲突，相反，可以实现公私两利的相互促进。“庶几义利合，民乐从善，而治化之进不远矣。”[④] 近代中国如果不痛改讳言利之习，就不可能实现富国裕民。因为，正当的义和利是不能分割的，“义与利”的偏向与人的道德、与“小人”和“君子”就是无关的。严复通过消除个人利益与社会利益

---

① 严复：《原强续篇》，载《严复集》，中华书局 1986 年版，第 35 页。

② 严复：《原强》，载《严复集》，中华书局 1986 年版，第 14 页。

③ 严复：《拟上皇帝书》，载《严复集》，中华书局 1986 年版，第 65 页。

④ 严复：《〈原富〉按语》，载《严复集》，中华书局 1986 年版，第 859 页。

对立以及生产与消费的原理，论证了人的“自营”的合理性与必然性。亚当·斯密曾指出从个人从事经济活动时的首要动机是个人最人的利益，并不具帮助别人和增进社会公益的动机，只是通过竞争原则达到平衡和调解后，才产生彼此间的互助。这说明，严复“开明自营”义利观的提出，既源于对现实社会生活的观察总结，又受到亚当·斯密经济人假说的启示。

其次，积极消费。在近代，“黜奢崇俭”被看作是一种美德，甚至有人把它推到极端，提出“存天理、灭人欲”的禁欲主义。严复完全超越这种保守的见识，鼓励国民积极消费。积极消费不是盲目过度消费，而是适度消费，要“顾事必求其可长，而养必期其无竭”。[①] 他认为，在不影响到生产积累的前提下积极消费，可以拉动生产，促进经济的发展，进而达到“厚生进种”。“无享用则物产丰盈之后，民将缦然止足，而所以励其求益之情者，不其废乎？”[②] 推崇俭的目的是保证人们的生产生活需要。支费固然以多为贵，但若危及“母财”，就应该反对；反之，只讲积累而不消费，就像农民把收获的粮食全部留作种子，行不通。他说：“使不养不生，则财之蠹贼而已。”[③] 可见，这种观点体现了“生活中要量入为出”的资本主义经济伦理观。

再次，公平守信。严复认为，“售欺长伪、丛弊启奸”并不是市场经济发展的必然产物。商人以信为本，做到童叟无欺，才能事业兴旺，进而促进商品流通和经济发展。更为深刻的是，严复从经济自由主义中引申出了公平守信的经济伦理。“自由贸易非他，尽其国地利民力二者

① 严复：《〈原富〉按语》，载《严复集》，中华书局 1986 年版，第 880 页。

② 严复：《英文汉解》，载《严复集》，中华书局 1986 年版，第 288 页。

③ 严复：《英文汉解》，载《严复集》，中华书局 1986 年版，第 280 页。

出货之能，恣贾商之公平为竞，以使物产极于至廉而已。”[①] 他看到，国家要创造自由公平的经济运行环境，充分发挥个人潜能、活力。如果国家过多干预经济交易，就可能“使民举手触禁，移足犯科”。[②] 严复敏锐地观察到“无奸不商”是由垄断经营导致的。马克斯·韦伯曾谆谆告诫：“切记，信用就是金钱”，“影响信用的事，哪怕十分琐屑也得注意”[③]。可见，近代东西两位伟大思想家的商德观不谋而合，具有异曲同工之妙。

### （三）在文化生活领域的素质

首先，知识完备。完整的知识结构包括三方面：一是物理、化学、动物学和植物学等自然科学知识。掌握自然科学有利于国家发展，“交通之用必资舟车，而轮船铁路，非汽不行，汽则力学之事也。地不爱宝，必由农矿之学，有地质，有动植，有化学，有力学，缺一则其事不成。他若织染冶酿，事事皆资化学。故人谓各国制造盛衰，以所销强水之多寡为比例”。[④] 掌握自然科学还有助于培养尚实心理，“一切物理科学使教之学之得其术，则人人尚实心习成矣”。[⑤] 不学自然科学，“其政论必多不根”。在视“学而优则仕”为天经地义的年代，严复大力倡

① 严复：《〈原富〉按语》，载《严复集》，中华书局 1986 年版，第 895 页。

② 严复：《〈原富〉按语》，载《严复集》，中华书局 1986 年版，第 895 页。

③ ［德］马克斯·韦伯：《新教伦理与资本主义精神》，于晓等译，生活·读书·心智三联书店 1987 年版，第 33 页。

④ 严复：《论今日教育应以物理科学为当务之急》，载《严复集》，中华书局 1986 年版，第 283 页。

⑤ 严复：《论今日教育应以物理科学为当务之急》，载《严复集》，中华书局 1986 年版，第 282 页。

导学习自然科学知识，极其难能可贵。二是专业技能知识。严复非常重视专业技能知识的学习和专业人才的培养。他严厉批判中国重士的教育传统，“令通国之聪明才力，皆趋于为官。百工九流之业，贤者不居。即居之，亦未尝有乐以终身之意。是故其群无医疗、无制造、无建筑、无美术，甚至农桑之重，军旅之不可无，皆为人情所弗故，而百工日绌。”[①] 三是基本人文知识。他主张“课以粗浅最急之养生、格物”之学，使学生掌握历史地理人文等知识，开阔视野，这样学生即使辍学从事工商行业“亦有毕生受用之乐”。[②] 严复敏锐地发现人文科学知识是与自然科学知识杂糅在一起的。值得深思的是，严复在批判中国乡塾中所传授的课程费时、无益的同时，并不禁止学习中国传统文化。

其次，宝爱真理。它是包括对科学知识的求实求真、善疑慎信和独立思考的精神。求实求真就是要屏除唯圣唯书的思维习惯，把握实际。求实就是对待学问应采取实用主义的态度，要求坚持“求才为学二者，皆必以有用为宗”的治学原则，掌握能推动中国现代化进程的真实学问，拒绝任何矫饰和虚浮。求真就是“格物穷理”，“黜伪而崇真”，从客观存在的事物出发获取真知。善疑慎信就是“其名数诸学，则藉以教致思穷理之术；其力质诸学，则假以导观物察变之方，而其本事，则筌蹄之于鱼兔而已矣”。[③] 独立思考就是“贵独获创知”，不因循古人的理论，不盲从别人的见解，贵于采用观察、试验等方法获取知识。严复已经发现：怀疑精神正是科学精神的精髓，是西方能够民智大开、科技昌明、政治民主的根源所在，对于破除权威禁锢，体现人的独立意识和将

① 严复：《〈法意〉按语》，载《严复集》，中华书局1986年版，第1000页。

② 严复：《〈原富〉按语》，载《严复集》，中华书局1986年版，第908页。

③ 严复：《原强修订稿》，载《严复集》，中华书局1986年版，第29页。

促进国人不断走向自主、自治和自由都具有重要意义。在现在看来固然不能算是科学的，但较之以前仍是有着巨大进步。但是，严复此种科学观要求在改造外在世界的同时改造自身，包含了现代科学的基本含义和价值取向，即对人的思维方式和价值观念的重新整塑，因而已深蕴了个性解放的要求。

再次，科学精神。科学精神要求把科学知识、科学态度、科学思维、科学方法都真正融入到现实生活中。严复认为：“一理之明，一法之立，必验之事事物物而皆然，而后定之为不易。……方其治之，成见必不可居，饰词必不可用，不敢丝毫主张，不得稍行武断，必勤必耐，必公必虚，而后有以造其至精之诚，践其至实之途。”[①] 这是衡量民智高下的主要标准，也是东西方科学思考方法的差异之处。有了科学思维，才能在实际问题面前得心应手，驾驭自如，才能形成对自身和周围环境的客观认识和分析，做到“宇宙为我简编，民物为我文字”。[②] 由此可见，这是严复对中国古代的“心成”之学的严厉批判和否定。对科学方法的高度重视，说明了严复对科学本身认识的深化。他的认识贯彻了经验主义和实证主义的基本理念，对国人全面而深刻地理解科学的真实含义有积极的先导作用，也体现了其实事求是的科学精神。

上述可见，在严复开民智思想中，民“愚”是从更加广阔的意义上讲的，是指民众知识缺乏，更是指近代中国民众普遍缺乏科学精神与科研能力。因此，严复所谓的开民智，不仅要提高国民知识水平，更要向中国民众灌输科学方法，培养科学精神，提高科研能力。这一思想对后

① 严复：《救亡决论》，载《严复集》，中华书局1986年版，第45页。

② 严复：《原强》，载《严复集》，中华书局1986年版，第10页。

世产生了深远影响。比如，五四新文化运动，正是沿着这一方向和思想理路继续展开的。可以说，严复开民智的思想是一种以实现人的现代化而进行的全方面启蒙。

### （四）在法律生活领域中的素质

首先，知晓法律，即国民对国家现行法律的具体规定以及相关法律现象知晓、了解和认识的主观状态。“文明者，西人谓之 Civilization。更问有知其字之原者乎？案其字乃与 City 市府或城邑之字，同源于拉丁之 Civitas，所谓一邑之众是已。可知西人所谓文明，无异言其群之有法度，已成国家，为有官团体之众。其人之动作云为必与如是之团体社会相宜，怀刑畏法，有敬重国家，扶翼同类之德心，必如此，而后乃称为文明人也。然则初级社会，固不可略，亦不便与文明社会，制成法立者，等量齐观。然文明非文明，二者之别，尚不止此。”① 近代国民应具备的法律知识主要有法律的目的、法律的价值取向和基本的法律规范三个方面。国民学习法律的目的，是为了在运用法律的基本理念和原则来观察和处理个人及社会事务的时候“不至受法之敝”。② 国民应明确法律是达到正义的一种手段、一种体制、一种秩序。“物有是非谓之理，国有禁令谓之法。而西文则通谓之法。有理斯有法。”③ 而国民只有认知基本的法律规范，才能完善自身法律素质，才能实现国民的自身价值与社会价值，“顾欲为立宪之国，……又必有立宪之民而后可。”④

---

① 严复：《政治讲义》，载《严复集》，中华书局 1986 年版，第 1260 页。

② 严复：《原强》，载《严复集》，中华书局 1986 年版，第 12 页。

③ 严复：《〈法意〉按语》，载《严复集》，中华书局 1986 年版，第 935 页。

④ 严复：《宪法大义》，载《严复集》，中华书局 1986 年版，第 245 页。

其次，遵守法律，即国民在对法律知识理解的基础上形成的对法律的自觉意识和遵守意识。它包括几个方面：一是人民主权意识，即人民懂得国家权力来源于人民、控制于人民并服务于人民的政治理念，能够确立人民在政治现代化国家中的主体地位。二是人权平等意识，即国民能够尊重和保障人权，弘扬权利本位、契约自由、法律面前人人平等以及法无明文规定不为罪等理念。三是宪法至上意识，即国民在国家和社会管理中能够自觉地坚持把宪法作为国家根本大法，具有最高法律效力，作为一切机关、组织和个人的基本行为准则等。四是有限政府意识，即国民认识到要使国家权力为社会公共利益服务，要保障公民权利，政府权力就须受到制约。增强国民法制意识，既可让国民认清中国只有“以庶建民主为治国正轨”[①]，也让国民认清民主制对个人发展的价值，即“其在民主，国民地位，固平等也”。[②]在近代中国国民法律素质当中，权利义务意识是重要的法律意识，起着纲领性和方向性的作用。因为“民有可据之权利，而后应尽之义务生焉”。“无权利，而责民以义务者，非义务也，直奴分耳。”[③]五是诉讼意识，它是人们关于诉讼及诉讼现象的认识、知识、观念、价值取向等心理要素的总称，包括人们对诉讼及诉讼现象的本质、作用的理论观点以及对现行诉讼制度的理解和态度等。诉讼意识从总体上讲是人们自身认识发展的内化和积淀，具有稳定性、潜在性的特征，主要包括诉讼制度认识、诉讼价值观念、诉讼行为态度三个方面。

再次，信仰法律，即国民对法律的归属感和敬畏感，对法律的信

① 严复：《〈法意〉按语》，载《严复集》，中华书局 1986 年版，第 946 页。

② 严复：《〈法意〉按语》，载《严复集》，中华书局 1986 年版，第 952 页。

③ 严复：《〈法意〉按语》，载《严复集》，中华书局 1986 年版，第 1006 页。

任、信心和尊重。法律信仰包括对主权在民、立法为民和法律至上三个方面的信仰。信仰主权在民就是推崇主权在民而不在君，“必在我，无在彼，此之谓民权”，[①] 坚信只有实现主权在民，国民才能真正成为“自由之民”。帝王将相只不过是为民众服务的公仆罢了。立法为民就是指立法的宗旨应立足于“卫民”“利民”“便民。”[②]“治国之法，为民而立者也，故其行也，求便于民；乱国之法，为上而立者也，故其行也，求利于上。夫求利于上，而不求便于民，斯法因人立，其不悖于天理人性者寡矣！虽然，既不便民矣，将法虽立，而其国必不安。未有国不安而其上或利者也。”[③] 法律至上原则就是把法律至上作为法治的核心和法治社会的灵魂。“立宪之法司，谓之无上法廷。”[④] 国民在内心世界树立法律神圣观念，所有的社会成员包括君主和普通国民都自觉置于“法权之下”。严复认为，法律如果受到“国中他权”的领导、控制或干涉，那么法律至上的法治原则就将不复存在，法律至上势必成为一纸空文。因而，任何人都要依法行使职权，不得非法限制国民的权利或将法律外的义务强加于国民。

最后，践行法律，即国民在遭受权利侵犯时，能够主动以法律为武器，借助法律制度坚决地维护自身权利，以保护自身利益的能力。同时，他们还能够根据法律的规定，自觉地履行应尽各种义务。在一个国家中，国民参与法律的人数越多，则其民主的广度越大；国民参

① 严复:《〈法意〉按语》，载《严复集》，中华书局 1986 年版，第 972 页。

② 严复:《论铜元充斥病国病民不可不急筹挽救之术》，载《严复集》，中华书局 1986 年版，第 178—179 页。

③ 严复:《〈法意〉按语》，载《严复集》，中华书局 1986 年版，第 1022 页。

④ 严复:《宪法大义》，载《严复集》，中华书局 1986 年版，第 243 页。

与法律的质量越高，则其民主的深度越大。近代国民法律能力不强，使得封建宗法势力有了生存空间，成为中国法治现代化的障碍，为此，需要提高国民的参政议政能力和法律参与能力。只有提高国民参政议政等法律能力，才有可能顺利实现富国保民。严复看到了国民法律参与能力的提高需要有一个漫长的过程，坚决主张将国民法律参与制度化。

## 二、理想国民模型的主要特征

严复构建的理想国民模型，以立足并超越当时国民素质为目的，体现了近代中国社会的长远发展需要，具有如下几个方面的特征：

第一，强调人的素质全面发展。与孟德斯鸠的国民品德① 构成相比，严复的理想国民模型是反映人的综合发展状况的整体概念，是由多种国民素质要素组成的。一是知识水平高。人对知识资本的不同占有状况，是决定人的能力和贫富差距的决定因素。二是道德素质好。理想国民不仅要知识水平高，而且要道德素质好。在严复看来，道德素质影响着人的价值观念，并对一个人的才能是用于行善还是作恶，有着重要的决定作用。一个有才无德的人，对公众利益的损害甚至比无才有德的人更大。三是意志素质强。严复认为，国民生存于一个竞争激烈的社会，

① 孟德斯鸠曾经对民主共和制下的国民品德有过定义。他说：“我所谓的品德，在共和国的范畴里就是指对祖国的热爱，换言之，就是热爱平等。这既不是道德意义上的品德，也并非基督教教义上的所谓品德，而是指政治品德；正是这种品德成为推动共和政体的原动力，如同荣誉是驱动君主政体的原动力一样。因此，我将热爱祖国和热爱平等并称为政治品德。”参见［法］孟德斯鸠：《论法的精神》（上），张雁深译，商务印书馆 1995 年版，第 34 页。

必然需要承受日益增大的压力，因为他们获取职位要靠竞争，遇到风险需要自己承担。在这种社会中，只有那些具有坚韧拼搏精神的人，才可能在生活中开拓前进，并最终获得成功。因而，理想国民的素质必然包括意志坚强这一要求。四是情感素质健康。情感是激发国民生产活动动力的重要因素，决定着他们的工作效率和工作能力，因而，健康的情感也是理想国民应该具有的重要素质。理想国民的良好情感素质应包括沉稳、乐观、积极、冷静等内容。

第二，注重人的能力协调发展。在严复的理想国民模型中，理想国民不但拥有全面的内在素质，而且具有和谐有序的要素结构。严复不仅主张完善国民素质，而且重视优化国民素质结构，其重要目的就在于通过素质结构的调整来保证国民各方面能力的协调发展。严复的理想国民模型，在能力发展上突出了以下几个方面：一是优先发展人的经济能力。严复认识到理想国民要适应自由主义经济时代要求，就需要具有良好的经济能力。这些经济能力包括：具有市场经济知识，掌握经济规律，适应市场经济竞争和实现经济自立。二是突出发展人的创造能力。严复认为，社会已经进入了一个依赖创造性劳动获取发展的新时代，衡量一个人的价值大小、决定一个人的工作水平高低的，不仅是勤奋，而且是一个人的创造力。因此，培养理想国民应当突出能力塑造，特别是要努力提高他们的创造能力。三是协调发展人的政治能力。严复指出，民主政治社会实际是一个市民社会和法治社会，需要理想国民积极参与政治活动。因而，理想国民需要协调发展政治能力，才能满足这一社会形态提出的需要。理想国民的政治能力不仅包括良好的现代公民素质和政治行为能力，而且包括具有法律知识与法制观念，以及依法行事和依法维权的能力。四是均衡发展人的文化能力。严复意识到国家的繁荣与富强，既离不开自然科学文化知识，也离不开深厚的人文科学底蕴。因而，他认为理想国民不仅应该具备全面的知识，而且应该具备较高的文化能力。文化能力包括具有较高的文化修养能力和文化学习能力。拥有这种能力，就可以有效地利用各种文化资源、创造和生产文化产品，并与外来文化进行积极交流。

第三，突出人的个性发展。在严复的理想国民模型中，国民的形成有着四个基本的标志。一是自尊自信。它是指国民对自己的声誉和健康非常珍视，对自己的选择和能力充满信心，对自己的成功和前途保持客观良好的预期，是国民人格健康的重要标志之一。二是自立自强。它是指国民在竞争激烈的社会上，能够独立地生存和发展，能够开拓和成就事业，能够有益于他人、有益于社会，是理想国民的一个基本规定。三是自主自律。自主是指国民具有独立的人格和自主的能力，在社会生活中能够自主决策、自主行动、自主管理和自主发展。自律是指国民对于法律规范和道德规范能够自觉地遵守，对于自己的义务和职责能够自觉地履行。能够自觉地根据合情、合法和合理的价值规范来自我节律，主动地按照崇高的做人原则来自我约束，既是理想人格的一个重要标志，也是理想国民的本质要求。

总之，严复改造国民性，以德、智、体为模式，以增强个体自主自治自由为目标的，是他政治变革模式中的关键一环。如果说洋务派和早期改良派已从智的方面开始了教育目标的现代化的话，那么严复无疑抓住了近代中国教育目标未能真正现代化的症结，在相当程度上解决了教育目标现代化的历史课题。教育目标是整个教育理论体系的核心，在实践中决定着教育其他方面的性质和发展。因此，他提出以个体自由为核心的理想国民模型，阐明了中国人的现代化的内容和关键，为近代中国资产阶级自由教育理论的发展做出重要贡献。

## 三、理想国民模型的主要缺陷

尽管严复的理想国民模型反映了现代人的发展方向，但是不可否认的是，严复的理想国民模型也存在着严重的缺陷——人文精神缺失。这种理想国民模型的缺陷具体表现为：

物质至上、唯利是图。这些缺陷，严复在辛亥革命前并没有意识到。它们是严复在辛亥革命后发现的。在辛亥革命后，造就国民劣根性的封建制度大厦轰然倒塌，国民特别是许多年轻人，开始迅速地接受西方人的生产方式，模仿西方人生活习俗，结果社会上出现许多令严复意想不到的混乱现象。一是人们信仰迷失、沉迷物欲以及精神颓废，导致道德堕落和精神世界出现严重危机；二是人们在处理人与自然关系时，坚持以"最大效率与产出原则""凡是技术能够做的事都应当做"为核心的价值取向，疯狂地向自然界攫取，导致环境恶化和能源枯竭等严重的生态危机；三是人们在处理个人与团体的关系时，极端自私，坚持个人至上，结果造成社会人际关系冷漠、各种战争频繁发生等严重的社会危机。可以看出，这些混乱现象实际就是严复理想国民模型缺陷的具体表现。

这种混乱现象自然给严复思想造成极大的冲击，迫使严复对其理想国民模型进行反思和修正。他为此开始重新审视理想人格对生存环境的存在意义，他清楚地认识到人类面临的种种社会危机归根结底都是导源于人的发展危机。在他看来，近代中国的民族问题和社会问题是农业经济时代的奴性人格所造成的。而西方国家在第一次世界大战前后发生的各种危机则是工业经济时代自私自利的人所引发的。也正是为了纠正理想国民模型的缺陷，他在辛亥革命后曾参与提倡读经尊孔，大声呼吁复兴“国性”。因而，从尊孔读经的出发点来说，严复的思想是合理的。

但是，严复这种以复古弥补理想国民模型缺陷的方式是不可取的。因为，作为严复理想国民模型的内核实际是西方工业经济时代的人格，用马尔库塞的话来说，这是一种物化的“单向度”的人格。这种人格因为推崇理性至上，结果忽略了对人类的生存意义和价值关怀；因为过于强调从自然获取有效知识，结果迷失了人的内在灵性。随着工业技术的飞速发展和工厂制度的大量建立，资本主义社会的工业文明逐渐把人紧紧地束缚在机器系统的碎片上，使人慢慢丧失了追求生存和谐和青春活力的激情。这样导致的结果是：人类在努力向外部世界攫取的过程中，忽视了人生意义的根据；在对自然取得辉煌胜利的同时，却使自己成为自己创造力的囚徒。虽然能力、知识、信息才是决定社会发展的最关键因素，是人类应该追求的价值目标，但是知识毕竟是人脑的创造物，追求知识的价值最终还是要回归到人自身。因此，人类要最终摆脱生存困扰，铸造出一种能够促进人与自然和社会协调发展的新人格，只有从根本上摒弃西方那种物化的人格模式。

## 第二节　新制度对理想国民的培育

严复建构理想国民模型后面临的一个重要课题是寻求培养理想国民的途径和方法。他基于旧制度与国民劣根性恶性互动的探索，提出了近代中国新制度优化培养理想国民的具体途径。他认为通过制度方面的除旧布新，使国民在追求利益最大化的过程中实现国民性的培育。他说：

"今日之政，于除旧，宜去其害民之智、德、力者；于布新，宜立其益民之智、德、力者。"[①] 仔细分析严复关于新制度培育理想国民的思想，可以发现，严复对制度教育学规律的理解相当透彻。他知道型塑符合民主制度的具有自由思想的新国民需要经过艰难的民智开启和政治训练,，首先要用制度激励人性中的优点，压制人性中的劣点，让理性能够滋生繁衍，才可塑造出捍卫民主政治、履行义务和享有自由的人。与霍布斯和洛克等人不同的是，他认为这些工作是需要统治者来落实，而不是父母或家庭。他对中国这样一个有着几千年封建专制统治的大国，通过何种道路实现民主共和制度，有着十分独到而又深刻的认识。

## 一、通过地方自治制度增强国民参政意识

严复认为，近代中国国民性改造如果没有一个民主的锻炼，只能是纸上谈兵。不管理想国民的具体要求多么频繁地出现在课本上，都改变不了这一点，因此理想国民需要一种与市民社会的成长相适应的制度性环境。实现民主共和制度的进步之路是先实行地方自治制度。通过实行地方自治制度，可以让国民体验民主生活，培养和提高国民的政治认知、政治意识和参政能力等政治素质，进而为实行民主共和制打下国民性基础。而且，"地方之有乡约公局，犹国家之犹议院内阁"。[②] 实行地方自治并不需要增添新机构，只须赋予原有地方机构"参用民权"的性质。因此，他一再呼吁："地方自治之制，乃刻不容缓者矣。"[③] 应当说，严复对地方自治的这种历史作用的认识和理解是相当深刻的。他认识到：

① 严复:《与梁启超书》，载《严复集》，中华书局 1986 年版，第 514 页。

② 严复:《政治讲义》，载《严复集》，中华书局 1986 年版，第 1276 页。

③ 严复:《〈法意〉按语》，载《严复集》，中华书局 1986 年版，第 982 页。

第一，通过地方自治制度可以培养国民的公共意识。严复认为，中国人缺乏公共意识也是长期教化的结果。而地方自治可以通过给每个国民搭建一个参与国家事务的平台，使他们主动积极地去关心国家的强弱、思考国家的生死存亡，从而使人民增强责任心。首先，地方自治坚持了义务与权利相统一。而“义务者，与权利相对待而有之词也，故民有可据之权利，而后应尽之义务生焉。无权利，而责民以义务者，非义务也，直奴分耳。”① 这样，当地方自治制度保证公民权利与义务统一时，公民就可以形成公共意识。其次，地方自治实现了爱国意识与责任感相统一。在地方自治制度下，“身为国民，无论在朝在野，生此世运转变之时，必宜人人思所以救此社会。”② 而地方自治还可以把国民的集体责任感延伸到国家，“使人人留意于种之强弱，国之存亡”，③ 进而培养国民的爱国意识。严复希望有活力和责任感的地方自治机构，克服传统集权体制之不足，进而从专制集权的社会通往自由民主的现代国家，最终使近代中国走向富强。因此，严复把中西国民是否具有国族意识归结于能否实行地方自治。

第二，通过地方自治能够提高国民的参政能力。首先，地方自治有助于提高国民的参政敏感性和政治鉴别能力。严复在甄克思论述地方自治优点的基础上加了一条译者注，指出如果把地方自治制度搬进中国，还会有另外两个好处：一是由于治理的是家乡事务，治理的好坏关系到切身利益，所以他们能极力参与地方治理，做到“有利必为之举，有害必为之除”。二是由于选民对被选举人和本地事务非常熟悉，不用担心

① 严复：《〈法意〉按语》，载《严复集》，中华书局 1986 年版，第 1006 页。

② 严复：《论教育与国家之关系》，载《严复集》，中华书局 1986 年版，第 166 页。

③ 严复：《〈法意〉按语》，载《严复集》，中华书局 1986 年版，第 982 页。

能力不够犯错误。其次，地方自治可以培养国民共同决策的能力。在地方自治制度下，国民是平等的参与主体，当不同意见出现时，就可以根据少数服从多数的原则来共同解决。"从众之制行，必社会之平等"，因此地方自治可以培养国民平等决策的能力。

第三，地方自治制度可以培养国民的公德思想。严复认为到租界的社区管理非常科学，"其中制度厘然，自议制、行政、司法，至于巡警之备，教育之资，纲举目张，靡所不具，则隐然一敌国矣。且其形常有以坐大，多多益办，归斯受之"。[①] 与之相反，中国的基层社会甚至海外的华人社区一般不能成立所谓的自治机构和制度。通过这种对比，严复认为，西方国民之所以具有公德是由于"彼国常有地方自治之规"。近代中国民众之所以"不知公德为底物、爱国为何语"，是由于"吾国自三代至今，所以与其民者，不过乡射滩赛之事而已，至于政法，非所得立者也"。[②] 严复从中西城乡组织结构的对比中发现，近代中国地方自治制度是一个培养国民公德的制度根基。

那么，如何通过地方自治制度提高国民的参政能力呢？严复提出了以下几种途径：一是要不断地完善国民政治参与的制度化建设，健全和完善选举制度、代表大会制度、民主管理制度、信息公开制度等。通过这些制度化的建设，为国民营造良好的政治参与环境。二是拓宽国民政治参与的渠道。在当时，国民的政治参与多局限在民间的私下议论之内，而且绝大多数是属于问题性参与，即为了保护自己的具体利益而进行的，他们的政治参与过程表现出来的是无序、非理性等特点。这些

① 严复：《〈法意〉按语》，载《严复集》，中华书局1986年版，第997页。

② 严复：《〈法意〉按语》，载《严复集》，中华书局1986年版，第997页。

证明了当时我国国民政治参与渠道的缺失和不足。三是加强国民自治组织建设。自治组织是国民自我管理、自我服务的国民自治组织，加强国民自治组织建设，就是要使国民有效参与各种公共事务管理，在参与中培养权利意识，提高参与的能力和水平。虽然拓宽国民政治参与的渠道、确保国民参与的深度，在近代西方历史上的确能使国民在切身体验中树立政治参与意识和政治情感，增强政治认同感和责任感，但是由于国民自治的本质是要削弱地主阶级权利的民主，对于当时的清政府来说是权力的下放和减少，因此，严复关于提高国民参政能力的途径是缺乏可行性的。

学界一般认为，严复极力鼓吹施行地方自治，是由于认识到地方自治与民主制度具有直接关系。然而上述可见，地方自治与民主制度之间的关系是一种以国民素质为中介的间接关系，即地方自治——陶铸国民——利行新制。严复在此实际指出：专制之下实现自由民主最现实的道路——逐步夯实自由民主的基础，“地方包围中央”。严复认为，通过建立地方自治，才能“使人人留意于种之强弱，国之存亡，将不久其智力自进，而有以维其国于泰山之安。且各知尊主隆民，为人人之义务，则加赋保邦之事，必皆乐于自将”。[①] 历史表明，民主政治缺乏基础，议院和宪法只能徒具形式。1886 年 2 月，恩格斯在致纽文胡斯的信中指出国家政治制度是民族性形成和发展的一个重要因素。他指出，荷兰“残存的地方自治和省的自治就没有法国或普鲁士气味的那种真正官僚机构。这对发展民族性格，以及对今后的发展，有很大的好处”。[②] 因此，严复这种“调适取向”，尽管在当时“得不到大多数人的肯定，在

① 严复：《〈法意〉按语》，载《严复集》，中华书局 1986 年版，第 982 页。

② 《马克思恩格斯全集》第 36 卷，人民出版社 1975 年版，第 425 页。

西方也少有人欣赏”，但在今天，“转化取向已趋没落，调适取向则受到较多数人们的肯定，严复与梁启超乃以一个新的面貌重现于二十世纪，接受人们迟来的喝彩”。①

在严复的思想中近代中国国民性改造与民主政治的实现是辩证统一的关系，两者相辅相成，互相促进，又彼此制约。民主政治的核心本质是公民平等参与社会生活中，以确保自身利益和承担相应义务。也就是说，民主政治虽然在外在形式上表现为公民参与，但内在实质上则是公民享有参与的权利。民主政治的精髓是公民的自治。公民在参与地方自治的过程中，公民意识和参政能力得到培养。地方自治不仅是培养公民意识的重要途径，也是民主政治得以有效运作的前提。严复的确高出同时代人一筹，不仅认识到民主政治的建设是一个长期的过程，大破大立无助于民主政治的建设，而且指出了地方自治在建设民主政治中的重要地位和功能。

## 二、凭借市场经济体制培育国民经济能力

严复认为，近代中国国民劣根性与贫穷有关，因而导致贫穷的各种经济制度要加以变革。只有建立可以实现富强的经济制度，才能优化国民性。他主张通过建立以下经济制度培养改造国民性。

第一，利用市场经济体制培养国民的平等争利意识。严复认为，市场经济体制在改造国民性上有时具有比学校教育更好的效果。“欧美商业公司，其制度之美备，殆无异一民主。此自以生于立宪民主国，取则

① 黄克武：《自由的所以然——严复对约翰弥尔自由思想的认识与批判》，上海书店出版社 2000 年版，第 234 页。

不远之故。”[①]首先，自由主义的市场经济体制可以培养国民的敢于冒险和开拓的竞争精神。他说：“至于道通而民之动者日众，耳目所飏，日以殊前，其智虑云为，不得不从之而亦变，此不待甚智之士而后能决也。”[②]在严复看来，市场经济的发展与最充分的经济竞争应是互为因果、互为表里的。因而，市场经济主体要发展壮大，就需破除“知足”“无争”的保守价值观，增强竞争意识。其次，市场经济还产生讲究公道的观念，一种与儒家重义轻利，耻于言利格格不入的观念。正是基于这种认识，严复指出：“往来之便，百货之通，地产之增值，前之弃于地而莫求者，乃今皆可以相易。民之耳目日新，斯旧习之专，思想之陋，将不期而自化，此虽县县为之学堂，其收效无此神也。”[③]

应该说，严复的分析是深刻的。市场经济制度在使人谋求生产力的释放和追逐最大的利润值的过程中，培植并最充分地发展人类社会的冒险意识、开拓意识、求利意识和竞争精神。市场经济是开放的，优胜劣汰是其运行规律。市场经济体制下，经济活动不可能完全按照周密的计划行事，这使得国际金融的变化无常、商品价格的大幅度波动甚至引发政治动乱，也给生产经营带来巨大的风险。在近代中国沿海和沿江通商口岸，由于处于世界资本主义的边缘地带，市场经济有了初步发展，结果使得当地国民赚钱谋利的欲望开始膨胀，儒家的正统义利观开始崩解，安贫乐道的传统开始消失。“竞争心生，则一切改良进步，精益求

① 严复：《〈法意〉按语》，载《严复集》，中华书局1986年版，第999页。

② 严复：《〈原富〉按语》，载《严复集》，中华书局1986年版，第882页。

③ 严复：《读新译甄克思〈社会通诠〉》，载《严复集》，中华书局1986年版，第150页。

精之心思，自蜂起泉涌而不可遏。”[①]市场经济的发展还有利于平等观念的发展。市场经济的交换基础是以人与人之间地位的平等。在市场经济之前，个人之间的关系是不平等的，他们或作为种姓成员，或属于某个等级。而在发达的市场经济关系中，人的依赖纽带、血统差别、教育差别等事实上都被打破了，被粉碎了。当然，严复后来也发现：市场经济体制在激发主动精神与创造精神的同时，也引发投机、欺诈、掺伪等不正当竞争。

第二，通过现代税收体制培养国民的爱国思想。严复揭露了近代中国赋税制度的弊病：“尽于取下至多，而纳之府库者寡”，其重要表现是厘金制度的设立。厘金课征苛重，危害商民的程度是史无前例的。它见货即征，不问巨细。征课异常广泛，举凡一切日用所需之物都在被课之列。而且，由于地方所得的厘金税收不列作正式收入，所以地方官吏经常侵蚀税款，如以多报少，以贵报贱，匿报罚款等。厘金征收苛重，增加了商人和消费者的负担，也严重地摧残了刚刚有所发展的商品经济。所以严复指出，“厘金者，天下之弊政也”。[②]严复提出，新税制要遵循亚当·斯密的税收四原则：一曰平（即平等原则），二曰信（确实原则），三曰便（便利原则），四曰核（节省原则）。“斯密税四例，为后此言赋者玉律金科，国家创一新赋，必于是四者察当否利弊矣。”[③]国家征收赋税的目的不应该是为皇帝的一己私利，而应该是为增加全体国民的福祉。严复说：“治化之所难进者，分义利为二者害之也。……天演

① 上海经世文社编：《民国经世文编》，北京图书馆出版社2006年版，第4592页。

② 严复：《拟上皇帝书》，载《严复集》，中华书局1986年版，第76页。

③ ［英］亚当·斯密：《原富》，严复译，商务印书馆1981年版，第679页。

之道，不以浅夫昏子之利为利矣，亦不以豁一自敦，滥施妄与者之义为义，以其无所利也。庶几义利合，民乐从善，而治化之进不远欤。”[①] 在他看来，如果税收制度保证了义利二者的有机统一，就可以避免造成上下矛盾，互相潜恨仇视，从而培养国民的爱国思想。

第三，通过整顿金融体制培养诚实守信品德。1900年李鸿章奏请自铸铜元后，清廷命令沿江沿海各省仿造。严复预见到清政府滥发铜元的种种危害，就在1906年3月发表专题论文提出补救措施。他认为，“为政者本无爱国救时之实心，所营营者，不过己之名位与利禄耳”。[②] 他们拥有各自铸币的机会后，就会在货币中“多杂沙铅”，以获取很大的利益。这样就不但导致大量名实不副的铜元充斥市场，而且为社会树立不守信的典范。为了消除其不良影响，严复主张整顿金融体制，即停铸铜元和制订“法偿之限”双管齐下。所谓“法偿之限”就是模仿英国便士的使用规定，当任何人需要支付半银元以上的货币时，支付方必须使用银元或银两，由收银方找零。由于所找零钱是铜元或铜钱，且其币值不会超过半银元，这样就防止有人钻空子，即如上文所述用1万个铜元去偿还100银元的债务的那种情况，同时还可限制铜元的流通数量，从而间接限制铜元的铸造量和发行量。“此虽于民稍苏，而于选发铜元者，其利隘矣。”[③] 由于防止了名实不符副的劣币的出现，这样就可以在国民中树立诚实守信的典范。正是基于此，严复认为：“此法立则民无

① 严复：《〈原富〉按语》，载《严复集》，中华书局1986年版，第859页。

② 严复：《论铜元充斥病国病民不可不急筹挽救之术》，载《严复集》，中华书局1986年版，第187页。

③ 严复：《论铜元充斥病国病民不可不急筹挽救之术》，载《严复集》，中华书局1986年版，第186页。

以滋其巧伪，而吏无以售其奸。”①

在经济领域，近代中国理想国民具有与市场经济相适应的一种自主、竞争、和开放等能力和意识，这些能力和意识是与市场经济的自主性、竞争性、开放性、社会性等特点紧密联系在一起的。通过进一步发展市场经济，既可提高劳动生产率，推进规模经营，增加国民收入，为公民意识的培育奠定经济基础，又可促使国民走出小农经济的生存环境，摆脱“自然纽带”和“人的依赖关系”，使其成为真正意义上的市场主体，增强其主体意识的自觉。此外，“市场经济的竞争性、平等性、开放性，有利于农民树立市场竞争意识、合作意识、开拓意识，逐步克服等级、特权、人情等不平等观念和因循守旧、小富即安的传统思想”。② 由此可见，严复让国民走到市场经济的“第一线”，以促使国民意识的觉醒，培育国民经济能力的主张是非常正确的。

## 三、依靠现代教育制度开启国民思想智慧

严复认为，围绕科举考试开展的传统教育是为封建社会服务的，但暴露出了种种弊端，导致现代化所需的人才匮乏。为提高近代中国国民素质，他提出：“欲开民智，非讲西学不可；欲讲实学，非另立选举之法，别开用人之途，而废八股、试帖、策论诸制科不可。”③ 可以发现，严复提出两种改造国民性的方式：一是生活体验，即在自治制度下体验民主政治；二是制度信息输入，即以温和的教育变革开民智。这种教育

① 严复：《拟上皇帝书》，载《严复集》，中华书局 1986 年版，第 75 页。

② 昝剑森：《农民发展的现代困境：农民意识向公民意识的转换》，《当代世界与社会主义》（双月刊）2013 年第 2 期。

③ 严复：《原强修订稿》，载《严复集》，中华书局 1986 年版，第 30 页。

变革，一方面是要遵循着生存竞争的“天演之自然规律”，即进化的发展方向；另一方面是假以人为之手段——讲求西学，以西学开发明智，而西学的传播需要通过学校教育这一途径去实现。

第一，改革课程结构及教科书审定制度以保证国民知识全面。在把诗词、讲章、学案等定为特定条件下的“无用”“无实”之学和打碎中国传统的课程结构模式之后，严复从完善国民知识结构出发提出并论证了自己独具一格的新课程体系。他所设定的课程模式是：玄学：名学(逻辑学)、数学；玄著学：力学（水、火、音、光、电磁学等）、质学（化学）；著学：天学、地学、人学、动植学、生理学、心理学、群学（社会学：包括政治、刑名、理财、史学等）；专门之学：农学、兵学、御舟学、机器学、医药学、矿务学等。这一新课程体系全面地展现了近代西方学术的全貌，是一个典型的“全盘西化”的课程模式。这种课程体系虽然以偏激方式高扬了西学价值，但对推进西学课程化具有相当的价值。当然，这一课程结构也有明显不足：显露了民族虚无主义倾向，缺乏体育方面的课程设计，未说明课程的深浅程序。严复还认为德育教科书必须统一，并借用西方的经验设计了这样的教科书审定制度：“有‘卢勒维由’（原注：译云校阅者），每一书出，必有数家为之评隋其完缺高下，而详著其用，以为教之所宜，故虽有书贾牟利，潦草成书，其效足以误人，一经嗤点，无由存立”。[1] 这套制度涵盖了从编写到发行的整个过程，即教科书的编订发行，编写人员的专业化，教科书内容的与时俱进，统一标准与可变性以及发行中的普及与内容的统一，等等。辛亥

① 严复：《论小学教科书亟宜审定》，载《严复集》，中华书局 1986 年版，第 201 页。

革命之后，民国政府教育部实行了与此极相似的制度。这可见严复关于教科书审定制度思想的理论价值。

第二，倡行的新教学法体系以便培养近代中国国民科学素养。严复认为，开发国民的科学素养要坚持一套符合实证科学内在要求和学生身心特点的教学方法。一是实证教学法，即让学生自己动手，从考察、试验，到思考，总结归纳，层层递进，使学生自己动手推导公例，认识真理，崇尚真理，并在这一过程中，锻炼培养学生的归纳推理能力。他对这一教学法寄予很高希望，认为可以据此建构中国人崇尚科学的心理态势。“使言学务者知此，则于教育之方，思过半矣”。① 二是新的言语讲授法，即以实验教学法为前提，在传授中让一切知识经受自然科学方法论的评判。在他看来，这样的言语讲授法不仅可以防止国民盲从古代人提出的某些独断“成说”，而且可以培养学生的批评反思精神。三是学生自我学习法，即在教学中，充分调动学生主动学习，让他们“自竭其耳目，自致其心思，贵自得而贱因人”。② 可见，他的新教学方法体系是一个依学科而定方法的体系，反映了他在相当程度上掌握了教学方法论的真谛，对于培养国民的科学素养具有重要意义。

第三，倡行新型学位制度以破除国民的入学致仕观。在严复看来，近代中国国民的官本位和重德轻艺思想，是由科举制度造成。如果只改变科举考试的内容，用近代专门知识替代八股文，而不改变科举制作为人才选拔制度的属性，那么必然无法破除国民这种入学为仕观。因此，严复在 1895 年的《原强》一文中提出：“另立选举之法，别开用

① 严复：《论今日教育应以物理科学为当务之急》，载《严复集》，中华书局 1986 年版，第 280 页。

② 严复：《原强修订稿》，载《严复集》，中华书局 1986 年版，第 29 页。

人之途。”[①] 即建立先进的人才选拔机制——学位制。其主要内容包括以下方面：一是“学成必予以名位”；二是名位分为政治名位和学问名位，“学问之名位，所以予学成之人；政治之名位，所以予入仕之人。若有全才，可以兼及，若其否也，任取一途”。[②] 这是因为人是千差万别的，有的人适合“治学”，有的人善于“治事”，把“名位”授予当官之外的人，不仅可以鼓励和保护这些人才从事专门活动的积极性，而且可以使各行业的人处于平等地位，从而消除唯官为贵的观念，进而使民主获得实质性的内容。至此可看出，在严复的学位制中，“政治名位”与科举选官具有某些相似性。他对近代学位制的倡行并不只是对西方学位制的形式上的模仿，而是以教育价值的转换为内涵，围绕教育价值而进行的。

第四，建构近代实业教育制度以培养国民的市场竞争能力。为克服国民因旧教育制度形成的空谈务虚观念，严复提出要围绕培养国民求真务实精神的教育价值取向，建立实业教育制度。“实业教育者，专门之教育也。专门教育，固继普通教育而后施。”[③] 与普通教育相较，实业教育是一种专注于提高学生市场经济素质的职业教育。与传统教育相比，它又具有很多优点：“祛往日学界之弊者，诚莫如实业之有功。盖往日之教育笃古，实业之教育法今；往日之教育求逸，实业之教育习劳；往日之教育成分利之人才，实业之教育充生利之民力。”[④] 因为，“实业之家，不受学堂教育，而一切悉由阅历者，其入理必粗，不能有开物成务之盛业也。但受学堂教育，而不经事业之磨砻，又程功不实，而无甘苦

① 严复：《原强修订稿》，载《严复集》，中华书局 1986 年版，第 30 页。
② 严复：《论治学治事宜分二途》，载《严复集》，中华书局 1986 年版，第 89 页。
③ 严复：《实业教育》，载《严复集》，中华书局 1986 年版，第 204 页。
④ 严复：《实业教育》，载《严复集》，中华书局 1986 年版，第 206 页。

疾徐之自得”。[①] 所以，实业教育应该分为学校教育与社会实践两个阶段。社会实践阶段就是“求之实业之实境，作坊商店，铁路矿山”。[②] 他通过高扬这个新的教育价值，并为实现该价值建构了一个层次分明，有机联系的，涉及实业教育的地位、目标、内容、途径等在内的实业教育体系。应该说，他强调实业人才参加实践的意义，并将实业纳入了广义的实业教育，在相当程度上触及了实业人才成长的规律，颇有启发意义。当然其实业教育制度也有缺陷，就是过分强调实业教育的意义，忽视了学校实业教育阶段应有的有目的、有系统的经验积累环节——实习、试验。

## 四、运用现代法律制度培养国民法治意识

严复认为，国家的富强离不开先进的法治。英法等国之所以出现遵纪守法的国民、安定幸福的生活和繁荣发展的社会，原因就在于建立了先进的法律制度。因此，中国要实现国家的进步和繁荣，就需要运用现代法律制度培育国民的法治意识。

第一，建立现代化的立法体制，以培养国民的守法意识。这种体制坚持“法为民而立”和“以民为主”两个原则。所谓“法为民而立”，是指立法要以保证人民的思想、言论、自由权等利益不受侵犯为目的。他说：“故人人各得自由，国国各得自由，而其刑禁章条，要皆为此而设耳。”维护国民利益的应该“力行”，否则“皆所宜废”。[③] 这样的法律代表和维护了国民自身的利益，合乎了“天理人情”，为民所乐于遵行，所以可以激发国民的守法意识。“知其职，不督而办，事至纤悉，莫不

① 严复：《实业教育》，载《严复集》，中华书局 1986 年版，第 207 页。

② 严复：《实业教育》，载《严复集》，中华书局 1986 年版，第 206 页。

③ 严复：《〈法意〉按语》，载《严复集》，中华书局 1986 年版，第 1022 页。

备举，进退作息，皆有常节。"[①] 这种有了国民遵循的法律，才是"治国之法"，才有"保民之效"。严复这种思想源自于其对中西方法制的比较。当然，严复并不知道西方所说的"为民立法"，实质上是为民族资产阶级立法。在资产阶级革命的年代，资产阶级往往将自己说成是全民利益的代表者。严复的观点反映了他对资产阶级法律的认识浮于表面，是肤浅的甚至是错误的。然而，他这个观点是从与中国封建法律相比较而提出来的，因而也是可以理解的。所谓"以民为主"，是指要把立法权交由国民，由国民决定立什么法。严复指出，要保证建立的法律能够"为民而立"，需要建立"以民为主"立法机制，即把立法权和行政权分离，由议院掌握立法权。可以看出，严复与维新派其他人物一样，都把实行三权分立作为西方立法事业先进的标志。这显然把资产阶级民主制理想化了，并未揭示出它虚伪性的一面。但是，与封建君主专制相比，资产阶级三权分立制度终究是历史的进步，因而这些理论在中国旧民主主义革命时期仍有一定的意义。

第二，建立现代化的司法体制以培养近代国民的法律信仰。现代化的司法体制坚持独立、平等和人权三个原则。独立原则是指"法廷无上，示无所屈，其所判决，虽必依国律，面既定之后，王者不能易一字"。[②] 其制度安排包括：三权分立制度；法官任期终身制度和司法经费的全国统筹制度。司法独立是司法公正的必要条件，有利于化解矛盾，维护社会稳定，从而增强国民的法律信仰。严复关于司法独立的论述，比起康有为前进了一步，讲得更详明准确。平等原则包括两方面含义：一是指

① 严复：《救亡决论》，载《严复集》，中华书局 1986 年版，第 48 页。

② ［法］孟德斯鸠：《孟德斯鸠法意》，严复译，商务印书馆 1981 年版，第 1169 页。

司法过程中法官与囚犯平等。如果法官在司法审判中的职权不受限制，那么“仁可以为民父母，而暴亦可为豺狼”。[①]二是指法律面前人人平等，即要求在适用法律处理案件时，对任何公民，不论其民族、职业、性别、家庭出身、财产状况、宗教信仰、教育程度等有何差别，不论其政治、社会地位有何不同，在使用法律上一律平等。严复认为，为了坚持平等原则，需要建立陪审员制度和律师辩护制度，因为“有辩护之律师，有公听之助理”，不仅防止官吏对囚犯刑讯逼供，而且可以防止国民惧讼，从而培养国民对法律的信仰。此外，严复还主张“衣地之所在”，即“法之所行”，即取消领事裁判权，恢复中国司法主权。世界上不论哪一国国民到别国去，都应遵守该国的法律，如法国人到英国，就应遵守英国法律，唯独外国人到中国来，却可不受中国法律的约束。在中国领土上甚至出现“数十国之律令猜行其净”的怪事。他建议制定一个“专治来寓中土之外国人”[②]的法律，设立专门处理涉外案件的机构。毫无疑义，严复要求取消领事裁判权是正义的，但他主张专为在华的外国人专订法律、另立法庭则是不可取的。

第三，建立法律教育制度以增长国民的法律知识。严复认为，让国民守法的前提是国民知法。“夫法律者，治群之具，人之所为，而非天之所制也。然则其用于民，似可使由而兼可使知，莫法律若矣！”[③]建立近代法律制度，对培养高素质法官和提高国民法律素质具有重要作用，是法律制度现代化的重要内容，是推行法治的基础。通过法律教育可以

---

① 严复:《〈法意〉按语》，载《严复集》，中华书局 1986 年版，第 969 页。

② 严复:《〈原富〉按语》，载《严复集》，中华书局 1986 年版，第 901 页。

③ 严复:《“民可使由之不可使知之”讲义》，载《严复集》，中华书局 1986 年版，第 328 页。

使国民对国家法律体系的框架和内容有整体上的理解与把握，培养国民科学的法律思维方式和对法律的情感，从而坚定国民对法律的信仰，影响国民法律思想情感和行为模式。

值得赞赏的是，严复并不认为制度是国民性改造的唯一途径。在他看来，国民性素质的提高，实际是多种因素共同推动的结果。他在论及西方国家没有暴戾的官员时就说：“彼上之狱，所以能无刑讯而法行者，而根源所由，至盛大也。所由于教化，所由于法制，所由于生计，实缺其一，皆不必能。”①

在改造近代中国国民性的途径上，严复与中国资产阶级革命派并不相同。资产阶级革命派主张，先进行国家基本制度变革，在基本制度变革过程中和变革完成以后，进行国民性改造。严复则提倡，先进行一般制度变革，通过一般制度变革改造国民性，在培育理想国民后，进行国家基本制度变革。二是，严复这个思想源自于孟德斯鸠。在《论法的精神》中，孟德斯鸠提出：“法律是由立法者创立的特殊和严密的制度。而道德和礼仪则是一个民族的一般制度。因此，要改变这些风俗和礼仪就不能通过法律去改变它们，否则就显得过分专横。最好是用别的道德和礼仪来改变。”② 三是，认为严复是教育救国论者，显然是对其“教育”思想的一种误读。严复在1905年与孙中山会面时，曾经指出：“为今之计，惟急从教育上著手，庶几逐渐更新乎！”③ 由此，学界有人根据这句话而指严复为教育救国论者。然而，严复并不是纯粹的教育救国论者，

① 严复：《〈法意〉按语》，载《严复集》，中华书局1986年版，第954页。

② ［法］孟德斯鸠：《论法的精神》（上），张雁深译，商务印书馆1995年版，第310页。

③ 严璩：《侯官严先生年谱》，载《严复集》，中华书局1986年版，第1550页。

或者说并不是五四运动后的那种只重视学校教育而反对制度变革的纯粹的教育救国论者。严复关于近代中国国民性改造思想中，学校教育虽然是改造国民性的重要途径，但更为重要的途径则是通过具体制度的重构来改造国民性，即基于人“趋乐避苦”的人性论预设，对许多具体制度进行重新设计和安排，通过调整国民行为的成本——收益函数使国民调整自己的思想和行为，进而达到改造国民性的目的。严复对孙中山所说的作为中国出路的教育，不是学校教育这个狭义教育，而是包括制度教育和社会教育在内的广义教育。

## 第三节　理想国民对近代中国民主政治的催化

在严复“制度与国民性互动”思想中，改造近代中国国民性的最终目的并不是为了提高国民素质，而是为了建设自由国家之共同体。他的理想国民模型，也不是脱离具体制度的具有普遍适用性的模型，而是针对民主政治制度而言的理想模型。在他看来，建立宪法并不等于建立民主政治。民主政治尽管是最好的社会制度，但“其制有至难用者”。要发挥好民主政治的功能，需要有与之契合的素质良好的国民为基础。在“民之智德力，常不逮此制”①之前，不应该立即在建立民主共和制。只有理想国民，才具有对民主政治的制度偏好，才可以实现民主政治。仔细分析严复的论述可以看出，严复发现人们的制度偏好，不仅极大地影响着制度变迁的方向，而且决定制度变迁后的稳定性。严复这一思想虽

① 严复:《〈法意〉按语》，载《严复集》，中华书局1986年版，第957页。

源自于孟德斯鸠等人的民主政治观，但对其有了重要的引申和发挥，因而，对中国民主政治思想史而言，具有重要的理论意义。

## 一、理想国民具有建立民主政治的需求

严复指出，制度是为民而立的。在国门被打开前，近代国人没有掌握民主政治的信息，无法形成对民主政治的需求。然而通过教育，理想国民的素质提高了，掌握了民主政治的性质、特征和获利可能性等信息。这多方面的信息，构成了他们的“制度信息结构”，进而形成建立民主政治的愿望。究其原因，严复阐述了以下几点：

第一，理想国民认识到了民主政治的优越性。严复认为要实现共和民主制，不仅要使国民“各有国家思想，知爱国为天职之最隆”，而且还要“济之以普通之知识。”① 也就是说，还必须积极启蒙普通国民，使他们认识到民主政治的优越性。在严复看来，真正的民主政治制度是西方文艺复兴以后才建立起来的。在中国历史上，并非如一些西学中源论者所认为的那样，曾经实行过民主政治制度。因而，虽然民主政治制度是人类历史上出现的最高的最好的治理国家的制度，但是，在睁眼审视西方之前，国人囿于狭隘的视域，是没有也不可能发现西方民主政治制度的优越性。理想国民具有宪法意识和自由意识，对西方民主政治制度的优越性和中国封建君主专制制度的缺陷都具有比较清晰的认识。当这种宪法意识发展到坚定的民主政治信仰时，国民就必然产生立宪、行宪的要求，并要求在实践中开展活动。这一点在近、现代宪法的产生和发展过程中尤为突出。他说：“故民于所议之端，其关心犹后也知一法将

① 严复：《宪法大义》，载《严复集》，中华书局 1986 年版，第 246 页。

立，有开必先使宰相倡其议，而和者寂然，则现行之政府必废，而明日新政府之组织，民生国计，咸从之以变迁也。且由是而英民进矣，亦由是而英之政府，有常惺之风，难以腐败，此亦政界最微之消息也。”①

严复的观点是深刻的。制度经济学认为，“帕累托改进”是制度变迁的重要条件。所谓“帕累托改进”，就是指变迁后的制度至少使人人感到没有利益的损失，有的人的利益还有所增加。一项好的制度，只有在人发现建立它可以实现“帕累托改进”时，人对制度的需求才可能形成。自由、平等、等价交换的商品经济规则是资本主义市场经济发展壮大的保证。在封建社会，地主阶级为维护其统治地位，总是通过建立等级制度、专营制度和劳役制度等设法破坏这些规则。由于资产阶级的力量不够强大，因而即使其利益遭受侵害，也不能建立适应和保护这些规则的民主政治制度。然而，在清末，伴随着资本主义商品经济的发展，人们的自由、民主、平等、法治等思想开始普及，资产阶级的宪法意识逐步形成。当社会阶级力量的对比逐渐发生了变化，资产阶级力量壮大时，这种意识进而与政治实践相结合，使资产阶级产生了强烈的立宪、行宪要求。

第二，理想国民具有主权在民的理念。主权在民的理念是国民所具有的这样一种观念，它强调国家是国民的公产，国民是国家真正的主人，国家的权力来源于民。基于人性自利的认识，严复指出，当国家只是皇帝个人的私产而与自己无关时，国民不会去保护它。他说：“国者，斯民之公产也，王侯将相者，通国之公仆隶也。”② 只有当国民把国家当

① 严复：《论英国宪政两权未尝分立》，载《严复集》，中华书局1986年版，第229页。

② 严复：《辟韩》，载《严复集》，中华书局1986年版，第36页。

作自己的私人财产时，他们才会设法尽力去捍卫它。民主政治不仅保证国家成为国民公产，而且保证国民成为国家主人。“庶建乃真民主，以通国全体之民，操其无上主权者也。”① 因而，当国民具有主权在民的理念时，就会提出建立民主政治的要求。

主权在民的理念是与西方民族国家相伴而产生的基本民主政治理念。对民主政治的产生、发展和巩固的历史来说，主权在民的理念不仅是“政治思想的主要表达，而且是理解民主政治的历史的关键”。② 在民主政治制度下，需要有一个机构来代表国民管理共同的财产——国家。这个得到国民授权的管理机构实际就是合法政府，它有一个至高无上的权威力量来保护国家。这一“超乎公民和臣民之上，不受法律限制的最高权力”，就是国家主权，包括立法权、司法权、宣战权、选官权、赦免权、征税权和造币权等。当这些国家主权掌握在个人手里的时候，这意味这个国家建立的是君主专制制度。反之，当国家主权属于国民，并为人民的“公意”所指导的时候，这意味这个国家建立的是民主政治制度。这说明民主政治制度是保证国家主权在民的制度。对于这样有利于自己的制度，理想国民当然具有需求。换句话说，正是民主政治保证宪法和现代国家权力属于理想国民，才使理想国民提出建立民主政治的需求。

从严复的上述分析可以看出，理想国民的产生对民主政治具有重大意义。理想国民使民主政治获得最基本的主体。“正因为公民具备了平等性、自由性和主动性的特征，所以才能摆脱政治关系的奴役和压迫，

① 严复：《〈法意〉按语》，载《严复集》，中华书局 1986 年版，第 937 页。

② ［美］斯科特·戈登：《控制国家——西方宪政的历史》，应奇等译，江苏人民出版社 2001 年版，第 44 页。

从政治关系的客体一跃而成为民主政治社会中宪法关系的主体。并且通过宪法权利的行使，充分地参与到国家政治决策中去，使自己的利益要求能够最大限度地得到满足，从而成为宪法关系中最为活跃、最为积极的因子。”① 作为民主政治关系中“最为活跃、最为积极的因子”，理想国民总是积极主动地参与政治生活以实现对政治权力的有效控制，而这过程不仅表现国民是民主政治的主体，而且必然推动民主政治的形成和发展。

第三，新国民具有自由意识。在严复看来，自由意识是民主政治建设实践的思想基础。国民如果缺乏自由意识，就不会产生民主政治的实践。理想国民具有崇尚自由等价值观念，这些观念契合民主政治理念。思想是行动的先导，也是行动的指南。在清末新政时期，严复迅速认识到：把立宪等同于制订成文的宪法是很浅薄的。立宪不仅要求制定宪法，而且要求君主和国民共同遵守宪法。由于中国君主专制制度并不是君主立宪制度，因而清末立宪是一种制度上的改良或变革，是一种政体的改革，也就是用西方民主政治来替代中国传统的政体。更值得注意的是，严复看到立宪不仅包括承袭西方的民主政治法制，而且包括学习西方人的精神性的东西——自由意识。西方在有法方面是“官兵工商法制明备”，在无法方面是“人人得其意，申其言”，并形成一个强大的整体。其中原因就是每个人作为人都具有崇尚自由的理念。由此可见，自由理念有助于促成民主政治，是民主政治得以确立的思想前提。

严复上述观点具有一定合理性。在发生学意义上，“民主政治是西方历史长期演进而成的一种复杂的文化形态。它体现着西方基本的价值

① 周叶中：《宪法》，北京大学出版社 2000 年版，第 140 页。

准则和观念。蕴含着他们对人与社会、人与国家关系的理解，对诸如自由、民主、平等、法律等价值的体认，也包含着人们对民主政治本身的感知、了悟、信念和忠诚”①。民主政治理念为民主政治建设提供了有力的支撑和发展的动力。宪法的实施“靠的不是法令、强力的威胁或对其书面许诺的全面性，而是人们发自内心的一致决定要去遵循它和维护它”②。在民主政治产生、存在和发展的过程中，始终贯穿着自由意识的作用。《新教伦理与资本主义精神》指出：“任何一项事业的背后，必然存在着一种无形的精神力量。尤为重要的是，这种精神力量一定与该项事业的社会文化背景有密切的渊源。”③如果对民主政治建设事业进行考察，不难发现决定这项事业的最重要的精神力量就是自由意识。因为，自由意识是民主政治的思想基础和心理支柱，“宪法的基础是人们对自由、平等的渴求和对乱施束缚、歧视的权力以及对执政者不信任的心理”④。

## 二、理想国民具有供给民主政治的能力

民主政治制度要能够形成和发展，不仅需要国民对这种制度具有需求意愿，而且要国民对这种制度具有供给能力。严复认为，理想国民具

① ［美］奥德舒克：《立宪原则的比较研究》，载刘军宁等编：《市场社会与公共秩序》，生活·读书·新知三联书店1996年版，第94页。

② ［美］奥德舒克：《立宪原则的比较研究》，载刘军宁等编：《市场社会与公共秩序》，生活·读书·新知三联书店1996年版，第94页。

③ ［德］马克斯·韦伯：《新教伦理与资本主义精神》，黄晓京等译，四川人民出版社1986年版，“译者絮言”第3页。

④ ［日］杉原泰雄：《宪法的历史——比较宪法学新论》，吕超等译，社会科学文献出版社2000年版，第22页。

有民主政治形成和发展的能力。他主要从以下方面进行分析：

第一，理想国民具有积极行使选举权，积极参与选举活动的能力。严复认为，民主政治制度本质上都是“以人为本”的政治制度。它分为两种类型：一种是直接民主，即国民亲自参与国家的各种决策和活动；一种是间接民主，即由国民所选出来的代表负责国家的各种决策和活动。由于中国人口众多，每个人直接参与国家的每一项决策是不可行的，而且术业有专攻，并不是每个人都能承担和执行各种政策。为此，严复认为，当时中国的民主政治的最好形式是间接民主制度。实行这种制度，需要建立选举制度。选举制度是指国民根据法律规定选举国家代表和公职人员的原则、程序与方法等各项制度的总称，它包括选举权利的确定，组织选举的程序和方法，选举的基本原则以及选民和代表之间的关系等等。选举制度的顺利运行需要国民具有一定的参政能力。他说：“又如代表政制，议员为乡邑所选举。而举者之意，遂谓此人，既我所举，又有代名之名，所以其人一入政界，断议出占，必如举者之意。此其误与前略同。将不知选举议员，所必求通达政体之人者，政为彼得自申其意，用所识知，于吾人庶几有利。”① 理想国民对选举活动的参与，是国民民主权利的集中体现。没有国民对选举活动自觉、普遍地参与，民主政治就很难建立与正常运行。

严复认为，理想国民具有完成选举所需要的政治参与技能。政治参与技能是指主体有效地利用所掌握的信息资源，以便干预政治的技术和能力，这种技能与所有的社会技能一样，是通过学习或选举实践获得的。理想国民摆脱了在政治上的幼稚状态，非常珍视自己的选举权，他

① 严复：《〈名学浅说〉按语》，载《严复集》，中华书局1986年版，第1055页。

们不会因被胁迫而将选举权随意放弃或在投票时违背自由意志，也不会用不正当竞选。而且，相对于直接参政来说，选举方式参政不用占用国民很多时间，不用付出很多参政成本。

首先，理想国民具备判断代表政治主张的能力。在选举制度中，往往有多位候选人就同一问题和政策提出不同的主张。由于理想国民“治事听言，可以见微知著，闻因决果，不至过差”。① 因而，他们具有根据国民根据候选人的阐述，充分施展自身判断能力，选择与自身权益一致的政治主张的能力。理想国民不会为私人和地方小局部谋利，而选择不代表人民意志或危及民主政治实施的议员。

其次，理想国民在政治上具有明确的政治标准和坚定的政治立场，具备判断政治是非的能力。他们能根据候选人的主张，推测其中隐含的真意，认识主张的本质，进而能对政治事件和行为作出相应的判断。在他看来，理想国民具有“吾爱真理，胜于吾师”② 的精神，不论处境如何，始终保持心灵的自由思考，自由选择是可以办到的。

第二，理想国民具有积极参与宪法和法律制定和修改活动的能力。民主政治的运行还包括议院的运作。议院主要工作包括两个方面，一是立法，二是更置政府。在严复看来，民主共和制度与君主专制制度的最大区别在于“议院有无而已”③。议院运作虽然对立法者的要求很高，但

① 严复：《论今日教育应以物理学科为当务之急》，载《严复集》，中华书局1986年版，第280页。

② 严复：《〈群己权界论〉译凡例》，载《严复集》，中华书局1986年版，第134页。

③ 严复：《述黑格尔唯心论》，载《严复集》，中华书局1986年版，第217页。

是理想国民仍然具有参与立法的能力。

首先，理想国民有理性思维，而不会过分极端，因而能够推动不同利益的妥协和统一。“盖专制虽有民，其于国无所与，非若共和之民，为国家一切事根本也。故共和之民常日重，知国家之有待于彼为成立也。古欧之民主，其存立必小己与大群之利害，得调燮而平均。”[①]立法者应该具有适中稳重的精神。因为，建立法律制度涉及不同利益的调整，容易引发利益冲突。他说：“法典之事，即起于争。使其无争，又安事法？国之与国，人之与人，皆待法而后有一日之安者也。”[②]

其次，理想国民能进行独立自主的科学决策，而不是保守服从，具有从众心理。“盖所谓最大之异同，即在议院有无而已。而议院自其形式言，又不过聚一哄之民，以辨议一国之政法。虽然，学者欲明此一哄之民之功分权界，与夫于一国所生之效果，理想繁重，难以猝明。”[③]不仅如此，理想国民还有更置政府的能力。理想国民具有明确的民权意识，能够不畏政府强权。这是议会运行的重要保证。议会的立法活动具有民主性，不管法律是否实行全民公决，任何一个议会在制定和修改宪法和法律的过程中都重视民意的作用。因此，议会积极地对政府发表意见，有助于防止政府的权力本位现象。这是因为，“为众治之机关，国家得此，其群扶之力，乃有所宣达。群扶之力者，能使政府从无而为

① 严复：《论英国宪政两权未尝分立》，载《严复集》，中华书局1986年版，第218页。

② 严复：《〈法意〉按语》，载《严复集》，中华书局1986年版，936页。

③ 严复：《论英国宪政两权未尝分立》，载《严复集》，中华书局1986年版，第218页。

有，既有而延长，抑自有而之无，由生而为灭”。①

第三，公民具有充分行使监督权的能力。严复认为中国传统的政治制度，虽然有分官之制，设职选举，招天下人才治理社会，也就是韦伯意义上的科层官僚制，本是极好的制度。但这种制度安排需要圣君贤相，如果能做到柏拉图所说的哲人统治，则可能做到政治清明，人民幸福。如果没有贤者作为统治者，国家将变成专制，从而损害国民利益。要防止政府变成专制政府，需要采取的对策就是将国权一分为三，即刑法、议制和行政，有利于三大国家权力机关间的监督，以及各个国家机关内部的权力监督。议制权即立法权，行政权即政府执行法律的权利。司法权就是审是非，谳情伪。“故宪、政权不分立，则亦已耳。果必分立，且必分立而后国民自由乃可长保，专制凶威，乃不至于暗长而忽成也。舍此疑若无他道焉。”② 在民主政治下，划分立法权是有必要的。民主政治没有全体成年国民的监督，社会上的多数人就不得不仰赖于执政的一些所谓专家和精英的见解，听凭他们作决定，这样国民对自己的命运就缺乏有效的控制。

严复认为，理想国民具有行使监督权的能力。首先，理想国民具有一种民主政治所需要的品德，那就是热爱法律和祖国。这种爱要求国民持续不断地把公共利益置于个人利益之上。当然，这种公共利益中包含着所有的个人利益，国民的个人利益只不过是以公共利益为重而已。在日常生活中，当政府或政府人员不履行职责、不尽义务时，需要理想国

① 严复:《论英国宪政两权未尝分立》，载《严复集》，中华书局 1986 年版，第 219 页。

② 严复:《论英国宪政两权未尝分立》，载《严复集》，中华书局 1986 年版，第 222 页。

民会通过法律途径追究其责任。严复认为，行使这种监督权需要理想国民的监督能力。

其次，理想国民具有的权力制约理念，这是民主政治思想的灵魂。理想国民懂得，依据现代民主原则而建立起来的权力制约体系，是法治国家的重要标志。权力不受制约必然导致腐败。因而，他们接受了普及教育，具有读、写、算的能力，特别是观察、倾听、思想和批评的能力，并且坚信“今日所谓立宪，不止有恒久之法度已也，将必有其民权与君权，分立并用焉”。① 也正因为如此，他们敢于行使其限制政府职权的权利。

再次，理想国民相信宪法和法律应当具有至上的权威，主张任何组织和个人包括政府都必须依照宪法和法律办事。理想国民认为，法律至上是国民意志和利益至上的具体体现和保障。保证宪法和法律具有至高的尊严，才能要求政府真正按照国民的意志和利益办事，而不致成为空谈或走样。“立宪云者，要在国君守法已耳”②。如果这样，“则上下所为，皆有所束”。③ 对于侵犯国民权力的政府，理想国民都能义正词严地加以抗争。可见，严复已经深刻认识到权力制约理念对民主政治的重要性。

## 三、理想国民具有保障民主政治的能力

根据近代中国社会发展的需要和对西方繁荣的原因分析，严复认

① 严复：《〈法意〉按语》，载《严复集》，中华书局 1986 年版，第 940 页。

② 严复：《续论英国宪政两权未尝分立》，载《严复集》，中华书局 1986 年版，第 236 页。

③ 严复：《〈法意〉按语》，载《严复集》，中华书局 1986 年版，第 938 页。

为，实现国家繁荣发展的保证是好的制度而不是好的人。要保证民主这项“天下至精之制”长久运行，“必其时上下之民德，足以副之”[①]。也就是说，理想国民是民主政治建设的前提和保障。现在看来，这些设想仍然具有一定的合理性。

第一，理想国民具有的人权理念唤起其推翻专制政治的革命热情，防止旧制度的复辟。严复认为，“民智未开，则不免于外侮。民智既开，则旧治有不可行，行则内乱将作，此不易之道也”。[②] 近代意义的人权理念起源于文艺复兴时期。当时人文主义者不仅赞扬人的自然本性、人的价值以及人的自由意志，而且宣扬人的个性解放和人的自由权利，人权理念就在这过程中得到不断的发展。人权理念主要内容有：人权是天赋的；人权的基点是个人；人权是人人皆有的；人权首先包括生命权、平等权、自由权和财产权，财产权是核心。人权理念是人性追求的反映，尊重和保障人权则是民主政治的根本目的和价值。“在整个民主政治史中始终不变的一个观念是：人类的个体具有最高的价值，他应当免受其统治者的干预，无论这一统治者为君王、政党还是大多数公众。”[③] 严复认为，在中国历史上，“己所不欲，勿施于人”和“人与自然的和谐”等观念与近代人权理念具有相似之处。

严复指出，理想国民不仅认可人权，还努力促进人权的不断发展。“立宪之民，有囊橐主权，而可以监督国家之财政者也。”[④] 他们珍视各

① 严复：《〈法意〉按语》，载《严复集》，中华书局 1986 年版，第 964 页。

② 严复：《〈法意〉按语》，载《严复集》，中华书局 1986 年版，第 979 页。

③ ［美］卡尔·J. 弗里德里希：《超验正义——宪政的宗教之维》，周勇等译，生活·读书·新知三联书店 1995 年版，第 15 页。

④ 严复：《〈法意〉按语》，载《严复集》，中华书局 1986 年版，第 1006 页。

种人权，不仅包括政治权利，而且包括经济权利、社会权利和文化权利；不仅包括个人人权，而且包括国权等集体人权；不仅强调人的生存权，而且重视人的发展权；不仅认为人权是权利与义务的统一，而且主张个人利益与集体利益的统一。在西方历史上，人权理念曾经唤起了资产阶级的革命热情，不仅引导资产阶级推翻“不知人权、蔑视人权”的君主专制制度，而且促使资产阶级在革命胜利后将人权理念宪法化，构建并且完善了人权保障制度，促进了西方民主政治的发展。同样地，具有人权理念的理想国民将非常重视人权，敢于反对他人对自己应享受的各种权利的侵犯。理想国民将把对自由等人权的侵犯作为对真我的侵犯，认为没有自由等人权，人将不成为人，而只具有工具性。严复说“侵人自由者，斯为逆天理，贼人道其杀人伤人及盗蚀人财物，皆侵人自由之极致”。[①] 因而，具有崇尚自由的国民要把自由作为人权加以维护，就必须推翻专制政治。

第二，理想国民能够通过发展市场经济，来奠定民主政治发展的经济基础。严复认为，市场经济是民主政治的根植，民主政治是建立在市场经济基础上的上层建筑。一方面，市场经济是等价交换和自由竞争经济，在等价交换和自由竞争的基础上，必然萌生自由、平等的思想理念。当市场经济成为社会主要经济形式时，对自由、平等的追求就会成为一种时代精神。这种时代精神使得民主政治的产生获得充足的思想养料和深厚的精神底蕴。另一方面，市场经济使得限制政治权力的重要性凸显。在市场经济条件下，生产什么、生产多少是商品生产者个人的事情，从而要求国家权力较少地介入私人领域，要求国

① 严复:《论世变之亟》，载《严复集》，中华书局 1986 年版，第 3 页。

家充当“守夜人”角色。在这种情况下，政府权力必须是也必然是有限的。这正是民主政治所需要的基本原则和基本精神。宪法从产生时起，就以平等、自由为价值理念，将平等权、自由权确认为公民的基本权利并切实加以保障。它聚焦于最大限度地“保护社会成员彼此不受侵害……同时将政府侵害其公民的机会降低到最小程度”，其目标是“避免暴政”①。

理想国民具有较强的经济能力。首先，他们对宏观经济的运行规律、指标体系和市场走向等具有一定的分析判断能力。其次，他们对各种的微观经济现象具有一定的认知能力。比如对供求、价格、市场、生产要素、货币、消费等的认识。再次，他们应具有一定的从事实际经济活动的能力，包括新产品开发与创新能力、企业的经营管理能力、市场开拓能力、进行国际间经济交往的能力和投资理财能力等。在市场经济条件下，理想国民必然提出保障平等、自由和限制政治权力等要求。因为，孟德斯鸠早就说过：“政治自由只在宽和的政府里存在。不过它并不是经常存在于政治宽和的国家里；它只在那样的国家的权力不被滥用的时候才存在。但是一切有权力的人都容易滥用权力，这是万古不易的一条经验”，为了防止滥用权力，“我们可以有一种政制，不强迫任何人去做法律所不强制他做的事，也不禁止任何人去做法律所许可的事”。②市场经济建立的过程，就是契约自由原则的确立和产权逐渐摆脱其他社会因素的限制而走向绝对化的过程。从现实看，契约自由和产权绝对化

① ［美］斯蒂芬·L.埃尔金等，《新宪政论——为美好的社会设计政治制度》，周叶谦译，生活·读书·新知三联书店1997年版，第27页。

② ［法］孟德斯鸠：《论法的精神》（上册），张雁深译，商务印书馆1961年版，第154页。

的最大威胁来自国家，因此二者发展的结果必然要求限制国家权力，并且以此为价值取向重新界定国家与个人、政府与市场的关系。对这种要求做出反应，以限制国家权力为宗旨的民主政治应运而生。

人们的思想政治观念终归都是一定经济关系的产物，我们在社会生产实践中都可以找到它们形成的最终根源。马克思曾说，小农依靠皇权的思想滋生于自给自足的小农经济之中，而资产阶级自由、民主和平等的意识则产生在商品经济基础上。马克思、恩格斯在《共产党宣言》中指出："物质的生产是如此，精神的生产也是如此。各民族的精神产品成了公共财产。民族的片面性和局限性日益成为不可能，于是由许多种民族的和地方的文学形成了一种世界的文学。"① 理想国民通过有助于市场经济的发展，可以推动民主政治的形成。

第三，理想国民有助于形成市民社会，从而奠定民主政治的社会基础。在理想国民中，团结合群，互助协作是重要的素质。1895 年在《原强》一书中，严复指出甲午战争失败的原因之一，是全国上下不能齐心协力，所谓"南北虽属一君，彼是居然两戒"，"臣主君民之势散，而相爱相保之情薄也"。② 群体涣散具有严重后果："苟其民……各奋其私，则其群将涣。以将涣之群，而与鸷悍多智、爱国保种之民遇，小则虏辱，大则灭亡。"严复吸取了荀子"民生有群"的思想，认为理想国民应该懂得人类的进化必须以"群体为本位"，只有群体的存在，才会有个人的自由。他指出，市民社会的形成是民主政治形成的社会基础。英国之所以变得强大，"此不仅习海擅商，狡黠坚毅为之也，亦其民能

① 《马克思恩格斯选集》第 1 卷，人民出版社 1995 年版，第 276 页。

② 严复：《原强修订稿》，载《严复集》，中华书局 1986 年版，第 18 页。

自制治，知合群之道胜耳”。[①] 而中国之所以落后，就因为“其群将涣”。严复以建立公司制度为例，提出需要发展民间社会组织。他说：“请更设会邸公司之喻以明之。一社会之中，有总理，有书记，食俸治事，而非议员。至于决事之时，亦无出占投票之权利。虽然，彼社会未尝屏总理、书记于议曹之外也。且以其责任之重，事体之明，视之比各议员若加等者。假其不然，将若人之所历练者为虚，而社会无由收其益，此非愚者之所为欤？”[②] 显然，发展这种民间社会组织，实际上就是发展市民参与社会管理的途径。

市民社会既是民主政治存在和发展所需的外部环境，也是民主政治存在和发展所需的内在因子。近代西方资本主义生产方式催生和繁荣了市民社会，从而为资本主义民主政治的形成和完善提供了适宜的社会土壤。“西方民主社会的近代民主政治主义通常都包含一种关于市民社会的思想。”[③] 具体来说，有以下几点：首先，市民社会是民主政治赖以存在和发展的社会条件，它为民主政治提供最基本的主体、丰富的内容以及强有力的社会支撑系统。其次，市民社会的形成还能使少数人的特权转变为大多数人的人权，使权力制约方式从分权为主发展为有分权制衡、公民权利制约和社会制约配合的统一体。再次，市民社会为民主政治提供赖以存在和发展的社会秩序。市民社会为民主政治提供赖以存在和发展的社会支点。在政府所具有的政治职能和社会职能中，社

① 严复：《原强修订稿》，载《严复集》，中华书局 1986 年版，第 31 页。

② 严复：《论英国宪政两权未尝分立》，载《严复集》，中华书局 1986 年版，第 222 页。

③ ［美］阿兰 · S. 罗森鲍姆：《宪政的哲学之维》，郑戈等泽，生活 · 读书 · 新知三联书店 2001 年版，第 4 页。

会职能是基础。如恩格斯所言："政治统治到处都是以执行某种社会职能为基础，而且政治统治只有在它执行了它的这种社会职能时才能持续下去。"①

严复虽然没有看到不同时代的思想道德具有不同的内涵和阶级性，但是他看到了思想道德素质在社会发展中的重要作用。更为重要的是，他把斯宾塞的社会有机论和儒家传统的道德观相结合，创造性地提出了自己的观点："国者有机之体也；民者，国之幺匿也；道德者，其相吸力之大用也。故必凝道德为国性，乃有以系国基于苞桑。即使时运危险，风雨飘摇，亦将自拔于艰难困苦之中，蔚为强国。"② 应当承认的是，严复在这里把道德说成是国家的基础，似乎过分地夸大了思想道德对社会发展的作用。民主政治的产生，是经济、政治、社会、思想理念等多重因素综合作用的结果；经济、政治、社会和思想理念的发展，又成为推动民主政治进步和完善的动力。由于所持的历史观、所处的时代和代表的阶级的限制，严复不懂得用唯物主义及阶级分析的观点去认识思想道德问题，因而也就不能认识到思想道德状况归根结底是由社会经济基础所决定的。但是，从严复看到思想道德在社会发展中的重要作用，重视并提出思想道德问题这个角度来说，严复具有很敏锐的社会观察能力和很深刻的思考分析能力。

如果说严复的制度培育理想国民思想，敏锐地发现制度环境是人自由发展的重要因素的话，那么严复理想国民催化民主政治的思想，则深

---

① 恩格斯：《反杜林论》，载《马克思恩格斯文集》第9卷，人民出版社2009年版，第207页。

② 严复：《导扬中华民国立国精神议》，载《严复集》，中华书局1986年版，第342页。

刻地突出了国民对制度创新的反作用——人在制度创新上的能动性。在历史发展过程中，人是不断进行创造活动的历史存在物。在不断进行的实践活动中，人不仅改变着人与自然、人与社会的关系，而且还改变人自身的自由发展的基本状况。“夫民相生相养，易事通功，推以至于刑政礼乐之大，皆自能群之性以生。”① 所以，当人的自由发展状况变化时，规范和调整人的活动的制度也必然会随之发生相应的改变。在人的自由发展与制度创新之间的辩证关系中，人的自由发展具有本源性和优先性，对制度的安排、创新和发展起主导作用。人在自由发展中造就了制度。

严复关于近代中国理想国民有助于催化民主政治的思想是深刻的。“意识在任何时候都只能是意识到了的存在，而人们的存在就是他们的现实生活过程。”② 近代中国国民劣根性主要根植于当时中国社会的现实生活状况，只有进一步改变当时国民的社会存在环境，才能有效培育近代中国理想国民，走出“变革难”“难变革”的现代困境。托克维尔也认为，“美国之能维护民主制度，应归功于地理环境、法制和民情”③，但其中所谓的民情主要是指整个民族的道德和精神面貌，或是一个民族在一定的社会情况下拥有的道德资质和理智资质的总和。若按贡献对它们分级，“自然环境不如法制，而法制又不如民情”。④ 民主共和制度的构建历史也表明，公民意识的确立和保障，是现代国家制度构建的基本前提，也是其产物。公民的合理性意识通过提供了理想制度的价值参照

① 严复:《原强修订稿》，载《严复集》，中华书局1986年版，第16页。

② 《马克思恩格斯选集》第2版第1卷，人民出版社1995年版，第72页。

③ ［法］托克维尔:《论美国的民主》，商务印书馆1988年版，第354页。

④ ［法］托克维尔:《论美国的民主》，商务印书馆1988年版，第358页。

和依据，确认了民主政治制度的合理性和正当性；公民的合法性意识则通过全体公民的认同，肯定民主政治制度的权威性；公民的法治意识通过产生内在自觉的积极守法精神，形成民主政治制度维持社会秩序的有效性。公民意识通过对公民与国家、个人与社会、权力与权利的价值判断和体认，形成对国家制度的理性追求，从而构成民主政治制度得以稳固的观念基础。

综上可以发现，严复基于君主专制制度与近代中国国民劣根性的共生关系而提出了一套独特的走向民主政治之路：具体制度——理想国民——民主政治。比较这个互动过程，可以发现以下几点：

一是在这条改革之路的两端尽管都是制度，但这并不是制度塑造人而人又塑造制度的循环论证。因为，它们二者并不属于同一性质的。民主政治是核心制度，即直接服务于制度系统的基本目标，调整核心利益在制度系统中处于核心的和基础的地位的制度。具体制度是边缘制度，即调整具体和细微利益，直接服务于核心制度的制度，如为核心制度的运行提供财政收入，从而间接服务于基本目标。① 严复认为："人生于群，如质之点，难以一点，化其全质。然而运会所铸，积微成著。"② 通过主动地调整各种枝节的具体的制度，最终可以积微成著，进而实现基本制度变革。在这过程中，威权精英与理想国民的作用是不一样的。在近代

① 以我们国家现阶段的制度系统为例，四项基本原则中的坚持共产党的领导和坚持社会主义道路这两项原则，是强调核心制度不能动摇；而坚持经济体制改革和坚持对外开放，则是表示要发展边缘制度。中央提出，改革的目标是建立社会主义市场经济体制，其含义也是指，既要坚持核心制度（党的领导和社会主义），还要完善边缘制度（所谓市场经济）。参见罗必良：《新制度经济学》，山西经济出版社 2005 年版，第 95 页。

② 严复：《〈国闻汇编〉叙》，载《严复集》，中华书局 1986 年版，第 457 页。

中国新制度培育理想国民的阶段，威权精英发挥领导作用。在理想国民催化民主政治阶段，普通国民发挥重要作用。因此，严复的变革和康有为等人相比，共同点是都主张依靠威权推行自上而下的变革，不同点是严复的变革是先外后内，而康有为等人的变革是先内后外。

二是在严复"制度与国民性互动"思想中，整个互动过程是三种演化机制的统一。经典学说使用三种机制来说明制度和国民性的变革：自发形成、社会选择和市场协调交易。休谟提出司法和财产准则自发形成的概念，强调这种变革是社会成员在与他人长期的反复互动过程中自然实现的，并不是有意设计的产物。亚当·斯密提出变革是在市场个体参与者的交易中产生的。市场竞争的压力激励个体参与者选择具有更大收益效率的制度和行为方式。斯宾塞根据进化论提出社会选择理论，认为新制度和新的行为方式的产生和发展，是因为它们足以使主体在竞争环境中生存下来。在严复思想中，整个制度与国民性的现代化，基本上是一个向西方列强趋同的过程，这个趋同过程是强制机制、模仿机制和规范机制三个机制的统一。可以看出，严复同时吸收和融合了休谟、斯密和斯宾塞等人的思想。

三是在严复"制度与国民性互动"思想中，整个互动过程是强制性变革与诱致性变革的统一。"诱致性制度变迁指的是一群（个）人在响应由制度不均衡引致的获利机会时所进行的自发性变迁；强制性制度变迁指的是由政府法令引起的变迁。""自发性制度变迁通常也需要政府行动来加以促进。"[①] 新制度培育理想国民的阶段，威权精英是通过强制性

① ［美］R. 科斯等：《财产权利与制度变迁——产权学派与新制度学派译文集》，上海三联书店 1994 年版，第 374 页。

制度变迁，改变国民的受益政治成本流，诱致国民在追求收益最大化的过程中自觉改造自我。在近代中国理想国民催化民主政治阶段，理想国民为获得和保护收益的最大化，发动自下而上的制度变革要求。

四是严复理想国民催化民主政治的思想，与杜威通过教育实现民主的思想是一致的。在杜威看来，民主社会是教育发展的沃壤，民主社会的教育是无比先进和无比优越的。教育的目的在于实现民主，在于为民主社会培养合格的公民。[①] 所以说，培育理想国民是孵化和催生民主政治的酵素，或者说理想国民的存在是民主政治赖以成长与发展的条件。近代中国国民性改造的任务，除了培养国民应有的智能，如使他们具有独立思考的能力、认知公民的权利义务、了解民主政治的基本常识、学会参与社会生活的技能外，最重要的则是使国民养成自由精神和公民德行。

① 参见［美］约翰·杜威:《民主主义与教育》，王承绪译，人民教育出版社1990年版，第92页。

# 第四章　严复“制度与国民性互动”思想的价值

严复“制度与国民性互动”思想不仅影响了梁启超、鲁迅、陈独秀等思想先驱，而且影响了从戊戌时期到五四运动时期之间的几代人。多位历史人物对严复有过很高的评价。梁启超说：“西洋留学生与本国思想界发生关系者，复其首也。”① 蔡元培说：“五十年来，介绍西洋哲学的，要推侯官严复为第一。”② 毛泽东也曾指出：“自从一八四〇年鸦片战争失败那时起，先进的中国人，经过千辛万苦，向西方国家寻找真理。洪秀全、康有为、严复、孙中山，代表了在中国共产党出世以前向西方寻找真理的一派人物。”③ 通过历时性和共时性比较也可以发现，严复“制度与国民性互动”思想在近代中国产生很大影响，对近代中国社会变革思想的发展具有不可低估的价值。

---

① 梁启超：《清代学术概论》，载《梁启超全集》，北京出版社 1999 年版，第 3105 页。

② 蔡元培：《最近五十年》，载《蔡元培全集》第 4 卷，中华书局 1983 年版，第 351 页。

③ 毛泽东：《论人民民主专政》，载《毛泽东选集》第 4 卷，人民出版社 1991 年版，第 1469 页。

# 第一节　深化地主阶级改革派的人心风俗改造思想

鸦片战争后的中国社会，经济非常萧条，吏治腐败，人民生活失去了基本保障。整个国家已是日薄西山，气息奄奄。面对严重的社会危机，地主阶级改革派提出：“天下之治乱，系乎风俗。”“治天下者，以整顿风俗为先。”“人心肃则国威遒。”①他们深信人心风俗为立国之本，“寐患去而天日昌”，则必定“风气日升，智慧日出，方见东海之民，犹西洋之民”。②为此，地主阶级改革派深入揭露、描述了传统人心风俗堕落的种种表现，提出了一些整顿风俗人心的措施。对于地主阶级改革派的这些思想，严复进行了分析，并对其加以批判和继承。

## 一、推进对人心风俗败坏的批判

在戊戌变法以前，地主阶级改革派就已经注意到了国民性问题，他们把国民性称为人心风俗，认为“人心风俗”是社会落后的原因，并初步批判和揭露了国人人心风俗败坏的情况。首先是揭露社会各个阶层普遍道德沦丧的状况。从整体上说，整个社会风气可以说衰恶至极。就各个具体阶层而言，各类朝廷官员贪赃枉法，营私舞弊，骄奢淫逸，丝毫不以国计民生为念。社会中层士人作为统治阶级一部分，则学无实用，唯利是图，长期“画饼为文，养痈为武”，普遍以“圜孰为才，模棱为德”；而绅商则“因循粉饰，甘坐卑污，习为巧伪”。至于社会底层，则

① 魏源：《圣武记序》，载《魏源集》（上），中华书局1976年版，第6页。

② 魏源：《海国图志·筹海篇三》，载《魏源集》（下），中华书局1976年版，第29页。

是民气日嚣，盗贼频兴，农民械斗，“动连人命数十，习以为常……贪横残忍，积为风俗”。[①] 其次是全国上下缺乏进取精神，存在因循苟且的社会心理。官吏丧失了“以一身而肩天下任”的责任意识和务实精神；儒子则“世世以退缩为老成”[②]；一般民众则蜕变为“苟且敷衍，庸懦趋奉”的“奴才”。魏源深刻地指出，这种“人心之积患”状况如果不及时加以改变，那么中国社会无可救药。

在地主阶级改革派人心风俗改造的基础上，严复采取中国国民与西方国民对比的方式，继续深入揭露了近代中国国民性的不足。与地主阶级改革派相比较，严复对近代中国国民劣根性的批判更加严厉和深刻，其表现主要有以下几个方面：

第一，引入了新的批判理据。地主阶级改革派据以批判人心风俗的依据是儒家传统伦理。儒家传统伦理标准长期没有发生显著演进，到了近代已经落后于时代的发展要求，因而，地主阶级改革派的批判理据缺乏坚实的基础。更重要的是，这个标准是狭隘的，实际是伦理道德标准，而且只有私德标准，缺乏公德标准。比如，地主阶级改革派对官员的批判是：“政要之官，知车马、服饰、言词捷给而已，外此非所知也。清暇之官，知作书法、赓诗而已，外此非所问也。”[③]

严复据以批判国民劣根性的标准是建立在资产阶级人学思想之上的“力、智、德”。该标准着力揭示近代中国国民素质的时代差距，对人的评价比较全面，不仅包括道德标准，还包括科学知识、思维水平、性格气质和实践能力等方面标准。同样是对官员的批判，而严复的批判是突

① 魏源：《魏源集》（上），中华书局 1976 年版，第 66 页。

② 龚自珍：《尊隐》，载《龚自珍全集》，上海人民出版社 1975 年版，第 6—7 页。

③ 龚自珍：《尊隐》，载《龚自珍全集》，上海人民出版社 1975 年版，第 32 页。

出了世界观念，运用了权利义务思想。“佐上出令者，往往翘巧伪汗浊之行以为四方则效。其间稍有意者，亦不过如息夫躬所云‘以狗马齿保目所见’。至于顾问献替之臣，则不独于时事大势瞢未有知，乃至本国本朝之事，其职分所应知者，亦未尝少纡其神虑。是故有时发愤论列，率皆裣童騃，徒招侮虐，功罪得失，毁誉混淆。”① 在这里，严复就把地主阶级改革派对人心风俗的道德批判，推进政治能力等各方面素质的全面批判。他对普通百姓的批判也是极为严厉的，他指出：“草野闾巷之间”的“四十京之民”，则只是“此廓廓者徒土荒耳，是蚩蚩者徒人满耳”。② 可以看出，由于严复的批判标准更趋向现代化，因而其批判力度更为强大。

第二，创新了批判方式。在批判人心风俗时，地主阶级改革派所采取的是历时性比较方式，分析了晚清与晚清之前的国民的人心风俗，得出晚清人心风俗堕落的结论。而严复则更具有开阔的国际视域，他采取的是共时性比较，分析了近代中国与西方国民的差别，得出近代中国国民具有劣根性的观点。他说：“中西事理其最不同而断不可合者，莫大于中之人好古而忽今，西之人力今以胜古；中之人以一治一乱、一盛一衰为天行人事之自然，西之人以日进无疆、既治不可复衰、既治不可复乱为学术政社之极则。”③

通过历时性比较，可以发现某一风俗是否具有民族性，即这一风俗是否是不同时代所共有的传统，是否被保留。然而，社会是发展变化的，因而历时性比较并不能确证某一传统是否适合时代的需要。通过共

① 严复：《原强修订稿》，载《严复集》，中华书局 1986 年版，第 19 页。

② 严复：《原强修订稿》，载《严复集》，中华书局 1986 年版，第 20 页。

③ 严复：《论世变之亟》，载《严复集》，中华书局 1986 年版，第 1 页。

时性比较，可以发现某一风俗是否具有时代性，即这一风俗是否为同时代不同国家所共有，是否具有普适性。虽然每个国家都有自己独特的国情，共时性比较并不一定能确证他国风俗是否适合中国，而不会发生水土不服。因而，两种比较方式各有所长，各有所短。然而，共时性比较考虑到历史的发展，并能随着参照对象的增多，提高其确证某一风俗适合他国的能力。就此而言，严复采用共时性比较方式更为科学。

第三，拓展了批判视域。在批判人心风俗的过程中，地主阶级改革派主要关注的领域是政治生活领域、文化生活领域和经济生活领域等公共生活领域，而对家庭生活领域、宗族生活等私人生活领域则很少注意。而严复的视角则较为开阔，他除了关注公共社会领域，还关注私人生活领域。中国人为悠久的传统所束缚，在公共生活领域，缺乏开拓创新的冒险精神和容忍“创新”“标新”的社会心理，在政治治理上，因循守旧，“陛下之所以为治，与诸臣之所以辅治，不过近考祖先之成宪，远稽古圣贤人之所垂著，详择其中以措之于政而已”[①]；在产业发展和金融理财上，“崇本而抑末，务节流而不急开源，戒进取，敦止足，要在使民无冻饥，而有以剂丰歉，供租税而已”。[②] 对于私人生活领域，国民长久以来习惯安于现状，在个人教育上，“一切皆资于耳食，但服膺于古人之成训，或同时流俗所传言，而未尝亲为观察，使自得也”[③]；在家庭生活中，则遵循“父兄之教诏”[④]，先祖之训。他们甚至还认为使用

① 严复:《拟上皇帝书》，载《严复集》，中华书局 1986 年版，第 67 页。

② 严复:《拟上皇帝书》，载《严复集》，中华书局 1986 年版，第 66 页。

③ 严复:《论今日教育应以物理科学为当务之急》，载《严复集》，中华书局 1986 年版，第 280 页。

④ 严复:《原强》，载《严复集》，中华书局 1986 年版，第 14 页。

外货、国货反映了身份的高低，“国之少年妇孺于衣、食、住三者，莫不以服用外产为荣观，以被服国货为贱辱。”[①] 自视甚高的文人士子“则矜其浅尝，夸为独得，徒取外洋之疑似，以乱人主之聪明。而尤不肖者，则窃幸世事之纠纷，又欲因之以为利”。[②]

第四，深化了批判指向。地主阶级对人心风俗的批判指向是行为表层，而严复把批判推进到核心价值层面，即由人心风俗本身转向导致国民性的根源。对于这种“人心之积患”或低下的国民素质，地主阶级改革派称之为人心风俗堕落。“人心”是指人们的意愿、感情等；“风俗”是特定社会文化区域内，历代人们共同遵守的行为模式或规范。地主阶级改革派，虽然认为君主专制是“人心风俗”堕落的原因，但又认为它是“人不安分心理”造成的结果。“今且问人心风俗所以日坏，其本源何在？在人心不肯向学而已……近日人心风俗之坏，其本源又在何等？在不安分而已。”[③] 可以看出，地主阶级改革派所谓的人心风俗是表层的行为，他们对人心风俗根源的探析并没有真正深入到各个制度层面。

对于近代中国这种“人心之积患”或低下的国民素质，严复则称之为“恶根性”。他认为：“西人谓华种终当强立，而此强立之先，以其有种种恶根性与不宜存之性习在，故须受层层洗伐，而后能至。故纯如欲问中国人当受几许磨灭，但问其恶根性与不宜之性习多寡足矣，二者固刚刚相掩也。”[④] 这就进一步揭露出了国民素质低下的严重性和深层性。

---

① 严复：《论中国救贫宜重何等之业》，载《严复集》，中华书局 1986 年版，第 296 页。

② 严复：《原强》，载《严复集》，中华书局 1986 年版，第 8 页。

③ 郭嵩焘：《郭嵩焘日记》（四），湖南人民出版社 1981 年版，第 205 页。

④ 严复：《与熊纯如书》，载《严复集》，中华书局 1986 年版，第 608 页。

“根性”源于佛家，谓众生善恶的业力和习性。《辅行传弘决》卷二指出：“能生为根，数习为性”，意谓能产生善恶的力叫“根”，善恶的习气叫“性”。可以看出，“恶根性”是指人类固有的不良品质和不健康的心理需要，是行为堕落的根源。严复使用“恶根性”既是为了强调近代中国国民性是问题的根源，也是为了突出国民性堕落的严重性。

## 二、推动对人心风俗成因的探讨

地主阶级改革派为整顿人心风俗，还探讨了人心风俗堕落的原因。他们认为，导致人心风俗堕落的主要是君主专制制度和文化教育制度。与地主阶级改革派比较起来，严复对近代中国国民劣根性的根源认识更清晰、更全面。他从政治、经济、文化和法律等方面比较系统地分析了国民劣根性的制度上根源。

第一，视野更开阔，扩展了成因的外延。地主阶级改革派认为，导致人心风俗堕落的原因有三个方面。一是政治专制。封建帝王为了摧折臣子百姓的人格独立，不惜想方设法“去人之廉，以快号令，去人之耻，以崇高其身，一人为刚，万夫为柔，以大便其有力强武”。[①] 二是文化专制。君主们坚持以腐朽虚伪的理学为官方唯一的意识形态，坚决清除各种危害君主专制的文化。士子则在满清文化专制的高压下，被迫“争治诂训音声，爪剖胍析”，“锢天下聪明智慧使尽出于无用之一途。”[②] 因而，地主阶级改革派愤然指出，理学“言伪忠，禁伪教，德伪情，道伪圣，礼伪自然”，完全丧失了其在社会发展中应有的积极作用。三是

① 龚自珍:《龚自珍全集》，上海人民出版社 1975 年版，第 20 页。

② 魏源:《魏源集》（上），中华书局 1976 年版，第 358—359 页。

封建科举制度。龚自珍在《与人笺》中说：“今世科场之文，万喙相因，词可猎而取，貌可拟而肖，坊间刻本，如山如海。四书文禄士，五百年矣；士禄于四书文，数万辈矣。既究既极，阁下何不及今天子大有为之初，上书乞改功令，以收杰才？”①

严复也认为政治专制制度、文化专制制度和科举考试制度是造成近代中国国民劣根性的根源。他揭露，中国两千年以来的封建统治者，实际上是窃国大盗。封建统治者为了一己之私不惜推行愚弱民众的“愚民”政策。“盖自秦以降，为治虽有宽苛之异，而大抵皆以奴虏待吾民。”②“于是束缚驰骤，奴使而虏用之，使吾之民智无由以增，民力无由于奋。”③然而，与地主阶级改革派相比，严复则认为国民劣根性的根源应该更为广泛。在严复看来，劣化国民性的不是某一方面的制度，而是以皇权制度为核心的整个制度体系，不仅包括政治专制制度、文化专制制度和科举考试制度，还包括以地主土地所有制为核心的经济制度。这些从本书的第二章第二节可以看出。

第二，理据更科学，论证了制度与国民性的因果关系。地主阶级改革派论证人心风俗堕落与制度的关联时指出，理学宣扬的“纲纪”就像束缚人们正常发展的“长绳”，“戮之非刀、非锯、非水火；文亦戮之，名亦戮之，声音笑貌亦戮之”④。它使民众在无形中被统统塑造为“缚草为形，实之腐肉，教之拜起”的奴才。可以看出，他们主要以表象建立因果关系，而没有深入分析这种关联后的原因。由于没有深入分析这种

① 龚自珍：《龚自珍全集》，上海人民出版社 1975 年版，第 344 页。
② 严复：《原强》，载《严复集》，中华书局 1986 年版，第 12 页。
③ 严复：《原强》，载《严复集》，中华书局 1986 年版，第 15 页。
④ 龚自珍：《龚自珍全集》，上海人民出版社 1975 年版，第 18 页。

原因，看不到制度是违背人性的，因而，他们提出的改良人心风俗的方案，不是改革以皇帝制度为核心的整个制度体系，而是强化某些封建制度。

严复在论证封建专制制度是近代中国国民劣根性的根源时，是以经济人假设为基础的。他认为人的本性是趋乐避苦的，而制度则通过惩罚和奖励等方式，引导国民由被动服从到自觉悦服，进而在不自觉中建立起制度设计者所期待的行为习惯。从严复分析科举考试对国民性的劣化中可以看出这点。他指出：科举考试制度是“取人人尊信之书，使其反复沈潜，而其道常在若远若近、有用无用之际。悬格为招矣，而上智有不必得之忧，下愚有或可得之庆，于是举天下之圣智豪杰，至凡有思虑之伦，吾顿八纮之网以收之，即或漏吞舟之鱼，而已暴鳃断鳍，颓然老矣，尚何能为推波助澜之事也哉！嗟乎！此真圣人牢笼天下，平争混乱之至术，而民智因之以日窳，民力因之以日衰”①。这个假设为确证近代中国制度与国民劣根性之间的因果关联提供了较为坚实的理据。由于有经济人假设为基础，严复认识到：制度导致近代中国国民劣根性的原因，在于制度违背了人性，改造国民性必须改变封建专制制度。

## 三、反思人心风俗改造中的误区

地主阶级改革派的人心风俗思想，虽然具有人的现代化思想的诸多萌芽，但他们在改造目的、手段以及具体方法上都并没有挣脱封建思想的牢笼，实质上依然局限在传统思想的藩篱中，还不能说具有完全的自觉的近代意识。基于此，严复对他们思想中的误区进行了反思和批判。

---

① 严复：《论世变之亟》，载《严复集》，中华书局 1986 年版，第 2 页。

第一，否定了地主阶级改革派整顿人心风俗的目的。地主阶级改革派那里，人心风俗的改造只是挽救和延续封建王朝的一种方法和途径，而不是为了实现人的价值和人的发展。尽管他们强烈反对封建社会对人的种种束缚和压制，但是他们设计的理想国民仍是个统治阶级的顺民。比如，龚自珍曾提出用“宗能收族，族能教宗”的方式整顿人心风俗，然而，其目的是为了达到稳定社会秩序，实质是维护专制统治。①

严复对西方文化有广泛而深入的了解，把握了其精髓。在他看来，西方文化优胜的根本在于学术和政治正确，其学术以“黜伪而崇真”为精神，其政治以“屈私以为公”为精神，而“自由”则是统摄西方文化的灵魂。建立以自由为根本的包括“平等”“以公治天下”和“讥评”等制度，则可培育“尚贤”“隆民”等人心风俗。学习西方的以自由为精髓的制度，才能改造国民性，才能是真正的富强之道。正是基于这种逻辑，严复改造国民性的目的，是实现制度的演化，是为了建立民主共和制度。

第二，扬弃了地主阶级改革派的道德治国思维。地主阶级改革派因根深蒂固的道德治国思维的影响，把“心力”大小作为衡量人的主体性标志，认为人依靠“心力”就可以“报大仇，医大病，解大难，谋大事，学大道，皆以心之力”。② 他们没有认识到，人心风俗在根本上是建立在近代工商业经济基础上的。他们的人心风俗改造思想，并不是出于推动物质层面的现代化的自觉意识，因此，他们的个性解放思想必然是主观唯心主义的，他们的整个社会改革方案必然是流于空想的。

① 龚自珍：《龚自珍全集》，上海人民出版社 1975 年版，第 49 页。

② 龚自珍：《龚自珍全集》，上海人民出版社 1975 年版，第 15—16 页。

严复扬弃了地主阶级改革派的道德治国思维，提出标本兼治的主张。标就是制度，本就是国民素质。他提出：“一政之举，一令之施，合于其智、德、力者存，违于其智、德、力者废。”① 在他看来，国民素质的提高尽管有赖于制度改革的成功，但制度也只有在适合国民素质并相符时才能顺利执行。而这就体现出他具有一定的道德治国思维。然而，他又指出：“及今而图自强，非标本并治焉，固不可也。不为其标，则无以救目前之溃败；不为其本，则虽治其标，而不久亦将自废。”② 严复在这里又提出了一条新的治国规律：作为组成民族国家的最基本细胞，国民素质是国家强弱的本源和决定性因素，也就是“本”。只有国民的整体素质得到根本提升，国家才会强大起来。可以看出，他对道德治国思维的扬弃，形成了一种具有现代法治思维的崭新认识，在近代中国具有开创性意义。

第三，反对了地主阶级改革派的道德不变论。地主阶级改革派坚持传统纲常礼教绝不能变。“夫孔子之道，人道也，人类不尽，其道不变。三纲五常，生人之初已具，能尽乎？”③ 人心风俗堕落因纲常礼教松弛而导致的，整肃人心风俗需要恢复传统道德，“将明先王礼义之教以淑人心”。也就是：“所以节民性而兴民德，一本于经。”④“所以挽回人心风俗，从何处入手？直须自从身心上检理一番，今且勿深论，只此日读经史，即是立身制行之准则。”⑤ 由此可见，他们虽然提倡民权，但是在

① 严复：《原强修订稿》，载《严复集》，中华书局 1986 年版，第 25 页。

② 严复：《原强》，载《严复集》，中华书局 1986 年版，第 14 页。

③ 王韬：《弢园文录外编 · 变法上》，中州古籍出版社 1998 年版，第 51 页。

④ 郭嵩焘：《郭嵩焘诗文集》，岳麓书社 1984 年版，第 526 页。

⑤ 郭嵩焘：《郭嵩焘日记》（四），湖南人民出版社 1981 年版，第 205 页。

骨子里仍是以伦理纲常为不二的价值取向。

严复以西方近代自然科学知识和进化论等为理据，严厉批判了近代中国地主阶级改革派的错误主张。他指出，“天变地变，所不变者，独道而已”。这种不变的道“非俗儒之所谓道也”，而是世界中的客观自然规律。“请言不变之道：有实而无夫处者宇，有长而无本剽者宙；三角所区，必齐两矩；五点布位，定一割锥，此目无始来不变者也。”① 严复强调：道德具有时代性，道德伦理规范是随时代变化而自然变化的。“若夫君臣之相治，刑礼之为防，政俗之所成，文字之所教，吾儒所号为治道人道，尊天柱而立地维者，皆譬诸夏葛冬裘，因时为制，目为不变，去道远矣！”② 正是在批判、否定了封建道德不变论的基础上，严复明确提倡以“自由、平等、独立”等资本主义道德取代封建“纲常礼教”等道德。

## 第二节　推动资产阶级的维新变革运动

严复“制度与国民性互动”思想，为维新派的革新运动提供了理论武器，创造了舆论环境，也为引进资产阶级人学思想，开启中国资产阶级的人学研究，甚至对于维新思想中的一些思想提出不同看法。由此可见，严复“制度与国民性互动”思想，有力地推动了近代中国资产阶级维新派的变法革新运动。关于严复对近代维新派影响，学界已经取得了

① 严复：《救亡决论》，载《严复集》，中华书局 1986 年版，第 50 页。

② 严复：《救亡决论》，载《严复集》，中华书局 1986 年版，第 51 页。

一定的研究成果，如吴雁南等主编的《清末社会思潮》、高瑞泉主编的《中国近代社会思潮》等都对这种影响有过研究，但这些研究也存在深度与广度有待拓展的问题，如“制度与国民性互动”思想影响的研究就比较薄弱。

## 一、为维新变法引介理论武器

严复“制度与国民性互动”思想对维新派具有重要影响，为他们提供了有力的理论武器。他的有关作品刊出后，往往立即引起社会各方面的注目。地主阶级保守派对其进行攻击，而维新派则从中吸取西学养料，作为变法的理论武器。

第一，严复在“制度与国民性互动”思想中阐述的社会进化论、群学思想和社会有机体论，对维新派思想家产生重要影响，为维新派提供了变法的理论依据和思想素材。

社会进化论的影响。康有为批判了“天不变、地不变、道亦不变”的封建道统观，认为世界上的一切都在不断变化。“至变者莫如天”，“至变者莫如地”，治道更是“百王之变法，日日为新。”[①] 这种一切皆变论不仅给“天道不变论”以毁灭性打击，而且为封建专制制度终被民主制度代替提供理论支撑。然而，他的理据是传统变易思想和“三世说”，没有令人信服的科学说服力。而严复则指出天变地亦变的道理，后代阅历超过前代，后代必然胜过前代。由于是西方自然科学知识为基础，因而其论证令人信服，并在后来成为维新派变法的理论基础。1896年秋，

① 康有为：《变则通通则久论》，《康有为全集》第2集，中国人民大学出版社2007年版，第30页。

梁启超读到严复的未刊译稿《天演论》，开始怀疑康有为的“三世说”和《古议院考》，并依据得自严复译著的进化论知识写作了《论君政民政相嬗之理》等文章。[①]1897年5月，梁启超又根据《天演论》中阐发的道理来写作《说群》。他在《〈说群〉序》称：“既乃得侯官严君复之《治功天演》、浏阳谭君嗣同之《仁学》，读之犁然有当于其心……乃内演师说，外依两书，发以浅言，证以实事，作《说群》十篇。”[②]由此可见，天演进化论是《说群》的重要理论依据。丘逢甲也受严复进化论影响，先后发表了《译书进化论》《论今日中国少年之责任》等论文。

社会有机体论的影响。1881年，严复在阅读《社会学研究》过程中，初次接触到斯宾塞的社会有机体论。受其启发，他以“发明富强之事”为目的，写作并发表了《原强》等著作。梁启超则是从严复的论著中了解并接受社会有机体论的。在1897年，他给严复写信说：“闻之益垂涎不能自制，先生盍怜而响之。”[③]在1902年，梁启超写作了《记斯宾塞论日本宪法语》，在这篇论文中，他已生疏地引用了社会有机体论的一些基本观点。而其《新民说》则开宗明义地接受社会有机体论：“国也者，积民而成。国之有民，犹身之有四肢、五脏、筋脉、血轮也。未有四肢已断，五脏已瘵，筋脉已伤，血轮已涸，而身犹能存者，则夺未毛其民愚陋、怯弱、涣散、混浊，而国犹能立者。故欲其身之长生久视，则养生之术不可不明；欲其国之安富尊荣，则新民之道不可不讲。”[④]从这段

① 梁启超：《论君政民政相嬗之理》，载《梁启超全集》，北京出版社1999年版，第97页。

② 梁启超：《〈说群〉序》，载《梁启超全集》，北京出版社1999年版，第93页。

③ 梁启超：《梁启超致严复书》，载《严复集》，中华书局1986年版，第1570页。

④ 梁启超：《新民说》，载《梁启超全集》，北京出版社1999年版，第655页。

文字鲜明地反映出，梁启超对社会有机体说的引用同严复几乎如出一辙，这同时也表明严复在这个方面对梁启超具有深刻影响。

当然，梁启超和严复一样，没发现斯宾塞的社会有机体论存在缺陷。社会有机体论表面看来似乎有理，实际经不起推敲。个人是从属于“社会的”，个人是社会的产物。社会就像一张巨大的社会关系之网，把个人卷裹在内，并对个人进行塑造和影响。因而，如果假定社会是一个有机体，那么就不是个体的质量决定社会有机体的质量，而是相反。当然，社会有机体中的个体具有主观能动性，决不是被动地被社会所塑造，他在被塑造的同时也在改造着社会。然而，他和严复都对此毫无察觉，仍然以个体作为细胞对社会有机体具有能动性为基础，鼓动国民性改造。

群学思想的影响。在1897年春，梁启超在《说群》提出合群的重要意义和具体途径，其中写道：“有能群者，必有不能群者，有群之力甚大者，必有群之力甚轻者，则不能群者必为能群者所摧坏，力轻者必为力大者所兼并。”① 而在此之前的严复《天演论》，则有“能群者存，不群者灭；善群者存，不善群者灭”②等警句。可以发现，这与梁启超的意思非常接近。此外，《说群》正文中的“物竞”“合群”等术语，也证明此文深受严复影响。正是从严复那里受益良多，梁启超曾深情地说：“二月间读赐书二十一纸，循环往复诵十数过，不忍释手，甚为感佩，乃至不可思议。今而知天下之爱我者，舍父师之外，无如严先生；天下

① 梁启超：《说群一·群理一》，载《梁启超全集》，北京出版社1999年版，第94页。

② 严复：《天演论》，载《严复集》，商务印书馆1986年版，第1347页。

之知我而能教我者，舍父师之外，无如严先生。”[①]

严复的群学思想也是康有为、黄遵宪和谭嗣同等人经常使用的理论武器。1895年，康有为在《上海强学会章程》中强调群与学的旨趣。“一人独学，不如群人共学；群人共学，不如合什百亿兆人共学。学则强，群则强，累万亿兆皆智人，则强莫与京。”[②]1898年初，黄遵宪在南学会第一次演讲中曾经深入阐释了“合群”“合国”的内涵，认为“人必能群而后能为人”“国以合而后能为国”[③]。同年，谭嗣同受严复影响，把《壮飞楼治事》中的第九篇的篇名更改为《群学》，重点阐述了他所理解的群学理论。同时，他还策划与组织了群萌学会，并在该会章程的第一条《命名》中指出：“本会以群萌为名，盖因群学可由此而萌也，他日合群既广，即竟称为群学会。”[④]唐才常也发挥严复的群学思想，他不仅把群学作了进一步的分类，而且把群学作为研究人类社会的一门重要科学。“于是乎有群学，有种学，有生理学，有天衍学。凡所以孳孳皇皇后求自存人物交战之争者，则靡不惟争之为务。”[⑤]上述情况说明，维新志士深受严复群学的启示。

第二，严复在“制度与国民性互动”思想中阐述的理想国民模型和民主政治，为维新派明确了维新变法的目标。

---

① 梁启超：《梁启超致严复书》，载《严复集》，中华书局1986年版，第1566页。

② 康有为：《上海强学会后序》，载《康有为全集》（第2集），中国人民大学出版社2007年版，第97页。

③ 黄遵宪：《南学会第一次讲义》，于宝轩：《皇朝蓄艾文编》卷四，台湾学生书局1965年版，第456页。

④ 蔡尚思等编：《谭嗣同全集》（增订本），中华书局1981年版，第430页。

⑤ 唐才常：《公法学会叙》，载《唐才常集》，中华书局1980年版，第155—156页。

“三民”思想的影响。严复在1895年发表《论世变之亟》，指出专制统治者故意“焚书”和“制科”，以阻塞民智，其目的是为压制国民反抗，剥夺民权。同年3月，严复在《原强》中率先旗帜鲜明地提出了“鼓民力”“开民智”“新民德”三大命题。此后，他又以英国为例，深刻论证民智与权力之间的密切关系。“今英一切熟货，无不降而日廉。机器之用，吁陌赞昔。分工之细密广远，几于不可追求。……此其为功，岂仅计学一端而已。若测算，若格物诸学，皆实为之。培庚有言：‘民智即为权力。’岂不信哉！”[①] 严复的“三民”思想深深触动了梁启超。梁启超虽然曾经深受康有为“托古改制”理论的影响，但与康有为很少论及开民智不同的是，他非常重视开民智、兴学堂。比如在1898年，他就曾强调，要开民权，必须首先开民智。“昔之欲抑民权，必以塞民智为第一义；今日欲伸民权，必以广民智为第一义。”[②] 戊戌变法失败的沉痛教训，使梁启超更加认同严复的观点，并开始与康有为产生分歧。他继承并展开了严复的思想，发表了《新民说》和《新民议》等专门论述国民性改造的论著，提出并形成了更加全面系统的新民理论。从这些著作中，可以看出严复的“三民”思想与梁启超的新民理论之间有师承关系。

民主政治思想的影响。为落实“主权在民”，严复主张设立民选议院，使民众通过议院立法实现政治参与。民主政治国家最重要的就是立法权，议院极为重要。议院不应是只具形式的国家议院，而应是民选议院，“真议院”，即能够宣达测试民意、保民利民的立法机关。他希望通

① 严复：《〈原富〉按语》，载《严复集》，中华书局1986年版，第874页。

② 梁启超：《论湖南应办之事》，载《梁启超全集》，北京出版社1999年版，第177页。

过地方议会的代表来审查和监督国家政府官员，维护人民的权利和自由。这种地方自治性的组织表明，他是从个人自由出发，想通过这种地方议会来平衡个人利益和社会利益的关系，使其更为一致。受严复影响，梁启超认为有无国会是民主政治与非民主政治区别的重要标志和西中强弱分殊的原因。“非有国会，则善良政府，断无出现之期。”① 议院的设置，可以通上下之情，集众人之智，使得彼此相恤。“问泰西各国何以强？曰：议院哉！问议院之立，其意何在？曰：君权与民权合，则情易通；议法与行法分，则事易就，二者斯强矣。”② 国会“为制限机关以与主动机关相对峙”，是国家的立法和监督机关，在法律上享有限制行政机关的权力。严复三权分立的主张也影响了梁启超。梁启超接受严复的民主政治思想，主张三权分立。他认为同一个机关或个人掌握这三种权力，公民自由就会遭到毁灭，就可导致君主专制。三权分立的目的是通过相互制约，防止专制，保障民权。

第三，严复在“制度与国民性互动”思想中阐述的“制度与国民性互动”原理，不仅为维新派解构君主专制的合法性提供了必要工具，还为维新派建构变法路径提供重要启示。

严复通过论证封建制度是国民劣根性的制度根源，解构了君主专制的合法性。他认为：既然一个国家的盛衰强弱是由其国民的民德、民智和民力状况决定，而君主专制制度又是国民劣根性的制度根源，那么中国衰败的根源在于近代中国所实行的制度。为此，他冷静地分析了各种制度对近代中国国民素质发展的阻碍，并深刻批判了封建政教体系对国

① 梁启超：《饮冰室合集·文集之三》，中华书局 1989 年版，第 23 页。

② 梁启超：《饮冰室合集·文集之三》，中华书局 1989 年版，第 145 页。

民身心的摧残。“自秦以降，为治虽有宽苛之异，而大抵皆以奴隶待吾民。”[①] 在君主专制制度是否是造成国民愚弱的根源上，严复和梁启超是完全一致的。梁启超指出：“中国于教学之界则守一先生之言，不敢稍有异想；于政治之界则服一王之制，不敢稍有异言。此实为滋愚弱之最大病源。”[②] 由此可见，严复的论证，为梁启超深入批判封建专制制度提供了工具和思路。

严复从“制度与国民性互动”原理出发，指出实现社会变革是艰难的系统工程，需要从具体制度的细微变革入手，积微成著，最终实现整个社会的变革。这个观点为维新派建构变法路径提供重要启示。首先是关于社会变革的艰巨性。严复认为社会变革是非常艰难的，梁启超则表示赞同严复的观点。他说：“变法之难，先生所谓‘一思变甲，即须变乙，至欲变乙，又须变丙’数语尽之，启超于此义，亦颇深知。”[③] 其次是关于社会变革的关键。1895 年春，严复认为社会变革的关键是提倡平等、自由、民权，“以自由为体，以民主为用”。康有为受其影响，在其诗中提出民权的重要意义：“从知天下为公产，应合民权救我疆。”[④] 梁启超说：“能兴民权者，断无可亡之理。”[⑤] 他们从而把兴民权和救亡连为一气，使民权论成了资产阶级维新派的一面旗帜。再次，关于社会变革的制度安排。严复曾主张：“设议院于京师，而令天下郡县各公举其守

① 严复：《原强修订稿》，载《严复集》，中华书局 1986 年版，第 31 页。

② 梁启超：《梁启超全集》，北京出版社 1999 年版，第 138 页。

③ 梁启超：《梁启超致严复书》，载《严复集》，中华书局 1986 年版，第 1567 页。

④ 康有为：《康南海诗集卷之四》，载《康有为全集》，中国人民大学出版社 2007 年版，第 188 页。

⑤ 梁启超：《湖南时务学堂课艺批》，载《梁启超全集》，北京出版社 1999 年版，第 107 页。

宰，总兴教化，尽地利，兴商务各事。”[1]康有为提出，从中央到地方州县都设立议会，议员应是“博古今、通中外、民政体、方正直言之士”。即具有西学新思想之士。议员由“士民公举，不论已仕未仕，皆得充选”。“凡内外兴革大政，筹饷事宜，皆令会议于太和门，三占从二，下部施行。”[2]最后，关于社会变革的关键。严复认为人是影响社会变革的最根本因素，当时中国的当务之急是提高国民素质。对于严复的观点，梁启超是赞同的。他说：“夫吾国言新法数十年而效不目睹者何也，则于新民之道未有留意焉者也。”[3]

## 二、为维新变法营造良好舆论

维新变法前，维新志士们认识到开学堂、办报刊是凝聚社会力量，开启变法局面的重要途径。梁启超说：“今欲振中国，在广人才，欲广人才，在兴学会。”[4]谭嗣同说：“夫群者学会之体，而智者学会之用。”[5]他们深信，通过开办新式学堂，可以开启民智，通过创设学会，可以把分散的国民聚合成大群。学会与学堂、报刊、译书等一样，不仅是推动新政的启蒙工具，而且本身就是新政的重要组成部分。从1895年8月康有为在北京创设强学会一直到1898年9月戊戌变法失败为止，维新派在这3年间开设了许多学会，在《强学会封禁后之学会学堂报馆》一

① 严复：《原强》，载《严复集》，中华书局1986年版，第1567页。

② 康有为：《上清帝第二书》，载《康有为全集》，中国人民大学出版社2007年版，第45页。

③ 梁启超：《新民说》，载《梁启超全集》，北京出版社1999年版，第655页。

④ 梁启超：《论学会》，载《梁启超全集》，北京出版社1999年版，第28页。

⑤ 谭嗣同：《谭嗣同全集》（增订本），蔡尚思等编，中华书局1981年版，第429页。

文中，梁启超列举的学会就有 33 个。实际上，当时的学会远超梁启超的数目。根据李文海先生在《戊戌维新运动时期的学会组织》一文的分析，当时中国兴办的各种学会至少达到 75 个。这些学会像汹涌的浪涛一样逐步涌向全国，把一批新的知识分子群体凝聚了起来，为戊戌维新运动发展到高潮——“百日维新”的到来起到了强大的推波助澜的作用。

戊戌维新运动发展到高潮，有严复“制度与国民性互动”思想的贡献。严复认为兴学堂、办报刊和开学会是相辅相成的，把它们紧密结合在一起有助于改造国民性，进而把维新运动推入高潮。为此，他同其他维新派一样，积极参与这些启蒙活动。

第一，为阐述其“制度与国民性互动”思想，严复在《时务报》及其与友人合办的《国闻报》上，发表了一些影响广大、意义深远的爱国论文。1895 年，他在天津《直报》发表了《论世变之亟》《原强》《辟韩》《救亡决论》等洋溢着战斗气息的政治论文，探索抵御外敌，救国图强的思想，批判中国千百年来的封建专制统治。严复虽没有直接介入梁启超在上海的《时务报》的创办工作，但他仍怀着一腔爱国之心给予许多支持。他除在致信汪康年、梁启超时附寄百元外，还同意梁启超将自己发表过的《原强》、《救亡决论》等文章在《时务报》上重新发表。《时务报》重新发表严复的《原强》《辟韩》等是一次双赢，既扩大了《时务报》的传播范围，也使严复的这些文章在社会上引起了强烈反响。

第二，严复为宣传其“制度与国民性互动”思想，还在天津创办了《国闻报》。他主持的《国闻报》传播了他的学说，对维新变法运动起了很大的鼓动作用。为梁启超主编的《时务报》撰稿，只是严复为推动维新运动所作的一个贡献，而严复与王修植等人于 1897 年创办的《国闻报》，则真正确立严复在维新运动中的历史地位。他确立的《国闻报》办报宗旨是：“将以求通焉耳。夫通之道有二：一曰通上下之情，一曰通中外之故。”其根本宗旨就是学习外国，改造中国，使国家富强起来，而这则是严复新制度培养理想国民的重要途径。1897 年 10 月 26 日正式出版的《国闻报》，略仿英国《泰晤士报》，每日印 1 张，每日约 8000 至 1 万字。《国闻报》的内容有：告白、上谕、门抄、路透电报、社论及全国性的重要新闻、地方新闻。严复总其成，不仅认真选定刊登内容，而且根据时事需要亲自撰写社论和短评。据不完全统计，除去他没有署名的以外，《国闻报》不到一年时间就发表由他撰写的 23 篇社论，占总数近一半。由于其丰富的经验和卓越的学识，《国闻报》不久就成为戊戌维新运动时期与《时务报》地位相埒的重要报刊之一，被誉为是“北方报纸之最佳者”。①

第三，严复为宣传其“制度与国民性互动”思想，精心翻译一系列的西方名著，通过翻译推动维新运动。比如，《天演论》在推动变法上的功绩就不能不提。严复翻译的目的非常明确，那就是：宣传其“制度与国民性互动”思想，唤醒沉睡中的国人，反对顽固派和洋务派的保守思想，向国人敲响祖国危亡的警钟，为救亡图存指明方向。为让当时各派知识分子都能接受，起到最好的宣传效果，严复从《天演论》的书名拟定到校稿付印都“煞费苦心”。严复不是仅就原文进行翻译，而是把译文与中国时事紧密联系。《天演论》问世后，在短短的十多年间发行了 30 多个版本，极大影响了中国知识界。中国人通过严复的敏锐嗅觉与及时介绍，不仅看到了域外文明的价值，而且激起国民救亡图存的热情。

---

①　戈公振：《中国报学史》，生活·读书·新知三联书店 1955 年版，第 140 页。

第四，为宣传其“制度与国民性互动”思想，在1895—1898年间，严复帮助张元济在北京创办通艺学堂。这个学堂是个提倡西学、培养维新人才的机构，其中有学生四五十人，还有一部分京官。严复给这个学校帮了很多忙，他为学堂推荐了他的侄子严君潜做教员，代取了校名“通艺”。他还甚至于1898年到通艺学堂两次，为学生“考订功课，讲明学术”。严复在北京等候光绪皇帝召见期间，曾经在通艺学堂“宣讲西学源流旨趣，并中西政教之大原”，前来听严复宣讲的人，不仅有通艺学堂的学生，还有来自北京的部分好学的官员。这些听众对严复的讲座给予很高评价。“有闻其绪论者，退而语人日；西人之精义妙道，乃至如此，此真吾辈闻所未闻，或者严君别有心得，托之西人，亦未可知。”[①] 从中可见，严复对推动维新运动的贡献。

总之，严复“制度与国民性互动”思想在近代中国，曾经是广大爱国者向反动势力进行斗争的重要理论武器，也是他们改变中国贫弱面貌的行动指南。受严复引进的西方社会学的影响，中国先进知识分子认识到只有把人们组织起来，发动起来，才能形成强大的群体力量，才能为中国变法自强，在世界竞争中竞胜争存获得条件。他们认识到竞争与进化是相互依存的，“不争则治化不进，聪明不开”，为此，以兴办各种学会为基点，大力倡导合群与革新。这些先进知识分子从1895年开始集结，到20世纪初初具规模，最后为伟大的资产阶级民主革命——辛亥革命——作了人才上、思想上和实践上的准备。严复不仅为维新派提供理论武器，还亲自办报和撰写评论，为维新派开展变革运动营造良好舆论氛围。正是由于这方面的原因，严复被公认为近代中国最杰出的资产阶级启蒙思想家。

① 严复:《严观察登台宣讲》，载《严复集》，中华书局1986年版，第430页。

## 三、对维新误区进行理性针砭

尽管严复和康有为、梁启超等人同属于资产阶级维新派，但是，他们之间在对如何推动维新变法上存在着一些明显的分歧。严复在阐释他的“制度与国民性互动”思想的过程中，对康有为他们的变法思想进行了理性的批判。他的批判体现了严复的求真务实的科学人格和深邃眼光。

第一，批评速成论。康有为把“公羊三世”比附为君主、君民共主、民主三种社会制度，认为人类社会按照这一顺序进化。这在一定程度上突破了只能一步一步渐进的庸俗进化论，具有一定的突变思想。他提出：“方今不变固害，小变仍害，非大变、全变、骤变不能立国也。”① 只要皇帝决心变法，那么中国是可以在很短的时间内实现富强的。1888年，他第一次向光绪皇帝上书即认为：“精神一变，岁月之间，纪纲已振，十年之内，富强可致。至二十年，久道化成，以恢属地而雪仇耻不难矣。”② 在此后的上书中，他又多次认为，只要光绪皇帝决心实施大规模变法，“三年则规模已成，十年则治化大定，然后恢复旧壤，大雪仇耻，一于是鞭笞四夷，为政地球而有余矣。”③ 这种不切实际的速成论，并不是康有为的个人认识，而是维新派中一些人的共同性格和情绪。当八国联军在1900年夏向北京进逼时，梁启超曾幻想依靠帝国主义支持

① 康有为：《请御门誓众开制度局以统筹大局折》，载《康有为全集》第4集，中国人民大学出版社2007年版，第78页。

② 康有为：《上清帝第一书》，载《康有为全集》第1集，中国人民大学出版社2007年版，第184页。

③ 康有为：《上清帝第四书》，载《康有为全集》第2集，中国人民大学出版社2007年版，第84页。

光绪皇帝复辟。曾赞同变法维新的官员胡燏棻也认为，只要“皇上一心振作，破除旧例，改弦更张，咸与维新”，“实心实力行之十年，将见雄长海上，方驾欧洲。”[①]

然而，严复受斯宾塞学说的影响，笃信庸俗进化论，认为社会演进只能是微小的和渐变的。他根据这种哲学，始终不赞成速成论，认为社会变革中没有丝毫突变可能。“民之可化至于无穷，惟不可期之以骤。”[②]后来在《天演论》中又说：“且地学之家，历验各种殭石，知动植庶品，率皆递有变迁，特为变至微，其迁极渐。即假吾人彭聃之寿，而亦由暂观久，潜移弗知。”[③]严复认为康、梁等人在维新活动中是“轻举妄动，虑事不周，上负其君，下累其友”。[④]中国的富强既然取决于中国广大民众基本素质的提高，那么，中国现代化的关键乃是人的现代化。而这均非短期内是可以实现的。他认为，至少需要60年才可能真正增进民众德、智、体等方面的基本素质，培养理想国民。

康有为等人主张速变论，是因为看到振兴过程中存在的一些有利因素。作为后发型现代化国家，中国可以借鉴西方业已创造的文明成果和成功经验，因此实现现代化可以不需要像欧洲那样经历300年的时间。但是，严复的渐变论比康有为等人的速变论更有道理。严复正确地看到：再没有一个促进变法胜利的政治经济社会环境下，中国要谋求变革和振兴，面临着巨大的阻碍。一是变革遭受帝国主义、封建主义的双重

① 胡燏棻：《变法自强疏》，翦伯赞等编：《戊戌变法》（二），神州国光社1953年版，第279页。

② 严复：《严强修订稿》，载《严复集》，中华书局1986年版，第25页。

③ 严复：《天演论》，载《严复集》，中华书局1986年版，第1342页。

④ 严复：《与张元济书》，载《严复集》，中华书局1986年版，第533页。

压制，这两大反动势力力量强大，短期内难以瓦解。二是艰难的制度变革和艰巨的思想启蒙才刚刚开始，广大民众仍麻木不仁，安于现状。由于严复对这些有着清醒的认识，所以对中国国情和世界形势的认识更为深刻，所作的估计更为审慎。不过，在空前严重的民族危机逼迫下，康有为等人具有急切的心态是完全可以理解的。

第二，批判托古改制说。康有为的思想表现形式与严复的不同。康有为以“公羊三世说”为宣传社会进化论的外衣，用“托古改制”为宣传政治主张的方式。他宣称：“民与王、帝、皇并称，则所谓民者，民主之谓。民主有总统、总裁、议长、总理之异，故不称民主，但称为民。然上贯圣王、盖其权位固王也。孔子称民，盖预知民主，且下极于六十四种之变，直烛照至今。非大圣至公远识，安能及此？”① 在此，康有为煞费苦心地把孔子塑造成“托古改制”的大师和能够预知将来的先知圣人，并借其名阐发自己的政治主张。孔子在戊戌变法时期仍是士大夫心目中的偶像，康有为借此宣传他的变法理念，的确有助于迅速引起进步知识分子的强烈反响。尽管这种方法是欺骗性的，但从宣传上说是有一定合理性的。

对于康有为这种宣传，严复认为非常不妥，并为此对他提出了反对意见。他认为西学是西方国民在实际生活形成的产物，“西学中源”论不过是“扬己抑人，夸张博雅”，“于实际从未一讨论”② 的幼稚可笑的议论。严复用对比的方法，肯定西学，批评中国文化风俗。在严复的文章中，尽管介绍了达尔文、牛顿、柏拉图、斯宾塞等西方学者的思想，并引用中国孔

① 康有为：《春秋董氏学》，载《康有为全集》第 2 集，中国人民大学出版社 2007 年版，第 371 页。

② 严复：《救亡决论》，载《严复集》，中华书局 1986 年版，第 52 页。

孟的话来分析这些思想，但是，他从来不认为这些思想就是中国古人所有的，至多认为他们的思想与中国古人的思想有某种程度上的相似。

第三，批判陆王心学。康有为受陆王心学的影响比较大，认为它“直捷明诚，活泼有用”，有利于人们在社会生活中发扬主观能动性。他说：“欲救亡无他法，但激励其心力，增长其心力，念兹在兹，则烟火之微，自足以争光日月，基于滥觞，流于江河，果能四万万人，人人热愤，则无可不为，奚患于不能救。”① 康有为非常赞赏陆王心力，认为发挥人的心力就可以产生强大的变革力量，为此他把变法的全部希望寄托到光绪皇帝身上。他说：皇上“居莫强之势，有独揽之权，不欲自强则已耳，若皇上真欲自强，则孔子所谓欲仁仁至，孟子所谓工犹反手。”②

与康有为的大力赞赏相反的是，严复认为陆王心学存在轻视实践的不足。他曾经批评陆王心学：只是师心自用，乡壁虚造，往往“自视太高”，“强物就我”。其消极结果是“后世学者，乐其径易，便于惰窳傲慢之情，遂群然趋之，莫之自返。其为祸也，始于学术，终于国家。”③ 与严厉批判陆王心学形成鲜明对比的是，严复高度肯定西学，认为西学不像中学那样华而不实，而是来自于实际，并可用于实际的真学问。“一理之明，一法之立，必验之物物事事而皆然，而后定之为不易。”④ 严复特别强调学习西方自然科学的重要，主张把学习西学作为提高国民素质

---

① 康有为：《上清帝第五书》，载《康有为全集》（第 4 集），中国人民大学出版社 2007 年版，第 4 页。

② 康有为：《上清帝第四书》，载《康有为全集》（第 2 集），中国人民大学出版社 2007 年版，第 81 页。

③ 严复：《救亡决论》，载《严复集》，中华书局 1986 年版，第 45 页。

④ 严复：《救亡决论》，载《严复集》，中华书局 1986 年版，第 45 页。

的起点。然而，他把提高国民素质当作推动社会历史前进的基本手段，则体现其历史唯心主义的倾向。

## 第三节　奠定五四启蒙运动的基础

严复“制度与国民性互动”思想在近代中国思想史上的重要价值，不仅体现在戊戌时期，而且体现在五四启蒙时期。这一精辟创见曾经开启了先进人物的心灵，并在其后掀起了一股强劲的国民性改造思潮，引发五四新文化运动。严复晚年先是因为在袁世凯复辟中列各筹安会而遭受严厉抨击，后又因为对五四运动中反传统不合时宜地表示不满而饱受批评。由于这些原因，他的思想与五四启蒙思想的关系似乎变得扑朔迷离，在严复研究和五四研究中，都罕见有关严复“制度与国民性互动”思想与五四启蒙关系的详细论述，即使偶有涉及，也多为批评之词。为此，全面阐释严复这一思想在五四启蒙中的价值，对于客观地评价严复的贡献有重要意义。

### 一、确立五四启蒙的理论基础

严复“制度与国民性互动”思想对五四启蒙的理论意义主要表现在：该思想为五四启蒙奠定了理论基石、提供了理论核心和构成了理论特征。

第一，严复“制度与国民性互动”思想中阐述的进化论，为五四启蒙运动奠定了理论基石。在 19 世纪末 20 世纪初，进化论是大多数中国先进知识分子的世界观。而在 19 世纪末阐发西方进化论的多种中国著作中，严复的《天演论》因为对进化论进行了准确的阐释而得到广泛传播，因而对新文化运动产生巨大影响力。

新文化运动作为近代国人的启蒙运动，是以严复引进的进化论为主要理论基石的。新文化运动的领导者陈独秀、李大钊等人，正是在《天演论》阐释的进化论启发下，将中西问题转化为古今新旧问题，进而把中西文化（即新旧文化）对立起来，主张全面地反传统。他们以社会进化论为依据，论证了道德革命、文学革命、人的革命和制度革命的合理性。关于道德革命，李大钊说：“道德者，宇宙现象之一也。故其发生进化亦必应其自然进化之社会。”[①] 陈独秀说：“盖道德之为物，应随社会为变迁，随时代为新旧，乃进化的而非一成不变的，此古代道德所以不适于今之世也。”[②] 关于文学革命，胡适指出：“那时影响我个人最大的，就是我平常所说的‘历史的文学进化观念’。这个观念是我的文学革命论的基本理论。”[③] 关于制度革命，陈独秀曾理直气壮地高声呼吁，要拥护民主和科学，就不得不反对旧的政治、旧的伦理、旧的礼教和旧的文学。陈独秀这些主张的立论依据，都是“因革命而新兴而进化”的“革命”的普遍进化观念。可以看出，新文化运动依据的正是严复引介的“与天争胜”的“革命的进化论”。

严复“制度与国民性互动”思想中的进化论之所以为新文化运动接受，是因为其特色符合近代中国自强保种的时代要求。严复的进化论实际上是混合了达尔文、赫胥黎和斯宾塞等人的进化思想。它以达尔文生

① 李大钊：《李大钊文集》（上），人民出版社 1984 年版，第 263 页。

② 陈独秀：《文学革命论》，载任建树等：《陈独秀著作选》第 1 卷，上海人民出版社 1984 年版，第 277 页。

③ 胡适：《文学革命是历史的必然》，载欧阳哲生编：《胡适文集》第 9 册，北京大学出版社 1998 年版，第 74 页。

物进化论为基础，富有科学品格，异于康有为三世说所隐晦表达的历史进化论；它接受斯宾塞普遍进化的观点，认为人类社会与自然一样都遵循优胜劣汰规律；它主张发挥主体的力量和能动作用，强调“与天争胜”的“革命派进化论”。对中国人来说，严复进化论的一个基本意义是，社会随着一维时间流逝将不断超越传统，趋向一个新的目标，因此，要走向现代化，必然要与传统决裂。这样，进化论就为五四启蒙运动的倡导者把传统与现代对立起来，批判和反对传统提供了合法性。正是深刻认识到五四启蒙思想的理论基础，蒋梦麟明确地指出：五四新思潮“是一个态度，这一个态度是向那进化的一方面走。”① 在他看来，社会进化的必然趋势就是，旧思想必然随着社会的发展，逐渐被新思想所代替。因而，面对社会进化的正确态度是倡导新的思想，打破旧的传统，而不是抵制新的思想，保守旧的传统。

第二，严复“制度与国民性互动”思想中介绍的自由观，为五四启蒙确立了理论核心。在近代启蒙思想家中，严复第一个认识到自由在实现民主共和制中的根本性地位。他认为，“liberty”和“freedom”都是“自主而无挂碍”的意思，都可译作“自由”。② 在自由观上，严复接受的主要是斯宾塞、赫胥黎以及穆勒等人的观点，对卢梭关于“人生而自由”

① 蒋梦麟：《新旧与调和》，陈崧：《五四前后东西文化问题论战文选》，中国社会科学出版社 1984 年版，第 122—129 页。

② 美国汉学家史华兹对此持有异议。他在《寻找富强：严复与西方》一书的一个注释中写道：“‘自由’这个词可以被翻译成‘Liberty’，并且严复用这一特定的词来翻译穆勒的《论自由》（On Liberty）。然而就我看来，这个词在大多数行文中，更适合来翻译‘freedom’这个词，因为它的涵义在这些文章中不具有严格的政治意义，它几乎是一个形而上学的概念。”参见［美］史华兹：《严复与西方》，滕复等译，职工教育出版社 1990 年版，第 221 页。

的理论则主要持反对态度。在卢梭看来，自由是人的本性和天赋权利，因此与启蒙完全无涉。严复则以社会进化论来阐述他的自由观：自由既然是社会进化的产物和结果，那么"民之自由亦以智、德、力三者程度为高下"。[①] 因此，要实现人的自由，就必须鼓民力、开民智、新民德，也就是要开展启蒙教育。更重要的是，他将自由分为意志自由和政治自由，并把自由与民主联系起来。他率先指出西方近代文明是以"自由为体，民主为用"。也就是说人的意志自由是建立民主制度的前提和基础，而民主制度则是实现意志自由的条件。这样，以培养自由主体为内容的启蒙就成为实现民主的必要手段。由此可见，在严复"制度与国民性互动"思想中，启蒙、自由和民主这三者是紧密联系在一起的。

严复强调，既然"中体西用""政本艺末"之说均未能处理好中西文化关系，这就要求有识之士对此作进一步的理论探索。这种探索首先应建立在中西文化差异的冷静比较上，他认为"中西事理，其最不同而断乎不可合者，莫大于中之人好古而忽今，西之人力今以胜古；中之人以一治一乱、一盛一衰为天行人事之自然，西之人以日进无疆，既盛不可复衰，既治不可复乱，为学术政化之极则"[②]。很显然，这是从历史发展上来比较中西，通过"好古"与"力今"、"一治一乱、一盛一衰"的循环论与"日进无疆"的进化论之对比分析，突出了中西差异的时代性——亦即封建主义时代与资本主义时代的不可调和性。循此以往，严复进一步抓住中西文化的时代命脉进行剖析，认为西方文化的命脉"不外乎学术则黜伪而崇真，于刑政则屈私以为公而已"，它"与中国道理

① 严复:《政治讲义》，载《严复集》第一册，中华书局 1986 年版，第 1294 页。
② 严复:《论世变之亟》，载《严复集》第一册，中华书局 1986 年版，第 1 页。

初无异也”，但中国不能做到“黜伪而崇真”（即科学）、“屈私以为公”（即民主），其关键在于“自由不自由”，[①] 亦即资本主义自由文化与封建主义专制文化的深刻冲突。

严复这种自由观为五四启蒙运动确立了理论核心。民主和科学“两个先生”是五四启蒙思想家大力提倡的，其核心是提倡个人意志自由。陈独秀在《新青年》创刊号就向青年提出：“我有手足，自谋温饱；我有口舌，自陈好恶；我有心思，自崇所信；绝不认他人之越俎，亦不应主我而奴他人：盖自认为独立自主之人格以上，一切操行，一切权利，一切信仰，唯有听命各自固有之智能，断无盲从隶属他人之理。”[②] 陈独秀等启蒙思想家的这些思想和严复的思想极为相似，淋漓尽致地表达他鼓吹意志自由的意思。与陈独秀一样，胡适早期提倡“易卜生主义”，实际上也是宣扬个人意志自由。他说：“第一，须使个人有自由意志。第二，须使个人担干系，负责任。”[③] 他后来倡言的“健全的个人主义”，其实还是个人意志自由。现在人们多认为，五四启蒙的意义在于提倡民主与科学。其实早在 1919 年，胡适就已经明确地指出，这种看法“还嫌太笼统了一点”。他把五四启蒙思潮的根本意义归结为一种新态度——“评判的态度”。[④] 但丁说过：“意志的自由就是关于意志的自由判断。”[⑤]

① 严复：《论世变之亟》，载《严复集》第一册，中华书局 1986 年版，第 2 页。

② 陈独秀：《敬告青年》，载《陈独秀著作选》第 1 卷，上海人民出版社 1984 年版，第 130—131 页。

③ 胡适：《易卜生主义》，载《胡适文集》第 2 册，北京大学出版社 1998 年版，第 427—488 页。

④ 胡适：《新思潮的意义》，载《胡适文集》第 2 册，北京大学出版社 1998 年版，第 552 页。

⑤ 邹铁军：《自由的历史建构》，人民出版社 1994 年版，第 32 页。

显然，胡适所指的“评判的态度”，实际就是个人自觉运用理智的态度，是一种“意志的自由判断”。在胡适等五四启蒙思想家看来，意志自由实际上就是自己为自己立法，要求个人自主选择自己的道德行为。意志自由不是社会赐予的个人权利，而是人在个性自觉和理智成熟后达到的结果。由此可以看出，五四启蒙思想家从事的实质上就是严复“制度与国民性互动”思想所说的自由意识的启蒙。

在自由与民主的关系上，五四新文化运动声称不谈政治，强调不以立即实现民主为目的，而要把启迪青年的思想觉悟作为重要使命。陈独秀在解释《新青年》的使命时就曾指出：“盖改造青年之思想，辅导青年之修养，为本志之天职。批评时政，非其旨也。国人思想傥未有根本之觉悟，直无非难执政之理由。”[①] 从中可以发现，陈独秀显然并不是要为北洋政府的专制独裁开脱。他之所以如此主张是因为：他认为个人的意志自由既是实现社会民主的前提，又是巩固社会民主的保证。在缺乏意志自由的前提下，不可能建立真正的民主社会，因而争取社会民主也是无意义的。正是因为这个原因，五四新文化运动的领导人把民主问题放置于思想启蒙的视域之外，而专注于启发和培育个人的意志自由。可以看出，这些思想恰恰是源自于严复“自由为体，民主为用”命题的精神。因此可以说，严复“制度与国民性互动”思想中的自由观，对五四启蒙的自由民主观具有重要影响。

第三，严复“制度与国民性互动”思想中倡导的科学观，为五四启蒙形构了理论特征。缘于斯宾塞的影响，严复的科学观在近代是比较先进的。他对西方科学的引进，超越了洋务派对西方器物层面的引进，上

① 陈独秀：《陈独秀书信集》，新华出版社 1987 年版，第 6 页。

升到了世界观和方法论层面，从而实现了对近代中国的科学观念的提升。严复对斯宾塞的《社会学研究》特别感兴趣，非常赞同其中的一些章节观点。“在这些章节中，斯宾塞叙述了各门具体科学对主导的社会科学的贡献。……进一步描述了每门具体科学背后的基本原则，并且把每门具体科学摆在适当的位置上。”“这种讨论在两方面引起严复的热情。科学的规范突然被解释为广泛的哲学原理，并被安排在一个包罗万象的宏伟体系中，……其次，这里把各种科学原理与严复当时正炽烈地关注着的国家和社会的治理联系起来了。”① 受斯宾塞思想的影响，严复认为西学中有两个理论对启蒙教育具有重要作用：一是达尔文生物进化论。严复认为它反映了社会发展变化的一般规律，应该成为近代中国先进分子的世界观。二是西方的实证方法，即“实测内籀之学”，严复认为中国国民不应仅仅重视思想演绎，而应在重视思想演绎的同时把经验归纳作为理想国民必备的思维方式。

严复“制度与国民性互动”思想对近代中国兴起西方实证方法具有重要推动作用，不仅开启了近代中国的实证主义学术传统，而且使科学及科学精神在五四启蒙中迅速上升为强势话语。陈独秀在《新青年》创刊号上曾经提出：“国人而欲脱蒙昧时代，羞为浅化之民也，则急起直追，当以科学与人权并重。”② 陈独秀在此虽然是强调科学与人权二者同等重要，都是启蒙的基本内容，是五四启蒙中高高竖起的两大旗帜。然而，“科学”与“民主”两个词，在五四启蒙话语体系中的实际地位并

① ［美］史华兹：《严复与西方》，滕复等译，职工教育出版社 1990 年版，第 28 页。

② ［美］史华兹：《严复与西方》，滕复等译，职工教育出版社 1990 年版，第 35 页。

不平等。在五四新文化运动时期，《新青年》《新潮》《每周评论》是启蒙思想家开展思想启蒙的三大核心刊物。有学者统计发现：“在这些刊物上，‘科学’一词（出现 3275 次）的出现频度是‘民主’（出现 805 次）的 4 倍强。”① 这组统计数字不仅显示了科学话语的强势，而且说明在实践中，当时的启蒙思想家对民主和科学的追求并不一样。他们对民主的追求实际是一种停留在事实层面的现实追求，而对科学的追求则是由“器”上升到“道”而形成的一种信仰追求。由此可见，中国现代文化思想领域中最为强势的话语是科学主义，而不是民主主义。

严复“制度与国民性互动”思想对实证科学的提倡，对五四启蒙中的实证主义思潮的发展产生了积极影响。实证主义的代表胡适认为，科学是一种万能的方法。这种实证方法不仅可以应用于自然科学领域，而且可以应用于社会科学领域。他明确指出：“我们观察我们这个时代的要求，不能不承认人类今日的最大责任与最需要是把科学方法应用到人生问题上去。”② 而这个观点，实际是 1923 年科学与人生观论战中科学派的指导思想。在与玄学派的论战中，科学派不满玄学派限定科学的适用范围，坚持科学具有绝对权威和普适性，强调科学方法不但能够解决自然界问题和人类社会问题，而且能够解决人生观问题。胡适后来也说：“我们也许不轻易信仰上帝的万能了，我们却信仰科学的方法是万能的。”③ 由此可见，严复“制度与国民性互动”思想中阐述的科学观，不仅构成近

① 金观涛等：《〈新青年〉民主观念的演变》，《二十一世纪》1999 年第 12 期。

② 胡适：《五十年来之世界哲学》，载《胡适文集》第 2 册，北京大学出版社 1998 年版，第 302 页。

③ 胡适：《我们对于西洋近代文明的态度》，载《胡适文集》第 4 册，北京大学出版社 1998 年版，第 9 页。

代中国科学“由器进道”历程的中介，而且推动中国科学主义思潮的形成。

## 二、夯实五四启蒙的人才基础

严复“制度与国民性互动”思想对五四启蒙的理论意义，不仅表现在其思想为五四启蒙奠定了理论基础上，而且表现在它夯实五四启蒙的人才基础上。可以说，互动思想是通过培养五四运动主将来奠定五四启蒙理论基础的。

第一，严复“制度与国民性互动”思想对蔡元培产生过深远影响。这种影响首先表现在蔡元培的社会发展观上。在《天演论》正式出版后不久，蔡元培就认真阅读了该著作，并在1899年1月28日写下了一份极为认真的读书笔记。这份笔记首先用摘要的方式对《天演论》的大意作了非常精练的概括：“物莫不始于物竞，而存于天择，而人则能以保群之术争胜天行……故群术既进，自营必减……（然而）生齿日繁……则物竞之烈即乘过庶而起。是故天行、人治，终古相消长也……胜天为治之说，终无以易也。”[①] 从这全面准确的内容提要，不仅可以看出蔡元培对《天演论》的阅读是非常认真的，而且可以发现他对严复所阐述的诸多观点也是非常赞赏的。在这份笔记中，蔡元培还认真记录了《天演论》中几个基本的观点：（1）人口问题是可以解决的；（2）斯宾塞保种三原则；（3）亚当·斯密的两利原则。把这些观点与《天演论》对照后可以发现：第一个观点是蔡元培根据《天演论·导言十五》的按语概括而成的。第二个观点是他从《天演论·论十五》的按语中摘抄的，其中有个别字改动。

① 蔡元培：《严复译赫胥黎〈天演论〉读后》，载《蔡元培全集》第1卷，中华书局1984年版，第84页。

第三个观点是他从《天演论·导言十四》的按语中摘抄的，一字不差。[①]即使是到了1923年，蔡元培仍对这些观点不为一般读者重视而表达过深深的遗憾。他曾经写道：“严氏在案语里面引了‘人各自由，而以他人之自由为界’、‘大利所在，必其两利’等格言，又也引了斯宾塞尔最乐观的学说，大家都不很注意。”[②]事实上，斯密的两利原则和斯宾塞保种三原则，都是严复根据近代中国的国情特意引进的促进“合群”“保种”的西药。蔡元培对严复思想的准确理解说明，他的确是严复的知音。

严复“制度与国民性互动”思想对蔡元培的影响还表现在他的教育理论念上。一是自由教育理念。在蔡元培教育思想中，“思想自由，兼容并包”的自由民主教育理论占重要地位。在中西文化关系问题上，他强烈反对以“中体西用”的方式接受西方文化，坚持对古今中西新旧文化“兼容并包”。二是文化会通思想。蔡元培发展了严复“统新故而视其通，苞中外而计其全”的思想，提出“大学者，囊括大典，网罗众家之学府也”。[③]他主张保持我国“固有的文明”，并在此基础上吸取世界各国新的理论成果，作为国人的“活”的思想营养。希望在吸取其精华之中达到“粹美之域”，且能陶铸国人“文明的人格”。蔡元培认为，要创造出新文化，就要学习西方文化、吸取其精华从而开辟出中国文化新路。三是与严复一样，主张改变学生学习目的观，要求学生以发展学术为天职，而不是

① 蔡元培：《严复译赫胥黎〈天演论〉读后》，载《蔡元培全集》第1卷，中华书局1984年版，第84页。

② 蔡元培：《五十年来中国之哲学》，载《蔡元培全集》第4卷，中华书局1984年版，第352页。

③ 蔡元培：《〈北京大学月刊〉发刊词》，载《蔡元培全集》第3卷，中华书局1984年版，第211页。

以升官发财为目的。因此可以说：蔡元培无疑认同严复对待西学的观点。他在某种程度上是严复“制度与国民性互动”思想的实践者。

蔡元培尽管认同严复的自由观，主张思想言论自由，反对封建统治钳制思想，但是他并非完全认同严复的思想。蔡元培对严复思想中的保守成分也有批判。他不同意严复将“On Liberity”改译书名为《群己权界论》，认为严复“译《天演论》的时候，本来算激进派，听说他常常说‘尊民叛君，尊今叛古’八个字的主义。后来他看得激进的多了，反有点偏了保守的样子”。①

第二，严复“制度与国民性互动”思想对李大钊产生的深刻影响。在成为马克思主义者之前，李大钊曾经非常崇拜严复，对于他的观点也是大多赞同。首先，李大钊接受了严复的国民劣根性思想。为悼念宋教仁被刺所写的《暗杀与群德》中，他认为宋教仁被害的原因是群德衰败。因为“群德之衰，武贼之流，乃敢出没于光天化日之下，以行其滔天之罪恶。群有巨憝而容之，群有彦俊而无以卫之，乃渔父之所以死耳”。②李大钊还在日本求学时，曾针对陈独秀的《爱国心与自觉心》写了一篇论文《厌世心与自觉心》，指出不应在国难当头时悲观，而应提高自身的素养，通过民德的提高实现民主。可见，李大钊思想上的“有为”“自强”已经和民主的目标相连接。他虽然不赞成革命，却在主张改造民德，转移世风的同时，致力于为政治改造建言。严复曾经从所观察到的西方社会中了解到，西方国家的国民素质为其民主制度优越和国力强盛的根

① 蔡元培：《五十年来中国之哲学》，载《蔡元培全集》第4卷，中华书局1984年版，第353页。

② 《暗杀与群德》，载《李大钊全集》（全新注释本）第1卷，人民出版社2006年版，第23页。

基，因而从种族优胜劣汰的角度提出：民智、民德、民力关乎国家民族的富强和民主共和的实现，国民性改造是民主救国必经途径。从李大钊所谓大恶不除、善者不能受到保护，以及把民德的提高和实现民主制度联系起来的观点看，李大钊的这些思想无疑是受严复的影响。

其次，他在1916年还表达了坚定的进化论思想。“欧洲战前之一切政治艺术，人文种种，胥葬埋于坟墓之内矣。斯固天演之迹，进化之理，穷变通久之道，国于天地，莫或可逃，莫或能抗者。”① 而比较分析他在同一年所写作的《青春》一文，可以清晰地发现：在该文中竟然有多达102字与严复的《天演论序》几乎相同。“唐生维廉与铁特二家，邃研物理，知天地必有终极……及其均平，天地乃毁。”② 在这102字中，与原文不符的地方（虚字的变动忽略不计）仅仅只有三处。如“邃研物理”在严复原文中是“格物五十年”。③ 这种高度重合的现象足以说明，李大钊对严复《天演论》的崇拜的确已经到了非常高的程度。1917年1月，李大钊的论文中又一次引用了严复的观点。严复在《天演论》中指出：“天演者，翕以聚质，辟以散力。方其用事也，物由纯而之杂，由流而之凝，由浑而之画，质力杂糅，相剂为变者也。”④ 李大钊则对这个观点加以引申和发挥。“宇宙进化之理，由浑而之画，由一而之杂……（万物）莫不由固定而趋于流动，由简单而趋于频繁，由迟滞而趋于迅

① 李大钊：《民彝与政治》，载《李大钊全集》（全新注释本）第1卷，人民出版社2006年版，第152页。

② 李大钊：《青春》，载《李大钊全集》（全新注释本）第1卷，人民出版社2006年版，第184页。

③ 严复：《〈天演论〉手稿》，载《严复集》，中华书局1986年版，第1412页。

④ ［英］赫胥黎：《天演论》，严复译，商务印书馆1981年版，第6页。

捷，由恒久而趋于短促，此即向上之机，进化之象也。”[①] 通过对比这两段文字可以发现，李大钊的“由浑而之画”一句，是对严复文字的照抄；而“由一而之杂”一句，与严复的文字仅有一字之差；“由简单而趋于频繁”一句，则是以严复的“万物皆始于简易，终于错综”[②] 为依据；“由固定而趋于流动”一句，则是对严复文字中的“由流而之凝”一句的反向表达。由此可以看出，李大钊对严复介绍的天演界说是基本信奉的，尽管他并非完全接受并拘泥于其思想。

再次，李大钊还受严复自由思想的影响。不过由于李大钊是在推阐“民彝”的意义与作用的基础上来理解“唯民主义”，从而特别强调了民主政治是“国法与民彝问之洼络愈益疏通之政治”，这使他的民主思想有了很鲜明的中国特征。这种特征在很大意义上表现为人民民主的特征。所以，他在引证他认为的“论善治标准最精者”、英国著名哲学家、政治理论家约翰·穆勒的政治理论时，不是简单重复，或宣传穆勒的思想，而是用穆勒的思想来阐发他本人的观点。“盖政如草木焉，置之其地而发生滋大者，必其地肥硗燥湿寒暑，与其种性最宜者而后可。否则，萎挫而已，再甚则僵槁而已”。[③] 与李大钊同一思想“今以观于朝，执政之人，则如何者，政如疾风，民如秋草。”[④]“由是言之，政治之良窳，视乎其群之善良得否尽量以著于政治；而其群之善良得否尽量以著于政治，则又

① 李大钊：《〈甲寅〉之新生命》，载《李大钊全集》（全新注释本）第1卷，人民出版社2006年版，第239页。

② ［英］赫胥黎：《天演论》，严复译，商务印书馆1981年版，第7页。

③ 严复：《原强修订稿》，载《严复集》，中华书局1986年版，第26页。

④ 李大钊：《风俗》，载《李大钊全集》（全新注释本）第1卷，人民出版社2006年版，第90页。

视乎其制度礼俗于涵育墉导而外，是否许人以径，由秉彝之诚，圆融无碍，而为象决于事理得失利害之余裕。”[①]李大钊的看法多少带有一点严复译文影响的痕迹。在他看来：思想自由既然“生民之秉彝”，自然就使人民不会超越自己的权利界限，妨害他人。这正好证实了他的“民彝”为纯粹善良的观点，这也正是由孔子提出，为思孟学派发扬的“性善”观点。

最后，李大钊还深受严复“制度与国民性互动”思想的影响。在《“少年中国”的“少年运动”》一文中，他写道：“我们少年运动的第一步，就是要作两种的文化运动一个是精神改造的运动，一个是物质改造的运动。”[②]精神改造的运动就是根据人道主义的精神，向人们积极宣传“互助”“博爱”的道理，使每个人都拿出他们的“人”的面目来面对他的同胞，与他们的同胞交往，从而达到改造现代堕落人心的目的。“把那占据的冲动，变创造的冲动；把那残杀的生活，变为友爱的生活；把那侵夺的习惯，变为同劳的习惯；把那私营的心理，变为公善的心理……”[③]“物质改造的运动，就是本着勤工主义的精神，创造一种‘劳动神圣’的组织，改造现代游惰本位，掠夺主义的经济制度，把那劳工的生活从这种制度下解放出来，使人人都须作工，作工的人都能吃饭。”[④]在李大钊的思想中，这两种运动是相辅相行的，对培养新少年都是不可或缺的。精

① 李大钊：《民彝与政治》，载《李大钊全集》（全新注释本）第1卷，人民出版社2006年版，第150页。

② 李大钊：《“少年中国”的“少年运动”》，载《李大钊全集》（全新注释本）第3卷，人民出版社2006年版，第11—12页。

③ 李大钊：《“少年中国”的“少年运动”》，载《李大钊全集》（全新注释本）第3卷，人民出版社2006年版，第12页。

④ 李大钊：《“少年中国”的“少年运动”》，载《李大钊全集》（全新注释本）第3卷，人民出版社2006年版，第12页。

神的改造不仅要与物质的改造同时进行，而且应该在物质的改造开始时就抓紧。这是因为国民深受以往社会的习染，形成了顽固的恶性，如果不把国民这些恶性根除，社会的物质改造即便成功，它仍会在后来的新社会新生活中萌发，并破坏那新的社会组织。另一方面，如果不对社会进行物质的改造，不改变旧的社会制度和组织，国民精神的改造也难以成功。因为精神的力量只是社会的表面文化，深受作为社会基础的物质影响，在不改变社会制度和组织的情况下，单纯的人心改造永远不会成功。可以看出，李大钊主张物心两方面改造以求建成“灵肉一致”的“少年中国”的思想，深受严复“制度与国民性互动”思想的影响。

第三，严复“制度与国民性互动”思想对陈独秀也产生了重要影响。首先，严复的进化论对陈独秀具有重要的影响。早在 1897 年，陈独秀就在杭州求是书院有幸学习了严复译述的《天演论》。通过学习，他接受了西方进化论。自从那时起一直到他接受马克思主义之前，他都是把进化论看成是“使人心社会划然一新的三大学说之一”。① 陈独秀接受了严复人类同其他动物一样遵循优胜劣汰规律的观点，认为社会发展的历史是国家民族相互竞争、优胜劣败、适者生存的历史，“自宇宙之根本的法言之，森罗万象，无不在演进之途”。② 陈独秀还继承和发展了严复“恃人力”思想，主张积极进取，反对“处顺境而骄，遭逆境而馁”③。

① 陈独秀：《法兰西人与近世文明》，载《陈独秀文章选编》（上），生活·读书·新知三联书店 1984 年版，第 79 页。

② 陈独秀：《敬告青年》，载《陈独秀文章选编》（上），生活·读书·新知三联书店 1984 年版，第 152 页。

③ 陈独秀：《抵抗力》，载《陈独秀文章选编》（上），生活·读书·新知三联书店 1984 年版，第 94 页。

他克服了严复等把进化只看成是渐变而否认质变、飞跃的缺点，强调革命在进化过程中的重要作用，主张通过“力战”“流血”，实现中国的民主共和。

除此之外，陈独秀还受严复的“三民”思想影响，认为启迪人们觉悟需要改变中国的教育方式。他在1904年创办《安徽俗话报》以及此后创办的《新青年》过程中，他汲取严复教育思想中许多有益的观点，形成了自己的教育思想。首先，陈独秀继承严复的国民劣根性的认识，提出中国人必须摆脱愚昧才能实现国家富强，教育在改造国民性具有重要作用。在《新青年》的创刊时，陈独秀曾通过中西方人的性格对比，明确地批判了中国人的劣根性。他指出中国人的劣根性表现有：中国人重视家族、感情、安息、虚文；宽于忍让；尊家长、尊元首、教忠孝、重阶级。这些劣根性有非常坏的作用：“窒碍个人意思之自由”，“损坏个人独立自尊之人格”，“剥夺个人法律上平等之权利”，“养成依赖性”，破坏个人的能力，造成社会中“种种卑劣不法惨酷衰微之象”。[①] 其次，陈独秀继承了严复的德育目的观，号召国民去奴性，讲民主，主张培养国民的奉公与爱国的优良品质，以便使国民同心协力抵抗外国侵略者。他在《安徽俗话报》中明确提出，该报的目的就是让人们“长点见识”。“请看世界万国，那教育发达和那教育不发达的人民，智愚贤否迥然不同，这就是吾人必须教育的铁证了。”[②] 在他看来，道德教育的目的就是通过教育使学生认识到国家对国民自身的重要性，从而真正树立爱国家、爱

① 陈独秀：《东西民族根本思想之差异》，《青年杂志》第1卷第4号，1915年12月15日。

② 陈独秀：《近代西洋教育——在天津南开学校演讲》，载《陈独秀文章选编》（上），生活·读书·新知三联书店1984年版，第218页。

民主共和的观念，形成反对“民奴”国家的思想，确立自觉、自立的国民精神。再次，陈独秀接受严复关于民力与国家关系的观点，不仅认同严复国民体质与社会发展和政治制度是密切相关的观点，而且对这一点加以引申。他不仅主张培养学生“意志顽狠”“体魄强健”“信赖本能”“顺性率真”“不饰伪自文”“不依他活”[①] 等品质，而且还提出教育要以教育制度变革为基础。他经过了一番深入思考后，认为辛亥革命后的中国一直不能建立真正的民主政治的原因在于中国人缺乏民主国家国民的现代公民意识，如果要建立民主制度，必先培养国民的公民意识。为此，陈独秀 1915 年在上海创办了以青年为诉求对象的《青年杂志》，把青年看作救国图强的希望所在。

陈独秀在严复中西文化比较观的影响下，进一步比较分析了东西方思想的差异。他认为它们之间的差异主要表现在如下几个方面：一是西方国家是以个人为本位，中国是以家族为本位；二是西方国家是以法治为本位，而中国是以感情为本位；三是西方国家是以实力为本位，而中国是以虚文为本位；四是西方国家是以科学为本位，而中国是以想象为本位；五是西方国家是以战争为本位，中国是以安息为本位，等等。从中可以看出，他比严复更加明确中国应该的改造方向——要解决中国问题，必须学习和采纳西方的民主和科学，改造中国的传统文化。这一思想对辛亥革命后陷入迷茫的知识分子来说，无异于空谷足音。

综合上述内容可见，严复“制度与国民性互动”思想在中国近代历史上具有重要的实践意义和理论价值。正如同盟会的《民报》主笔胡汉

---

① 陈独秀：《今日之教育方针》，《陈独秀文章选编》（上），生活·读书·新知三联书店 1984 年版，第 89 页。

民所表彰的那样：“自严氏出书，而物竞天择之理，厘然高于人心，而中国民气为之一变，即所谓言合群、言排外、言排满者，因为风潮所激发者多，而严氏之功盖亦匪细。”[①] 诸如康有为、梁启超、黄遵宪、蔡元培、孙中山、胡适、鲁迅、毛泽东等近代中国重要历史人物，大都公开表明曾受到过严译《天演论》的深刻影响，《天演论》出版后在整个思想界引起巨大反响。当时关心中国存亡的爱国青年，大家都抢着看《天演论》。这本书使严复成为当时全国知名的人物，使像康有为那样目空一切的人，也承认严复是“中国西学第一人”。

历史证明，严复关于新制度培养新国民的思想具有一定的合理性。清末新政时期进行的政治体制、经济体制和教育体制等方面的改革，就构成了层层相扣的冲击波，摧毁了根深蒂固的忠孝仁爱思想。而随之出现的则是自由、民主、法治、竞争和科学等观念的渐次生成。这些改革措施终结了封建教化体系和破坏封建社会流行的传统国民性。对于这些变化，作为清末民间社会的核心教化主体——乡绅——就普遍地感受到。刘大鹏们曾非常无奈地哀叹：“圣贤之道将由是而泯焉。”[②]

① 胡汉民：《述侯官严氏最近政见》，《民报》第2号（1906年5月5日）。

② 刘大鹏：《退想斋日记》，山西人民出版社1990年版，第178页。

# 第五章　严复“制度与国民性互动”思想的困境

严复“制度与国民性互动”思想是关于近代中国社会变革的方案。然而，近代中国社会所走的不是严复所设想的渐进改革之路，而是一条流血的激进革命之路。严复这个强调社会逐步“调适”的方案，为何没有被近代中国所选择？它在近代中国遇到哪些困境呢？探究其中原因，有助于准确评价严复思想的历史地位。本章以制度经济学为理论工具，对严复“制度与国民互动”思想的困境进行初步分析。

## 第一节　制度与国民性良性互动中的威权动力困境

严复根据近代西方走向资本主义的经验提出，推动制度与国民性的良性互动，需要调动互动主体的积极性或动力。互动主体动力主要是对互动中的因果原理的物理学类比。如果将“制度与国民性互动”的现象视为结果，那么任何导致“制度与国民性互动”的因素都可以视其动力。“制度与国民性互动”中的主体动力是指参与互动的主体从事变迁的直接动机和意图。互动中的主体区分为两部分：一是社会精英和威权人物，二是普通大众。在严复“制度与国民性互动”模式中，主体缺乏互动动力的一个表现就是威权参与互动的动力缺失。

## 一、威权精英在互动中的引导地位

在严复“制度与国民性互动”思想中，建立民主政治制度虽然需要全体国民的合作，但更离不开精英的领导。“求中国之治，非上有圣主不能。”① 其中的“圣主”是指德才皆高的明君和权威。这说明，严复尽管非常重视发挥普通国民在互动中的重要作用，但没有完全抛弃精英政治或“好人的政治”的思维。可以说，严复对国民程度的重视是和他的精英主义的心态交织在一起的。严复重视社会精英和威权人物，是由于他们在制度变革中具有重要作用。

第一，严复重视社会精英和威权人物，是因为他认为威权精英是国民中的先进分子，在互动中能发挥带头作用。社会变革要遵循社会发展规律，而这种规律不是每个人都能认识和运用。国民分为圣人和普通人。“圣人”与普通人不一样，“圣人者，特知运会之所由趋，而逆睹其流极”。② 他们能够先于常人掌握并自觉运用社会发展规律，因而能够在社会发展中“以芟夷顽梗，使大多数苍生环堵有一日之安”。③ 更重要的是，他们还能够在社会变革过程中，“倡义声于天下，身率平等之众，诚意足以感孚，力任其难”。④

第二，严复重视社会精英和威权人物，还因为互动是一个复杂的

① 严复:《〈法意〉按语》，载《严复集》，中华书局 1986 年版，第 1000 页。

② 严复:《论世变之亟》，载《严复集》，中华书局 1986 年版，第 1 页。

③ 严复:《与熊纯如书》，载《严复集》，中华书局 1986 年版，第 652 页。

④ 严复:《〈法意〉按语》，载《严复集》，中华书局 1986 年版，第 964 页。

工程，它的顺利运作需要威权人物的集中统一指挥。制度的执行与制度的建立有不同要求，要使好的制度得到顺利执行，要把执行的责任和权力都集中到个人；而要使好的制度得到建立，则需要各个利益相关方集思广益和相互协调。“制度与国民性互动”，不仅需要建立相关的制度，更要有专门的人去执行。因为“制度与国民性互动”非常复杂，其中的决策就像御舟。在驾船中，取消具有专业技能的船长的统一指挥权，由船中水手和厨役火工之人按照民主方式组织在一起，讨论和决定驾船遇到的轮帆针向之事是很危险的。类似地，如果在互动中以少数服从多数形式的决策，代替必要的集中统一指挥，就可能取消威权精英的领导权，导致“多数人对少数人的专制”，最终作出错误的选择。正是因为这个原因，“立法揆度、出号施令者，必不可以不学无本之人”。①

第三，严复重视社会精英和威权人物，还因为互动需要以公益为重的人。在严复看来，制度变革往往要预先付出成本，只能带来事后收益。在这种情况下，制度变革需要精英预先支付变革成本。“必有为群舍己之人，而后群强而化进也。”② 严复敏锐地发现：制度与人的利益密切相关，制度变革意味利益格局的调整。在国家发展处于停滞的情况下，社会可分配的资源总是有限的。因而，在这种条件性的制度变革中，就会出现有的人的利益受到损失，有的人的利益得到维护，还有的人的利益获得增加。这样，认为自己利益受损的人，就会起来反对制度变革。

① 严复：《论国会议员须有士君子之风》，载《严复集》，中华书局 1986 年版，第 325 页。

② 严复：《拟上皇帝书》，载《严复集》，中华书局 1986 年版，第 76 页。

由此可以说，严复在看到了近代中国民众素质落后的同时，又把社会的发展寄托于“精英”的贡献。他一方面认为政府要培育及格的国民，但另一方面又认为人们智慧与能力有高下之别，国家的决策应交给能力较高者来处理。他批判圣人，但又期盼“圣人”；批判君主专制，但又认为中国“仍须定于专制”。严复在要人当主人而不当奴隶的同时，又把解放“奴隶”的任务交给了“圣人”。

这种认识隐含了对实践“德性政治”的向往，在近代中国社会转型时期具有一定合理性。奥尔森的集体行动理论指出：社会运动之所以不能持久，是因为参与者无法“公平合理”地分担运动的成本，从而“迫使一小部分人牺牲自己眼前的利益去承担全民族的久远的历史责任”。精英治理尽管存在走向专制的危险，但在实现民主之前的过渡阶段是必需的。政治权威往往能压制反对制度变革的官僚和政治势力，打破政策僵局。近代中国进入转型期以后，随着原有社会结构将逐步瓦解，原有社会信息的连续性也遭受到了破坏，而制度变迁可能进一步加剧社会中信息的不对称，这样就使转型中的国民及新生的制度对不确定事件格外敏感。这时的制度变迁过程具有多向性，而且很难达到“有效”的稳定均衡。因而，如果要克服互动过程中可能出现的多向性和不确定性，就需要威权运用其协调和动员能力，采取积极有效的社会控制政策，降低社会特别是制度中的不确定性。在社会转型期，加强威权对维系或重建和谐秩序，对实现近代社会的成功转型是非常重要的。

## 二、威权精英在互动中存在自身利益

国民性归根结底是由经济关系所决定，国民性之所以不是抽象的，而是具体的，还可以从另一个方面反映出来，就在于国民性都是一定时代社会利益的反映。因为，“每一既定社会的经济关系首先表现为利益”。[①]因此，任何一种国民性实际上都是以一定的阶级、阶层或集团的实际利益为基础的。马克思说：“‘思想’一旦离开‘利益’，就一定会使自己出丑。”[②]同样，任何一种国民性，无论它怎样高尚，一旦不反映人们的实际利益，就马上会变成漂亮的空话，而毫无实际意义。从这里，我们可以深刻领会到国民性改造是决不能脱离群众的根本利益，进行一些空洞的国民性改造的说教，那样的说教，是绝对不可能激发起群众的持久的革命热情，因为“人们为之奋斗的一切，都同他们的利益有关”。[③]

在近代，掌握国家权力的威权精英根本就缺乏参与“制度与国民性互动”的动力，而且一次次让人失望地走向专制统治。中国近代历史实践让严复失望的结果正是证明了这点。其实，严复对于其中的原因有过分析，然而其分析是矛盾的。一方面，他认为人性是趋乐避苦的，“与生俱生者有大同焉，曰好甘而恶苦，曰先己而后人。”[④]严复受霍布斯思想的影响，在《辟韩》一文中提出，“天下立君之本旨”在于“使子专力于所以为卫者，而吾分其所得于耕织工贾者，以食子给子之为利广而事治乎”。“君也臣也，刑也兵也，皆缘卫民之事而后有也；而民之所以有待于卫者，以其有强梗欺夺患害也。”[⑤]社会分工可以提高社会生产效

① 马克思：《论住宅问题》，载《马克思恩格斯文集》第3卷，人民出版社2009年版，第350页。

② 马克思：《神圣家族，或对批判的批判所做的批判》，载《马克思恩格斯文集》第1卷，人民出版社2009年版，第286页。

③ 马克思：《第六届莱茵省议会的辩论》，载《马克思恩格斯全集》第1卷，人民出版社1995年版，第187页。

④ 严复：《天演论》，载《严复集》，中华书局1986年版，第1345页。

⑤ 严复：《辟韩》，载《严复集》，中华书局1986年版，第34页。

益，君主等领导者是随社会分工的发展而出现的。君主是专门负责国家安全和社会治理等工作，并因此从普通民众那里获得收益；普通民众负责社会生产，并通过提供部分收益而获得君主的保护。从中可见，严复认识到领导精英是通过提供保护和正义来交换收益的，领导精英同样具有利益需求。

另一方面，严复又把社会精英们不能推动互动的原因，归咎于他们的道德和能力问题。严复忽视领导精英在治理国家时存在利益，要他们合私以为公，甚至公而忘私、以“公仆”自居。“立宪之君者，知其身为天下之公仆，眼光心计，动及千年，而不计一姓一人之私利。”[①]严复曾经对社会精英表达过一次又一次的失望。对于袁世凯，他认为：“大总统固为一时之杰，然极其能事，不过旧日帝制时，一才督抚耳！欲与列强君相抗衡，则太乏科哲知识，太无世界眼光，又过欲以人从己，不欲以己从人，其用人行政，使人不满意处甚多，望其转移风俗，奠固邦基，呜呼！非其选尔。”[②]对于段祺瑞等人，他认为：“文若东海，武若合肥，举非其选，而横览一世，谁为救国之才，想足下与我皆不能即举以对也。”[③]在严复看来，袁世凯和段祺瑞等人缺乏互动动力的原因在于他们的道德和能力不足。显然，这些观点是与“人心趋利”[④]的人性论相矛盾的。

其实，威权精英同样具有自身的利益要求。这种利益要求是精英的执政动机，包括物质得利和拥有权力的那种感觉，也包括永垂青史效应

---

① 严复：《宪法大义》，载《严复集》，中华书局1986年版，第245页。

② 严复：《与熊纯如书》，载《严复集》，中华书局1986年版，第624页。

③ 严复：《与熊纯如书》，载《严复集》，中华书局1986年版，第682页。

④ 严复：《与熊纯如书》，载《严复集》，中华书局1986年版，第643页。

和被国民追随的自豪感。马克思主义者和一些新古典经济学家指出，国家统治者在追求最大化利益的同时，也把本集团、阶级的利益作为目标，而其他集团和阶级的利益只是他们的约束函数。列宁认为：“国家是阶级统治的工具。”[①] 国家的领导精英是某一阶级或集团的代理者，他们执行的职责是代表该阶级或集团压迫和剥削其他阶级或集团，他们行动的优先目的是自身所在集团的收益最大化。新古典经济学家认为，国家界定了一套产权或制度安排，目的在于使权力集团的收益最大化，而可能无视其他社会集团的利益，也无视它对社会整体福利的影响。为使权力集团的收益最大化，就不得不从其他集团、阶级的利益中榨取各种收入。因而，领导精英和其他制度变迁的主体一样，都追求利益或效用的最大化，他们从事制度创新与变迁的目的都是为了实现自己利益的最大化。也就是说，制度变迁是主体获取最大“潜在利润”的工具，是主体参与互动的内在动因。在清末社会，许多教育者之所以敢于背逆社会主流，顽固地捍卫皇权、族权专制体系，正是由于他们是这个专制体系的受益者。

## 三、互动结果导致对精英利益的损害

严复“制度与国民性互动”方案是以实现民主为目标的。所谓民主，就是指人民的统治，是公民根据法律的授权，平等地参与政治生活的一种制度安排。严复曾有正确地指出，君主专制制度与民主共和制度有着本质的区别。在君主制中，君主具有最高的决策权，而普通民众没

① 参见列宁：《国家与革命》，载《列宁选集》第3卷，人民出版社1995年版，第114页。

有，他们在社会中的地位并不平等。在民主共和制中，民众享有共同参与政治生活的权利。民主共和制以权利平等为基础，“其所对而争自繇者，非贵族非君上。贵族君上，于此之时，同束于法制之中，固无从以肆虐”。[①] 严复“制度与国民性互动”方案如果实施，必然减少袁世凯为代表的威权精英的收益，或者增加他们的互动成本。在这种制度中，精英与普通国民存在博弈关系。

第一，自由、民主和民主政治是密切地联系在一起的，建立民主政治是对威权精英政治权力的削弱。“故言自由，则不可以不明平等，平等而后有自主之权。合自主之权，于以治一群之事者，谓之民主。”[②] 强调以个人的自由和权利为中心的民主理念，高度关注各种社会权力的运用方式及其有效限制，哪怕这种权力来自于人民，与此同时，它还非常关注国家权力的来源和归属，强调这些权利来自于人民，人民主权是至高无上的。比如，民主理念强调，所创立的法律不仅必须经过正当的立法程序，而且其内容也不得超越宪法和法律所规定的范围，更不能违背民主政治和相关法律的精神。也就是说，在民主政治下，个人的权利与自由是至高无上的，受到宪法和法律的明确保障，任何个人或组织都不能通过立法来剥夺宪法赋予人民的基本自由与权利，宪法严格地限制了政府的权力，以便保证个人的权利和自由免遭民间或官方的侵害和剥夺。可见，在民主政治下，统治精英与普通大众之间实际是委托——代理的关系。

第二，在许多情况下，政治权力与物质利益是相通的，权力的削弱往往导致利益的削减。在许多情况下，威权精英就是富人，富人就是威

① 严复:《〈群己权界论〉译凡例》，载《严复集》，中华书局 1986 年版，第 134 页。

② 严复:《主客平议》，载《严复集》，中华书局 1986 年版，第 118 页。

权精英。富人会利用手中的资源来获取权力，而有权势的人会用权力来谋取财富。“不管怎样，权贵和富人之间有着密不可分的联系。”① 政治制度虽然不是简单地决定财富和权力的再分配，但是它们在调节政治权力的分配中有着重要的作用。在民主制度下，由于资源有限，公民参与政治过程，实质上是对威权财富和权力的限制。这样，威权和普通民众之间就存在着委托——代理关系，意味着他们既可能有共同利益，也可能有利益和权力的冲突。因此，有学者指出：“民众要求民主，权贵要求非民主，两个团体之间的政治权力均势决定了上海是否由非民主向民主过渡（也许还决定了民主在建立之后，是巩固民主还是倒退回非民主）。”②

第三，最重要的是，威权主体在互动过程中获得的收益小于付出的成本。这是他们缺乏动力的实际原因。“由于提供这些服务存在着规模经济，因而作为一个专门从事这些服务的组织，它的社会总收入要高于每一个社会个体自己保护自己拥有的产权的收入。”③ 当统治精英没有约束保证他们维护普通国民的利益时，他们就可能寻租或不作为。因而，威权精英之所以没有积极推动制度与国民性的互动，固然有其品德高尚与否的原因，但从根本来说则在于他们的利益没有得到维护。清末新政的历史就证明：清廷作为封建统治阶级的最高集团，是不会也不愿意丝毫放弃自己手中的权力，大权独揽，实行专制已经成为一切封建统治者

① ［美］达龙·阿塞莫格鲁等：《政治发展的经济分析——专制和民主的经济起源》，马春文等译，上海财经大学出版社 2008 年版，第 17 页。

② ［美］达龙·阿塞莫格鲁等：《政治发展的经济分析——专制和民主的经济起源》，马春文等译，上海财经大学出版社 2008 年版，第 23 页。

③ ［美］道格拉斯·诺斯：《经济史中的结构与变迁》，陈郁等译，上海人民出版社 1994 年版，第 23 页。

与生俱来的文化心态。在清廷，发现皇权阶层将在互动中被剥夺权力而又没有得到相应的补偿时，他们是不会主动放弃权力，自觉实行民主共和制度的。清末筹备立宪，不是统治者自觉实施，而是当时客观形势逼迫而成的。要调动统治精英推动“制度与国民性互动”的积极性，就要使他们行动的收益大于所付出的成本。而当他们不愿推动互动时，应该形成一个坚强的利益集团，也就是强大的支持“制度与国民性互动”的阶级和力量。这个集团能够采取斗争行动，使统治精英不行动的收益要小于行动的收益，或是不行动的成本大于行动的成本。

总之，“制度与国民性互动”的领导精英具有自己的利益，是否参与互动要以成本——收益的对比为基础。既然民主制度能带来有利于民众的权力转移，为什么权贵要建立这样一组制度？我们认为，这种情形之所以能够发生，只是因为被剥夺了选举权的民众能够对权贵造成威胁，迫使他们做出让步。这些威胁可以是罢工、示威游行、暴动，甚至革命。由于这些行动给精英权贵带来了成本，他们可以用镇压阻止这些行动。然而，镇压的成本经常很高，以至于对权贵来说，不是一个有吸引力的选择，为此，他们只能采取让渡权力或资产再分配等民众受益的改革。所以，威权精英缺乏互动动力的真正原因是：“制度与国民性互动”结果走向了自由、民主和民主政治，从而损害他们的利益，或其收益小于其为民主付出的成本。

严复不能发现威权精英在“制度与国民性互动”中动力缺失的原因，主要是由于他不懂得阶级斗争。他只看到威权精英与普通国民之间，是委托——代理的关系，存在共同利益和共同合作的一面，而没有看到他们之间还存在各自利益和相互对立的一面。“以往的全部历史，除原始状态外，都是阶级斗争的历史；这些互相斗争的社会阶级在任何时候都是生产关系和交换关系的产物，一句话，都是自己时代的经济关系的产物。”① 正是这些阶级斗争推动社会进步和发展的力量，是推动社会进步的基本动力。因为，“自从原始公社解体以来，组成为每个社会的各阶级之间的斗争，总是历史发展的伟大动力”。②

## 第二节　制度与国民性良性互动中的国民动力困境

在严复“制度与国民性互动”的模型中，普通国民是另一个重要的参与主体，他们的积极参与，对于制度与国民性的互动同样具有重要意义。普通国民支持民主政治的逻辑与威权精英反对民主政治的逻辑相类似，他们参与互动的动力来自于对民主政治可能带来收益的预期。然而，由于互动目的上存在个人本位与集体本位的混乱，严复“制度与国民性互动”方案，并没有能够在历史实践过程中调动普通国民的积极性。

### 一、普通国民在互动中的主体地位

在严复“制度与国民性互动”模式中，国民是非常重要的主体。在严复看来，制度变革和国家治理好坏与否虽然有赖于统治精英的努力，但仅有这点又是不够的，因为统治精英的努力能否成功，还取决于普通国民是否配合。在“制度与国民性互动”过程中，普通国民并不是

① 恩格斯：《反杜林论》，载《马克思恩格斯文集》第9卷，人民出版社2009年版，第409页。

② 恩格斯：《国际社会主义和意大利社会主义》，载《马克思恩格斯文集》第4卷，人民出版社2009年版，第505页。

简单的被动服从者，而是互动的重要主体，他们是“制度与国民性互动”的动力和发展的目的。

第一，严复“制度与国民性互动”的推动，必须有统治精英和普通国民的密切配合和有利的社会历史条件。统治精英和普通国民都是制度变革中不可或缺的主体，实现制度变革，“必有至圣之德，辅之以高世之才，因缘际会，幸乃有成。不然，且无所为而可矣”。反之，“贤者睹其危亡思有以变之，则彼为上者之难，与在下者之难，又不能以寸也”。[①] 这个认识是深刻的。在“制度与国民性互动”中，制度的变迁是人类集体理性的直接对象和产物，国民根据既有的信息和行为目标，有意识地理性参与并主动积极地对互动过程施加影响。这一过程大致如下：对现有制度和国民性做出评价——形成认知和把握时机——确立制度和国民性互动的目标——选择互动方式——制定互动方案——实施互动——调整完善目标——确立并巩固新的制度和国民性。由于互动过程是复杂的，因而互动主体的参与同样需要特定的程序和分工，其中，威权精英是互动的领导力量，而普通国民则是互动的主导动力。

第二，普通国民是“制度与国民性互动”的执行者与承担者。严复指出：“虽有至仁之国，必不能为所胜亡国之民立仁制也。夫制之所以仁者，必其民自为之。使其民而不自为，徒坐待他人之仁我，不心蕲之而不可得也。就令得之，顾其君则诚仁矣，而制则犹未仁也。使暴者得而用之，向之所以为吾慈母者，乃今为之豺狼可也。”[②] 在严复看来，一个国家的制度终究是由普通国民选择并愿意遵守的。如果一个

① 严复：《〈法意〉按语》，载《严复集》，中华书局1986年版，第943页。

② 严复：《〈法意〉按语》，载《严复集》，中华书局1986年版，第972页。

制度遭受国家全体国民的抵制，就会被淘汰。正是在这个意义上，普通国民对制度选择和制度安排具有最终的决策权。因此，严复反对过分地指责桀纣之类的残暴统治者。他指出：“一国之制，其公且善，不可以为一人之功，故其恶且虐也，亦不可以为一人之罪。虽有桀纣，彼亦承其制之末流，以行其暴。”[①] 严复的观点是深刻的。因为，互动的目标、任务、制度都是通过人来制定和执行的，高素质的理想国民能够克服困难，冲破不合理制度，建立推进社会发展的制度；而那些思想封闭、保守、拖沓的国民自然也不可能完成这一复杂的任务。

第三，普通国民的改造是“制度与国民性互动”的起点和终点。在严复看来，国家是一个社会有机体，国家的强盛决定于构成国家个体的国民的素质。西方国家的强盛原因就在于“彼民之能自治而自由”。因此，严复提出要重视国民性改造，“夫人才者，国之桢干也。无人才则所谓标、本之治皆不行”。[②] 根据马克思主义的观点，“整个历史也无非是人类本性的不断改变而已”[③]。社会的发展归根结底在于“每个人的全面而自由的发展”。社会现代化就是要促使亿万人民向着这一共产主义新人的理想目标迈进。“制度与国民性互动”是一种基于群体决策的理性而设计的，要以理性的独立存在为前提。国家的繁荣发展是一个千百万人的事业，因而，只有造就出千百万现代化的新人才能成功。如果只有物质文明的现代化，没有精神文明的现代化或者人的现代化，国家的发展终将难以成功。

① 严复：《〈法意〉按语》，载《严复集》，中华书局 1986 年版，第 943 页。

② 严复：《保种余义》，载《严复集》，中华书局 1986 年版，第 86 页。

③ 马克思：《哲学的贫困》，载《马克思恩格斯文集》第 1 卷，人民出版社 2009 年版，第 664 页。

## 二、推动互动需要建立激励机制

激励机制（Motivate Mechanism），也称激励制度（Motivation System）是通过一套理性化的制度来反映激励主体与激励客体相互作用的方式。严复认为，既然普通国民是“制度与国民性互动”的重要参与主体，那么就需要调动他们参与互动的积极性。“人心趋利，临举固自难言。”① 国家和国民的动力取决于行为是否可以获利。“苟利斯以为进矣，苟不利斯以为不进矣。”② 因此，调动国民参与互动的积极性要从尊重他们的利益入手。基于国民具有利的需求，严复设计了激励国民性参与“制度与国民性互动”的机制。该激励机制具有以下特征：

第一，该机制是以“顺民所欲”为核心的，是一种类似于道家的无为而治的机制。他在论及如何在救亡的过程中调动国民的积极性时说：“今使中国之民一如西国之民，则见国势倾危若此，方且相率自为，不必惊扰仓皇，而次第设施自将有以救正。陛下惟恭己无为，顺民所欲，而数稔之间，吾国固已强已富矣。”③ 这种激励机制实际上是一种以自由主义为精神的自治制度。从严复所设计的教育改革主张，也可以看到这一点。严复就工农子弟的学习进行了分析。“乡僻之民非不知使其子弟入学为利益之事，其所以听子弟长而无学者，谋生之急近而易知，教育之利远而难见故也。盖工农子弟，稍长则为长者执役助工，以省雇佣之费。使之入学，其助力之利既亡，而又有束脩书卷之费，使之离乡宿塾，则所费益多。”④ 严复注意到利益对教育的影响，因此在设计教育制

① 严复：《与熊纯如书》，载《严复集》，中华书局1986年版，第643页。

② 严复：《论译才之难》，载《严复集》，中华书局1986年版，第92页。

③ 严复：《保种余义》，载《严复集》，中华书局1986年版，第86页。

④ 严复：《与学部书》，载《严复集》，中华书局1986年版，第593页。

度时提出：“欲小民而乐教子弟，强逼之令未行，惟有令乡乡之中必皆有塾，而尤以半日学堂、夜学堂、冬学堂等为易于有济。如果舆论翕然，所改良、劝导者功效昭著，准予填格记功，积若干年得照兴学例给奖。”①

第二，该机制是一种建立在个体相互竞争基础上的激励模式。竞争激励就是通过开展一系列的竞争活动达到激励客体不断上进的目的。康有为认为“进化之道，全赖人心之竞，乃臻文明；御辱之道，尤赖人心之竞，乃能图存”。②“人心”在康有为的哲学里即是“仁”，可见他在社会进化动力上坚持的是仁爱进化论。而严复则强调社会进化的基本动力在于竞争及淘汰。限制竞争对于国家和国民的发展是非常有害的。在限制竞争的大一统制度下，“上智有不必得之忧，下愚有或可得之庆”，结果“民智因之以日窳，民力因之以日衰”。在限制竞争的大一统制度下，“富者常享其富，贫者常安其贫”，因而国家经济处于一个长期的停止状态。为此他提出竞争激励模式，主张国民之间“争驰并进，以相磨砻”。通过竞争使国民为生存和利益“各殚智虑，此既日异，彼亦月新”③，就可以达到制度和国民性的改造。这个论断是科学的。构建完善的激励机制不仅要正确处理好精神激励与物质激励的关系，而且要将二者巧妙结合起来，使物质激励与观念转变紧密相连。这种连接是通过竞争激励模式来实现的。

第三，该机制是以物质鼓励为内容的。严复认为自由是理想国民的

---

① 严复：《与学部书》，载《严复集》，中华书局 1986 年版，第 593 页。

② 康有为：《论语注》，载《康有为全集》第 6 集，中国人民大学出版社 2007 年版，第 396 页。

③ 严复：《原强修订稿》，载《严复集》，中华书局 1986 年版，第 23 页。

核心，要培养国民尊重自由的意识和能够自治的能力，必须在国民性改造过程中反对压迫式的改造方法。成功培育理想国民，需要以物质鼓励为基础。他说：“教育不必即行强逼也，要必有所以鼓舞、考成之者，使之日增，亦未必即能普及也，要必以国无不能写读之民为之祈向。”① 如果国民的工作数量增加和工作质量提高了，而没有获得相应的报酬，则是违背价值规律的。

调动普通国民参与“制度与国民性互动”的积极性，的确需要从尊重国民的利益入手。如果没有潜在利润，就不可能有“制度与国民性互动”。只有当通过制度创新与变迁所获取的收益大于为此而支付的成本时，“制度与国民性互动”才有可能发生，正如诺斯所说的，如果预期收益超过预期成本，一项制度安排才会被创新。只有当这一条件得到满足时，我们才可望发现在一个社会内改变现有制度和产权结构的意图。在新制度经济学家看来，“经济人”是制度变迁主体人格结构中的基本构成因素。制度创新的终极动力在于追求个人利益最大化，即一项制度安排是在预期的净收益超过预期成本时就会被创新。

## 三、互动中的激励机制存在缺陷

“倘若我们想以社会行为人的理性来解释社会制度（发展、维持和变迁），则必须从行为人制度偏好的角度对其进行解释。”② 尽管严复注意到利益对推动国民参与互动具有重要意义，并以此设计了一些改变国民偏好的激励机制，但从整个设计来看，这些措施并不能很好地推动国

① 严复：《与学部书》，载《严复集》，中华书局 1986 年版，第 593 页。

② ［美］杰克·奈特：《制度与社会冲突》，周伟林译，上海人民出版社 2009 年版，第 219 页。

民积极参与。

第一，激励机制单一。严复“制度与国民性互动”思想是基于亚当·斯密的古典主义经济人假设——人以追求自身经济利益最大化为行动的基本目标，并同时增进社会经济利益，从而实现社会的有序、有效发展。基于该假设，严复的激励机制主要是一种建立在物质激励上的机制。然而，古典经济人假设中的经济人是不具备社会普遍性的，这是因为：国民在追求自身经济利益时对社会整体经济利益的增进是有限的；并非个体的每次行为都是其在经过最经济理性的考虑后作出的，它们可能个体依据一种习惯或者不完全信息作出非经济的行为；无法解释社会上普遍存在的利他行为。因此，有人提出“新经济人假设”。该理论认为，经济人作出某一行为或作不行为的决策的选择依据，不仅包括经济利益获得带来的效用和成本比较，还包括道德、心理等多方面的效用与损失比较，经济人的行为是以包括经济、道德和心理等因素在内的总效用最大化为目标的。影响经济人的效用函数自变量应该包括：经济利益的获得；由经济利益获得所带来的直接效用和额外效用预期；道德、伦理等约束下的心理效用；法律等制度约束下的效用预期；泛经济人的认知水平；信息获得引起的效用变化；其他因素。因此，建立具有实效的激励机制，应该坚持复合式的原则，做好以下制度安排：建立针对个体行为的经济利益激励机制、建立针对个体行为的荣誉激励制度；完善社会道德、伦理监督、法律监督等约束制度；增强泛经济人个体的认知能力。

第二，没有提出土地制度改革。要调动国民参与民主和改造自身，必须消除阻碍其参与改造的制度束缚。严复对于这一点也有所认识。他在分析英美财政税收制度改革的经验时说：“英国财政，凡变革商宗学者之所为，皆大利而无少害，此亦前人始计所不及者也。盖工商民业之中，国家去一禁制，市廛增一鼓舞之神。虽有不便，特见于一偏一隅，而民气之所发舒，新业之所导启，为利至众。”① 在他看来，普通国民参与“制度与国民性互动”的前提和目的是为了实现国强民富，因为“建国立群之道，统无外之世，则以久安长治为要图；分民分上、地丑德齐之时，则以富国强兵为切计，此不易之理也。”② 正是基于上述认识，严复根据近代中国实际国情，提出要进行政治、经济、文化和法律等体制改革，通过制度改革调动国民积极性。应该说，这些改革措施有助于调动相关国民参与互动的积极性。

然而，他所设计的这些措施并不能从根本上调动大部分国民的互动积极性。当时的中国，人口最多的是农民，“制度与国民性互动”的关键是调动农民的积极性。严复的措施主要是针对知识分子和工商业者，对农民则并没有有效的激励作用。近代中国一系列的变法已经证明，阻碍农民参与互动的一个重要因素是封建土地所有制度。戊戌变法失败的重要原因就是得不到人民群众的支持。他们得不到人民群众支持的原因是由于没有提及农民群众的根本问题——土地问题。后来的辛亥革命中，资产阶级革命派虽然要求废除封建土地所有制，但其主张相当软弱无力。他们所提的“核定地价”，只是为了缩小社会贫富差异，没有真正触及封建地主土地所有制。即使后来虽然提出“土地国有政策”，他们也没有真正地去执行。与此相反的是日本明治维新的成功。“日本明治维新之所以成功，重要原因之一是日本的顽固守旧势力要比中国小得

① 严复:《〈原富〉按语》，载《严复集》，中华书局1986年版，第893页。

② 严复:《拟上皇帝书》，载《严复集》，中华书局1986年版，第65页。

多。其改革的措施中，首先是废除禁止土地买卖的禁令，从法律上承认了土地的私有权，从而促进了日本农业资本主义的发展。”① 正反两方面的事实证明，“中国革命根本问题是农民问题”。只有解决农民的土地问题，才能获得广大农民群众的支持，“制度与国民性互动”才能成功。

第三，没有建立防止国民搭便车行为的惩罚机制。严复在对“制度与国民性互动”规律的探析中，把普通国民的行为与制度的导向等同起来，认为一定的制度必然产生制度设计的行为。这样他的“制度与国民性互动”思想中，就没有建立防止国民搭便车的制度。“制度与国民性互动”中的“搭便车”行为，是普通国民有限理性的必然结果。制度具有非排他性和非竞争性两个特点。它不是为某一个人或某几个人设计生产出来的，而是供全社会或某一个集体共同消费的，要求大家共同遵守，规范所有成员的行为。这种产品多一个人消费的边际成本是等于零的，不可能把一个集体中的某个成员剔除出去，不允许他遵守这种制度的约束，或者这种剔除的成本是非常高昂的。由于制度具有这种外部性特点，而且，“制度与国民性互动”中的变革收益具有不确定性，再加上变革成本需要在当下负担。在这些因素的作用性，国民就可能在“制度与国民性互动”中出现“搭便车”之类的机会主义行为。搭便车行为的危害是非常大的，它降低了制度变迁的速度，阻碍了核心制度的改革，无法实现最佳化的制度结构，延长制度变迁时间，增加制度变迁成本。因此，必须建立一定的约束机制，通过调控、监管和督促等方式防止搭便车行为。

① 蔡正方：《从封建地主土地制度分析戊戌变法失败的原因》，《中学历史教学研究》1999 年第 3 期。

第四，严复采用的启蒙语言不利于其思想的大众化。对于宣传文笔，他说：“不佞之所从事者，学理邃赜之书也，非以饷学僮而望其受益也，吾译正以待多读中国古书之人。使其目未睹中国之古书，而欲稗贩吾译者，此其过在读者，而译者不任受责也。”[①] 他不同意新闻语言应该通俗的观点。在他看来，文辞是表达情感的，好的内容需要好的文辞才能承载和表达，粗犷之词、鄙倍之气不能表达精理、至情。对梁启超“文笔太务渊雅，一翻殆难索解”的批评，严复反驳说：“若徒为近俗之词，以取便市井乡僻之学，此于文界，乃所谓陵迟，非革命也。”[②] 应该说，这种观点有一定的合理性。所谓义正词严，情文并茂，就是要求内容与形式的完美统一。但问题在于，从大众传播的视角分析，报章文体如果不考虑读者的需要和水平，一味强调文辞典雅，必然不利于其思想的传播，进而会受到读者的抛弃。严复认为浅近的白话算不得精美之词，只有汉唐文章，如司马迁、韩愈的语言才是“中国文之美者”。严复的宣传语言过分典雅，并不适合占中国绝大多数的农民和工人的文化水平，自然地，农民也就很少或根本不知道维新派在干什么和想干什么。

上述可见，严复“制度与国民性良性互动”中的国民动力缺失，实际就是互动的需求不足。导致这种互动需求不足的原因很多，从近代中国的国情看，有传统的国民劣根性，有国民性对制度的依赖性，有中国近代面临的贫困和西方列强的侵略；从理论本身来看，有理论道德人呼吁和经济人预设上的矛盾，有理性人与非理性人的冲突。严复尽管注意

① 严复：《与梁启超书》，载《严复集》，中华书局1986年版，第516—517页。

② 严复：《与梁启超书》，载《严复集》，中华书局1986年版，第516页。

到“人心趋利”，[①] 但是他在制度设计时没有把这点考虑进去。结果并没真正建立防治国民机会主义行为的机制。

## 第三节　制度与国民性良性互动中的时间压迫困境

“制度与国民性互动”实际，是制度与国民性从一个相互劣化的均衡状态转移到一个相互优化的均衡状态，这需要很长时间。近代中国面临着严重的危机，处于崩溃的边缘，这种国情就决定，近代中国应该采取的是成效较快的变革模式。这种“世变之亟”就与严复“制度与国民性互动”成效的缓慢形成了一个时间困境。这个困境也是严复“制度与国民性互动”思想，不为近代中国所实践的重要原因。

### 一、危机严重要求社会变革迅速见效

19世纪末20世纪初，洋务运动的失败、甲午战争、八国联军进京、列强割地索款等一系列事件大大加深了中国的民族危机。这种严重危机使得近代中国提出希望社会革命的要求。

第一，广大民众因处于悲惨境地而要求成效迅速的变革。到了清末，普通国民生不如死，如“寝于覆屋之下，锁于漏舟之中，跃于炎炎薪火之上”，“如笼中之鸟，釜底之鱼，牢中之囚，为奴隶，为牛马，为犬羊，听人驱使，听人割宰”。严复和康有为等近代资产阶级维新派对这种险恶局势有着清醒的认识。严复指出：“呜呼！观今日之世变，盖

① 严复：《与熊纯如书》，载《严复集》，中华书局1986年版，第643页。

自秦以来未有若斯之亟也。”[1]康有为指出：“此四千年中二十朝未有之奇变。”[2]这些具有忧患意识的先进人士，为此在前人的基础上继续探索中国现代化的道路，以便探求出一条有效的救国方略。

第二，国家因处于崩溃的边缘而要求成效迅速的变革。西方资本主义列强通过不平等条约，扶植封建势力作为统治中国的工具，严重地干涉中国的内政；划分势力范围和鲸吞中国领土，损害了中国的领土完整；建立租界和施行领事裁判权，损毁了中国的司法独立；勒索巨额赔款，进行商品倾销，阻碍了中国经济的发展。外国资本主义列强推行的殖民主义，引起中国社会政治、经济、文化的剧烈动荡，中国逐渐沦为半殖民地半封建社会。显然，近代中国面临的严重危机决定了救亡方略应该是切中时弊，成效迅速的。

不仅如此，严重危机还使得近代中国寻求社会革命具有一定的可能性。

第一，到了清末，清政府的统治已经处于极为薄弱的状态。其表现有：清朝统治者过度腐败，缺乏可靠的武力，不能有效地镇压各种反抗；统治阶层内部矛盾尖锐，不能形成整体力量对付反叛者，甚至在统治阶层中出现反叛者或革命者；清政府的财政状况严重恶化。清政府统治力量的极为衰弱状况，就为革命发生提供了一个可能条件。如果清政权强硬有力，那么大规模的革命是很难发动的。

第二，随着国门打开，封建意识形态受到严重的冲击，中国国民开始接受西方的革命思想。随着西方革命思想的输入，国民逐渐认识到封

① 严复：《〈法意〉按语》，载《严复集》，中华书局 1986 年版，第 1003 页。

② 康有为：《京师保国会第一次集会演说》，《康有为全集》第 4 集，中国人民大学出版社 2007 年版，第 57 页。

建专制制度是不合理的，君主专制制度是腐败无能的象征，近代中国屡受欺辱多半要由君主制负责。因此，清亡之后，不管是袁世凯还是张勋都无法恢复君主制。

第三，随着自然经济的解体和商品经济的发展，清末出现了新的社会力量——资产阶级和工人阶级。他们和清政权的矛盾逐渐尖锐，要求打破专制的束缚，要求拥有全部或部分政权。当他们的力量强大，而专制王朝又不愿满足他们的要求时，便可能用革命这种快捷方式寻求社会危机的解决。

对于近代中国迅速变革的需要，严复有一定的认识。他基于对国家所面临危机的认识，把其救亡方略与变法和启蒙这两大主题联系起来。他不仅深刻地揭示了救亡与启蒙的内在关系，还指出救亡与变法是相辅相成的。就救亡与启蒙而言，救亡是启蒙的最原初的动机，启蒙则是救亡的先决条件。“当其存亡危急之秋，环视其群，了然见智、仁、勇三者之皆不及，思自奋勉，以为存种救国之功”。① 就救亡与变法而言，救亡是变法的重要目的，变法是救亡的必由之路。“天下理之最明而势所必至者，如今日中国不变法则必亡是已。”② 然而与这种渴求成效迅速的愿望相反的是，严复提出的是一个成效缓慢的方案。

## 二、互动方案在国民改造上成效缓慢

严复“制度与国民性互动”方案是以英国为模板的，是一个建立在自生自发基础上的渐进演化型方案。英国发生的“制度与国民性互动”

① 严复：《〈蒙养镜〉序》，载《严复集》，中华书局 1986 年版，第 254—255 页。

② 严复：《救亡决论》，载《严复集》，中华书局 1986 年版，第 40 页。

不是社会自觉变革的结果，而是自发演化的结果。它是由于英国原有的封建制度无法满足或实现帕累托最优时，英国国民在经济理性的驱使下，在追求利益最大化的实践过程中实现的，是一种社会长期进化的结果。严复也清晰地认识到，其互动方案需要较长时间才能显现出改造国民性的成效。严复“制度与国民性互动”方案之所以难以在短期内达到改造中国国民性的效果，有多种原因。

第一，中国封建社会的历史悠长，国民“受病至深”。近代中国国民劣根性是封建专制制度长期陶铸的结果，积淀深厚。其主要表现为以下方面：一是近代国民普遍地麻木不仁，不知道国民劣根性的存在，缺乏改造国民性的自觉意识，甚至极力抵制国民性改造；二是国民劣根性普遍性地存在于近代中国各个社会阶层身上。不论是社会最底层的草民，还是社会最上层的大臣，“民之智、德、力皆窳，即有一二，而少数之不足以胜多数。”[①] 由于国民劣根性是长期历史作用的结果，“非一手足之烈，所能挽而复之于其初也。”[②] 因而，要在短时间清除国民的恶根性与不宜存之性习是不可能的。由于近代中国国民劣根性是普遍性的，因而社会各个阶层的国民“须受层层洗伐”[③]，才能达到整个民族的国民性的改造。

第二，国民性是多种因素作用的结果，近代中国国民劣根性的成因复杂。造就近代中国国民劣根性的因素，既有国民生活于其中的制度体系和地理环境，也有国民承继先人的思想文化和历史传统。要达到真正改造国民性的目的，就要消解造就国民性的根源。反之，“其因未变，

① 严复:《〈法意〉按语》，载《严复集》，中华书局 1986 年版，第 958 页。

② 严复:《〈法意〉按语》，载《严复集》，中华书局 1986 年版，第 958 页。

③ 严复:《与熊纯如书》，载《严复集》，中华书局 1986 年版，第 608 页。

则得果又乌从殊乎？”① 然而，改造形成国民劣根性的制度系统是一个非常复杂的工程，需要制定整体详尽的规划。显然，这些前期工作需要较长时间的准备，而绝非一蹴而就可以实现。

第三，近代中国面临严重的民族危机，国民性改造没有好的国际环境。国民性归根结底是一定经济基础的产物，改造国民性需要投入一定的社会资本。西方列强对近代中国的疯狂侵略，阻碍近代中国经济发展的同时，也制约中国国民劣根性的改造。“敌国强邻，鹰攫虎视，己之国势，火屋漏舟，而由弱转强，由愚转智，由瓦解土崩而为专心壹志者，又实无速成之术。”② 然而，要使近代中国免受列强侵略，不是短期内能实现的，因而可以说，近代中国面临的民族危机也决定国民性改造的长期性。

第四，相对于近代中国国民性劣根性而言，近代中国国民性改造是人的全面改造。所谓人的全面改造，是指其改造目标是全新的系统的。“中西国俗根本不同，即如选举，亦百弊未见一利，方之从前科举，相去远矣！”③ 而且，国民要改造自己的行为，不能仅仅通过书本知识的间接传授，而需要一个直接的学习和实践过程。“人要晓得旧日礼俗不文明，必其人己身经过不幸之事、受其磨折者，方能知之；若不经此，必以旧法为到极好地位，无可更变。”④ 因此，要在实践中认识并自觉改造国民劣根性也需要一个长期的过程。

对于改造国民性也不可能一蹴而就，严复有清醒的认识。他指出：

① 严复：《与熊纯如书》，载《严复集》，中华书局 1986 年版，第 611 页。

② 严复：《〈法意〉按语》，载《严复集》，中华书局 1986 年版，第 958 页。

③ 严复：《与熊纯如书》，载《严复集》，中华书局 1986 年版，第 689 页。

④ 严复：《与甥女何纫兰书》，载《严复集》，中华书局 1986 年版，第 838 页。

“盖风俗民德之衰，非一朝一夕之故。”[①] 为此，他反对过分迷信制度，认为那种以为通过制度就可以顺其自然地塑造出理想国民的观点是极其错误的。“此其受病至深，决非一二补偏救弊之为，如讲武、理财所能有济。”[②] 在他看来，国民性改造不是一个简单的制度约束问题，而是国民与制度长期互动的问题。

严复这些认识是有道理的。虽然社会发展规律是可以决定人类命运的伟岸之力，但是它们终究是在人们的社会实践中展开的。在社会实践中，人类那些不切实际的意志和思想都会在检验中被纠正，如果某种社会力量执有违背规律的意志，而又不愿纠正的话，那么他们终将被历史所抛弃。同样地，一切违背社会发展规律的设计，都是一种想入非非的假定，都将在实践检验面前出丑。然而，实践检验真理又是一个需要长期的历史过程，这决定“制度与国民性互动”的长期性。

## 三、互动方案在制度变迁上效果迟缓

严复“制度与国民性互动”模式不能尽速解决近代中国社会危机，不仅是因为国民性改造是一个长期过程，还因为制度变迁存在较长的时滞。所谓时滞，指时间滞后的简称，就制度变迁而言，是指制度变迁从启动到最后产生结果所经过的时间段，可以用“一个动作时段”来理解。在近代中国，导致制度变迁存在较长时滞的因素很多，主要有以下方面：

第一，许多制度是经过数千年的历史逐渐形成的。在这数千年的形成发展过程中，以君主专制为核心的制度体系，逐渐在国民心中建立起

① 严复：《〈法意〉按语》，载《严复集》，中华书局 1986 年版，第 958 页。

② 严复：《〈支那教案论〉提要》，载《严复集》，中华书局 1986 年版，第 54 页。

合法性，这种合法性“入于吾民之心脑者最深而坚，非有大力之震撼与甚久之渐摩，无由变也”。[①] 不仅如此，制度在长期发展中还形成复杂的关系，使得制度改革往往非常复杂。“思有所改革，则一行变甲，当先变乙；及思变乙，又宜变丙。由是以往，胶葛纷纶，设但支节为之，则不特徒劳无功，且所变不能久立。”[②] 这样，建立在已有制度上的制度创新，不仅影响“第二层次”的制度安排，而且还使这种安排需要酝酿的时间延长。这是因为，制度在长期的发展过程中，已经与人们的利益密切相关，对制度的改革意味着对人们利益的调整。当即有制度的纯收益还没有完全消失时，新制度还不会去替换旧的。当现存的制度的受益者感受到制度创新损害其利益时，他们就可能奋起抵抗。这种抵抗可能持续到更强大的新制度的受益者出现或他们发现抵抗将带来比损失更大的成本时。

第二，制度改造过程中还面临新旧制度的取舍问题。制度变迁实际是一个除旧布新的过程。人们在设计新制度的过程中，总是面临许多制度安排，这就需要从中选择出最优的和可行的制度。然而，这种选择不仅需要人们对各种制度建立正确的和全面的认识，而且需要不同利益的人形成共识，而这无疑也需要经过一个较长过程。因为这个过程包含以下时滞：一是认知与组织时滞。它是指人们从预期制度可能带来外部利润，到最后组成行动团体所经历的时间。二是发明时滞。它是指人们花费在收集各种制度创新所需信息，并设计各种制度安排方案上的时间。三是菜单选择时滞。它是指人们搜寻已知的可替换的制度清单，并从中

① 严复：《主客平议》，载《严复集》，中华书局1986年版，第119—120页。

② 严复：《拟上皇帝书》，载《严复集》，中华书局1986年版，第68页。

选定能满足初次行动团体利润最大化的制度安排所花费的时间。四是启动时滞。它是人们花费在选择最佳的制度安排和开始旨在获取外部利润的实际经营之间的时间。也正是因为如此，严复曾经指出："一善制之立，一美俗之成，动千百年而后有，奈之何弃其所故有，而昧昧于来者之不可知耶！是故陶铸国民，使之利行新制者，教育之大责，此则仆与同学诸子所宜共勉者矣。"①

第三，旧制度已经与中国国民劣根性形成了契合。正如第二章第三节所述，旧制度与近代中国国民劣根性是一种双向强化的关系。旧制度在生成近代中国国民劣根性的同时，也被国民劣根性所强化。这就意味着：要实现制度上的除旧，就要同时改变维护旧制度的国民性。显然，要破除旧制度与国民劣根性之间的这种双向强化的关系，其困难远大于单纯的制度上的变迁。因为，旧制度就像一台机器，在物质和精神磨损的双重作用下虽然会不断贬值，但是，只要这台机器尚存在着残余价值而未彻底报废，它的残存价值就可能阻止人们采用新的机器。这一点对制度更新来说同样是适合的。在民主共和制实行之前保留君臣关系，同样可能制约着新制度的更新速度。正是基于这些认识，严复认为："变法之事，久道化成，不可旦暮责其近效。"②

制度设计、制度变迁和制度巩固的确是具有一定的时滞。斯大林说："一种社会制度被另一种社会制度所代替，是一个复杂的长期的革命过程。"③诺斯在《制度创新的理论：描述、类推与说明》一文中也认

① 严复：《宪法大义》，载《严复集》，中华书局 1986 年版，第 246 页。

② 严复：《与学部书》，载《严复集》，中华书局 1986 年版，第 592 页。

③ 斯大林：《和英国作家赫·乔·威尔斯的谈话》，载《斯大林全集》第 5 卷，人民出版社 195 年版，第 165 页。

为有许多因素制约制度的变迁。如潜在利润的大小、团体成员的多少、通信和交通条件的好坏、制度操作成本中固定成本的大小，等等。

## 第四节 制度与国民性良性互动中的制度选择困境

严复“制度与国民性互动”思想还面临着制度选择空间狭小的问题。所谓制度选择的空间狭小，就是指制度的选择余地小。“制度提供了人类相互影响的框架，他们建立了构成一个社会，或更精确地说一种经济秩序的合作与竞争的关系。”① 制度选择余地小，实质则是新制度的供给和需求小，意味着严复“制度与国民性互动”思想在近代中国的实践面临的困难大。严复在“制度与国民性互动”思想建构中感觉非常困难。一方面，旧的制度阻碍了社会的发展；另一方面，国民性有不适合新政的生存。他非常痛苦地说：“目击危亡之机，欲为挽救之图，早夜思维，常苦无术。又熟知世界大势，日见半开通少年，于醉梦中求浆乞酒，真使人祈死不得。”② 在近代中国，导致制度选择余地小的因素很多。

### 一、君臣关系不可立除限制制度的供给

尽管严复对中国封建专制政体及其法制进行了严厉的抨击，认为近代中国社会的种种弊端都是君主专制制度导致的，但是在他提出的“制度与国民性互动”模型中，皇帝依然作为一个必要的威权被保留着。他

① ［美］道格拉斯·C. 诺斯：《经济史中的结构与变迁》，陈郁等译，上海人民出版社 1994 年版，第 225 页。

② 严复：《与熊纯如书》，载《严复集》，中华书局 1986 年版，第 664 页。

说：“然则及今而弃吾君臣，可乎？曰：是大不可。何则？其时未至，其俗未成，其民不足以自治也。”[①] 从中可以看出，在培育出近代中国理想国民和建立民主共和制度之前，是一个由君主专制向民主共和制度过渡的时期，也就是君主立宪制实行的时期，在这个时期君主是要保留的。因为，在君主立宪国家，“君与民皆有权”，不会产生君主专制制度下“驱迫束缚臣民”的现象。

在严复看来，君臣关系在这个时期对推动和保证“制度与国民性互动”具有重要意义。首先，君臣关系的存在是制度与国民性顺利互动的政治前提。“制度与国民性互动”需要一个稳定有序的社会秩序，而维护社会稳定和转型秩序，就需要暂时保留封建性的统治威权。其次，君臣关系的存在为“制度与国民性互动”提供一定的物质基础。“吾其智之不瀹，以贫故；其力之不奋，以贫故。”[②] 也就是说，国民性改造需要一定的物质基础。而英国的实践证明，君主立宪制在国民素质不高的情况下还是国家富强之道。“英国以富而为强者，三四百祀于兹矣！非富而为强也，实以立宪之美而为强也。”所以，严复强调：在“制度与国民性互动”中，君臣关系暂时不可废除。

然而，恰恰是这个前提限制了制度的供给和制度的创新，造成了“制度与国民性互动”的一个困境。

第一，暂时保留君臣关系可能防止旧制度的退场。严复提出暂时保存君臣关系，实际就是保存君主专制制度。保存君主专制制度，虽然可以为“制度与国民性互动”提供一个稳定的社会环境，但是也必然使新

① 严复：《辟韩》，载《严复集》，中华书局 1986 年版，第 34—35 页。

② 严复：《读新译甄克思〈社会通诠〉》，载《严复集》，中华书局 1986 年版，第 148 页。

制度的供给受到不利的影响，即造成制度供给的扭曲和阻碍。在一个高度集权的国家，君臣的净利益对制度供给虽然起着至关重要的作用，但是这种作用并不总是正向的促进作用。因为，君臣的净利益并不等于社会净利益，社会净利益也并不等于君臣的净利益。所以，能给社会带来净利益的制度供给，并不一定能给君臣带来净利益。这就意味着君臣关系的存在并不一定导致新制度的供给。“国家承平既久，则无论为中为外，举凡一局一令，皆有缘法收利之家。且法久弊丛，则其中之收利者愈益众，一朝而云国家欲变某法，则必有某与某者所收之利，与之偕亡。尔乃构造百端，出死力以与言变者为难矣。”① 严复在此虽然指出了这样一个事实：既得利益者就可能为了自身利益而设法阻碍制度创新，但是，他没有提出使这些权贵让步的有效方案。

第二，保留君臣关系可能会对妨碍新制度的进场。一定时期的资源总是有限的，君臣要实现利益的最大化，就必然要尽力设置各种用以阻止利益分享者出现的门槛。这些门槛，尽管可以直接增加潜在利益分享者获取利益的成本，阻止其参与利益分享，但是也增加制度创新主体的创设和维护成本，并削弱这些新制度的立法基础。当这个门槛的创设或维护成本足够高，最终使得主张制度创新的主体无法承受时，或者已有的利益格局对新制度的创新形成阻力过大时，制度的创新就可能受到限制。如果情况正好相反，则制度创新就会容易得多。严复正是看到了这点而向光绪皇帝呼吁：变法之时要破把持之局。“臣闻国家变法之时，其难有二：一曰抑侥幸之门；一曰破把持之局。侥幸者，自新进而言之也。把持者，自守旧而言之也。然而抑侥幸难矣，而破把持尤难。何以

① 严复：《拟上皇帝书》，载《严复集》，中华书局1986年版，第75页。

知其然也？国家当奋发有为之际，势不能不开功名之门，破常格以待非常之士。彼侥幸者，中无所有也，而有意于天子之爵禄，于是则养交游谈，甚者或拜私门行苞苴以规进取。”①

## 二、制度体系的成熟增加制度变迁难度

中国的封建制度具有很长的历史，经过不断的发展和完善，到了近代中国，已经发展得非常成熟和严密。“若夫中国之民，则进夫化矣，而文胜之国也。耕凿蚕织，城郭邑居，于是有刑政礼乐之治，有庠序学校之教。通功易事，四民乃分。其文章法令之事，历变而愈繁，积久而益富，养生送死之资无不具也，君臣上下之分无不明也，冠婚丧祭之礼无不举也。”② 这个体系的严密增加了制度变迁的难度。

第一，这个严密的制度体系通过路径依赖限制制度的变迁。路径依赖理论指出，现存的制度安排，不但规定着未来制度的选择空间，而且影响着制度变迁的进程和方式。在一个制度体系中，各种组成制度都是按照一定的结构彼此依存的，其中某个特定制度安排的变迁，往往会导致其他制度的变迁。制度结构就像一个完整系统，某一部分的变化必然会对其他部分产生影响，其他部分也会通过相应的变化以适应。更重要的是，一种制度安排如果出现变迁，将常常会引发与之相关的制度发生相同方向的变迁。可以看出，这种制度变迁与产业结构变动中的连锁效应非常相似，也具有向前连锁和向后连锁两种效应。

第二，这个严密的制度体系通过周期性的振荡阻碍制度变迁。中国的

---

① 严复：《拟上皇帝书》，载《严复集》，中华书局 1986 年版，第 75 页。

② 严复：《原强》，载《严复集》，中华书局 1986 年版，第 10 页。

封建制度实际就是一个超稳定的制度系统。它所具有的结构特征和作用机制，不但使得中国封建社会产生周期性的改朝换代（即振荡），而且由此而保持中国封建社会的结构基本不变。因为，当某一子制度发生变迁，它对原有适应态就会出现一定程度的偏离，进而会引起制度体系内各子制度之间的作用方式的突变，在突变后，子制度之间通过相互作用消除最终这种偏离，使整个系统又回到原有的适应态，因而具有巨大的稳定性。

第三，这个严密的制度体系是“大一统”的形式。这种形式极大地增加了近代中国制度变迁的难度。因为制度沿着原有制度变迁的路径和既定的方向前进，可以节约时间和物质等成本，因而总比另辟蹊径前进要相对容易得多。如果一个初始的社会制度安排（尤其是宪法制度）的选择方向是正确的，那么这种“惯性”对于将来社会经济发展就较为有利；反之，则可能成为影响制度创新的一个障碍。所以，现存制度的严密性对新制度安排的供给会带来很大的影响，初始的制度安排会强化现存制度的刺激和惯性，结果导致“制度与国民性互动”中的制度选择空间狭小。为了保持自身的存在和稳定，封建制度便以“大一统”政策来遏制各个子制度对适应状态的偏离。比如，严格管制意识形态，不允许其偏离正统；严厉控制商品经济，以保持小农经济的稳定；对盐铁和部分手工业实行官办，防止资本发展壮大；提倡忠孝伦理，选拔保守官员。对于这点，严复的认识是有矛盾的。一方面，他认为“历史五洲之治制，大抵皆其杂者。而所杂三制之多寡，则天时人事为之，不可执一以为论也。必指某之治为民主，某之治为专制，则未有不谬且误者，且制亦在所宜而已”。[①] 另一方面，他又认为“一治制之立，与夫

① 严复：《〈法意〉按语》，载《严复集》，中华书局1986年版，第942页。

一王者之兴也，其法度隆污不同，要皆如桥石然，相倚相生，更其一则全局皆变”。①

## 三、国民的保守偏好制约制度供给空间

这里讲的偏好不是指个体的行为偏好，而是指群体的行为偏好，即一个集团共同的行为偏好，如爱好、价值观念等。行为偏好对制度需求的影响，可以分为直接的和间接的两种形式，前者指偏好的变化直接地会导致制度安排变迁的需求；后者指偏好的变化并不直接指向某一具体的制度安排，而是在一个较长时期里影响制度环境和制度选择的集合空间并最终导致制度安排发生变化。行为偏好之所以能够影响制度需求，主要是由于它改变了人们心中的效用函数，进而使得人们内心的成本收益比较链条产生改变，导致人们利益判断的变化。起码这就意味着原来符合人们利益判断的制度安排变得不再与这种利益判断相符，制度变迁成为人们改变了的利益判断的客观要求。“治之得其道则易以相安，失其道亦易以日窳。”② 可以说，一种稳定而又充满活力的宪法秩序，可以给政治经济引入一种文明秩序的意识，由于这种意识是一种关于解决冲突的基本价值和程序上的一致性，因而会大大降低制度创新的成本和风险。近代中国国民的保守偏好表现在：反对一切激进的革命和革新；主张以妥协手段调和各种社会势力的利益冲突；强调法律和秩序的连续性和稳定性；重视维护家庭、伦理、宗教等传统社会纽带。人具有两种不同性质的行为动机：为物欲动机和精神动机。这些国民偏好是影响制度

① 严复：《〈法意〉按语》，载《严复集》，中华书局 1986 年版，第 958 页。

② 严复：《原强》，载《严复集》，中华书局 1986 年版，第 10 页。

需求的一个重要因素。

第一，国民对法律和秩序的连续性和稳定性的过分强调制约制度的选择。中国国民接受的主要是具有保守性的儒家思想。儒家思想的保守性表现在两个方面：一是强调个人行为应该与家庭、国家组织和自然环境相谐调。二是强调一切行为和典章都应符合先贤制定的“礼”。在这种知识的影响下，儒家经典不仅是儒生们升官发财所必须掌握的学问，也是其他人考察世界、社会、自然等一切事物的出发点。在他们看来，法律和秩序的连续性和稳定性是非常重要的，任何对原有状态的偏离都应及早消除；而割断与外界的联系，对稳定内部也是绝对必需的。制度变化的供给依赖于知识基础和创新成本两个因素。如果我们拥有越多社会科学知识，我们就能越好地设计和实施制度。众所周知，科学技术知识进步时，技术变迁的供给曲线会右移。同样地，有关的商业、计划、法律和社会服务专业等社会科学知识进步时，制度变迁的供给曲线也会右移。因为“社会科学有关知识的进步降低了制度发展的成本，正如自然科学及工程知识的进步降低了技术变迁的成本一样。”① 因而，国民对法律和秩序的连续性和稳定性的过分强调制约制度的选择。

第二，国民对社会稳定所具有的较强爱好制约制度的选择。国民反对各种激进的革命和革新，主张以妥协手段调和各种社会势力的利益冲突。他们目光短浅，不思进取，不能对旧有制度进行深层的反省和批判。卡尔·波普告诫我们：“制度如同城堡，图纸设计得再完美，假如找不到守护城堡的士兵，则形同虚设。现在格外地享受着中国经济‘奇

① 参见拉坦：《诱致性制度变迁理论》，载科斯等：《财产权利与制度变迁——产权学派与新制度经济学译文集》，生活·读书·新知三联书店 1994 年版，第 327—370 页。

迹’的官僚们，格外地喜欢从外国援引符合他们口味的制度。请注意我的措辞——制度舶来品必须‘符合’他们的口味。因此，我们可爱的制度主义者们的处境相当尴尬。当他们鼓吹的那些制度符合官僚们的口味时，他们是座上宾。反之，而且最近经常发生，当他们鼓吹的那些制度不符合官僚们的口味时，他们便要饱受折磨。”① 因此，当新的制度文化出现并与旧的制度文化产生冲突时，国民常常采取的态度，要么是以敌视的眼光对新文化加以排斥，要么是以调和的方式对新文化加以消解。显然，这种态度将成为新制度进场的障碍和历史车轮的绊脚石。

第三，国民对维护家庭、伦理、宗教等传统社会纽带的重视制约制度的选择。“民主政治的本身，不粘贴着某一特定的主义或思想的内容，而是建立一个人民可以自由选择主义或思想的政治形式。”② 它的重要思想基础，即与之相适应的意识形态是：强调个人的权力和自由的个人本位思想和强调人与人之间平等关系的法治意识。民主政治建立的一个重要条件是思想自由，建立民主政治，需要通过限制政治权力运作，划定政治领域，从而在消极意义上划出思想批判的空间。然而，中国传统价值观与民主政治所要求的意识形态有很大不同。它更重视人的精神生活和忠孝仁爱的儒家伦理。它虽强调以人为本，但并不是尊重个人价值和自由，而是为了把个体融入群体之中，让个人对他人、家庭以及国家承担义务，因而是一种宗法集体主义。在这种价值观的作用下，国民对独立、自由、民主、自主、平等和法治等缺乏应有的理解，所形成的只是一种特殊的道德精神——它所批判的范围非常有限的，既不能有效地批

① 转引自汪丁丁：《制度主义的谬误》，《IT 经理世界》2008 年第 10 期。

② 徐复观：《学术与政治之间》，台湾学生书局 1985 年版，第 167 页。

判君主专制制度，也不能有效地评判现实政治，甚至不能在思想领域里获得思想自由。因而，其结果只能是对民主政治缺乏需求。

用新制度经济学分析可以发现，严复“制度与国民性互动”方案在近代中国面临诸多困境，其主要表现为以下一些方面：威权领导动力缺失，国民参与动力消解，制度选择空间狭小和所需时间太长。这些困境出现的原因主要有两方面。从理论本身来看，主要是严复“制度与国民性互动”思想本身存在着矛盾。一是理论预设上，存在道德人和经济人的矛盾，以及理性人与非理性人的冲突；二是理论模型上，存在内生自发与外在自觉的矛盾。严复一方面接受并把英国内生自发型民主政治发展模式作为其思想模板，然而，又基于近代中国面临的国际竞争环境，主张发挥政府主导和“权威”政治的作用，走外生自觉型的中国民主政治之路。

然而从根本上说，严复“制度与国民性互动思想”之所以面临困境，既有理论方法的原因，又有近代历史的原因。从理论上看，严复“制度与国民性互动”思想具有以下几个缺陷：第一，在描写方法上，属于一种印象性的寻奇，往往没有充分的经验民族志证据；第二，无论采用何种视角，都是以文化整体观为中介，把不同的人格与行为“还原”为没有内在差异性的“群体人格”；第三，忽略了文化中的个人通常带有一定程度的个人特性；第四，在“国民性”的口号下，国民性理论带有“种族心理学”意识形态特点。① 因此，严复开创的传统的以文化产物来分析国民性问题的研究，在 20 世纪后半叶渐次走向边缘。从实践上

① 王铭铭：《想象的异邦——社会与文化人类学散论》，上海人民出版社 1999 年版，第 163 页。

看，是因为中国近代没有其实践的舞台。从变革条件来看，近代中国面临两个相互矛盾的环境变量。一个是严重的民族危机——极度贫困和西方列强的集体侵略——不允许社会进行渐进调适。另一个是沉重的历史包袱——复杂的君主专制体系和低下的国民素质——不允许中国快速变革。在近代中国历史上，面临这种矛盾的绝不是只有严复，梁启超提出“开明专制论”和康有为成为“保皇党”也是这种矛盾的体现。从严复及康、梁等人的探索历程中，我们可以感受到中国近代民主政治之路的艰辛和曲折。

严复“制度与国民性互动”思想的困境说明，社会变革的出现是决不能被归结为某些人（当然主要是伟大人物）的个人动机。推动社会变革，既不能把注意力放在对旧社会的道德批判上去，也不能期待用道德说教去感化旧社会的维护者，更不能指望用道德感染的方法动员人民群众去革命。恩格斯曾经明确反对以道德批判代替科学分析，“这种诉诸道德和法的做法，在科学上丝毫不能把我们推向前进；道义上的愤怒，无论多么入情入理，经济科学总不能把它看作证据，而只能看作象征。”[①] 中国共产党在领导中国革命和建设的过程中，曾经犯过各种错误，走过不少弯路。对于这些错误的原因应从当时的历史环境、主客观因素中探寻，而不应从某些人的个人道德品质上分析。诚然，我们不能完全否定诉诸道义的办法在社会变革中的作用，但是这种办法终究是不能最终解决问题的。

值得注意的是：尽管严复“制度与国民性互动”思想面临上述困境，

① 恩格斯：《反杜林论》，载《马克思恩格斯文集》第9卷，人民出版社2009年版，第176页。

但是他把良性互动建立在承认和满足人的快乐利己的思想基础上，通过发展自上而下的渐进措施提高国民素质，进而实现民主政治和国家富强，有其合理之处。因为，“制度变迁的方式反映出人们的信仰，人们已有的信仰要求我们去了解人类怎样学习、学习什么、为什么学习以及为什么相信等问题。信仰转变为制度，制度转变为经济的演进方式，直至明白我们所关心的整个过程以及所有问题”。① 国民性或民族性的研究是与民族精神研究最为切近的领域，因此，严复对国民性与国民性互动的研究对当前民族精神的研究仍然具有一定的借鉴意义。

① 诺斯:《制度、契约与组织》，经济科学出版社 2003 年版，第 18 页。

# 结　语

运用制度经济学等理论工具分析严复“制度与国民性互动”思想的历史现场、具体史实、形成过程和历史动因，可以发现该思想是 20 世纪的中国思想史上独具光彩的一章。这个思想直面近代中国面临的民族危机，既综合吸收了力命论、变法论和道德修养论等中国传统思想中的积极成分，又广泛借鉴了进化论、社会有机体论、国民教育论、自由主义、功利主义和民主政治思想等西方理论。该思想敏锐发现了君主专制与近代中国国民劣根性间存在的共生关系，指出了国民劣根性形成的制度根源，提出了一条独特的通往民主政治的道路。该思想具有重要的历史影响和价值，它不仅批判继承了地主阶级改革派的人心风俗改造思想，而且为维新爱国志士贡献理论武器，推动了资产阶级维新派的维新运动，更重要的是为五四启蒙运动培养了运动主将，确立了近代国民性改造思潮的价值取向。

研究严复“制度与国民性互动”思想，可以发现学界对严复思想存在一些误读。

第一，严复的改革之路，并不是制度塑造人再由人塑造制度的循环之路。严复设计的民主政治之路是这样的：威权精英改革具体制度——具体制度塑造理想国民——理想国民催化民主政治。“制度塑造人”中的制度是指具体制度，而“人塑造制度”中的制度是指基本制度。

第二，严复并不是真正的教育救国论者，没有因强调国民素质改造问题而忽视制度变革本身对于提高国民素质的促进作用。“标本兼治”表明，在严复社会改造的方式中，学习技术、改造国民和变革法制是同等重要，同时进行的。他基于“趋乐避苦”的人性论预设，强调对许多具体制度进行了重新安排，目的就是通过调整国民行为的成本—收益函数，进而达到改造国民性的目的。可见，严复对孙中山所说的教育，不是学校教育这个狭义的教育，而应该是包括制度教育和社会教育在内的广义教育。

第三，提倡读经虽与严复早期批判六经五子的思想明显不同，但并不表明严复变得保守。严复认为辛亥革命后出现了伦理道德的失序和民族精神的丧失，需要通过提倡读经来树立人格，培养国性。传统伦理规范中的一些问题，可以结合时代加以改造，不可全废。这些观点体现了严复对人的现代化规律有更深刻的认识，证明其思想进一步成熟。

严复“制度与国民性互动”思想也有其局限性。它以英国内生自发的现代化为模板，以安定有序为实践条件，需要较长时间才能达至明显的成效，对于生存在严重民族危机之中，渴望迅速结束苦难的大多数国人来说，并不具有实践的可行性。在近代中国“救亡”的主题下，该思想面临着威权动力缺失、制度选择空间狭小等诸多困境，反映出严复开展启蒙所处的尴尬处境。而造成其困境的原因在于两个方面：一是严复不懂得历史唯物主义，不了解制度与国民性属于上层建筑，它们的发展变化最终是由生产力的发展状况决定的。二是严复在接受西方的自由主义等思想的同时，深受中国厚重的传统文化和国际国内各种复杂局势的影响，不能将中西方思想完全融汇成一个逻辑严密的理论体系。当下我国有关“国民素质问题”的诸多争论，实际就是严复“制度与国民性互动”思想内在张力的再次折射。

总的来说，严复“制度与国民性互动”思想是具有跨世纪意义的宝贵遗产。它标志着中国对西方文化的学习，已经由器物文化层次，发展到了制度文化层次，并且进而深入了思想文化层次。严复在谋求建设新国家中，深入论述了建设新国家必须的“立人”为基的规律，对中华民族深层文化心理结构进行了深刻反思和拷问。他对国人的道德思想、价值观念和行为方式的再审视，为近代启蒙思潮吹响最为响亮的号角，不愧是中国近代杰出的启蒙思想家，“是一个 19 世纪末年中国感觉锐敏的人”①。

① 鲁迅：《热风 · 随感录二十五》，载《鲁迅全集》第 2 卷，人民文学出版社 1973 年版，第 14 页。

# 参考文献


## （一）史料、年谱、文集类

《马克思恩格斯选集》第1—4卷，人民出版社1995年版。

《毛泽东选集》第1—4卷，人民出版社1991年版。

《邓小平文选》第三卷，人民出版社1993年版。

严复:《严复集》第1—5册，王栻主编，中华书局1986年版。

[法]孟德斯鸠:《孟德斯鸠法意》(上、下)，严复译，商务印书馆1981年版。

[英]亚当·斯密:《原富》(上、下)，严复译，商务印书馆1981年版。

[英]赫胥黎:《天演论》，严复译，商务印书馆1981年版。

[英]斯宾塞:《群学肄言》，严复译，商务印书馆1981年版。

[英]约翰·穆勒:《群己权界论》，严复译，商务印书馆1981年版。

[英]甄克思:《社会通诠》，严复译，商务印书馆1981年版。

孙应祥、皮后锋编:《〈严复集〉补编》，福建人民出版社2004年版。

孙应祥:《严复年谱》，福建人民出版社2003年版。

戴逸主编:《中国近代史通鉴（1840—1949)》第1—4卷，红旗出版社1997年版。

上海图书馆编:《中国近代期刊篇目汇录》第1册，上海人民出版社1965年版。

中国史学会编:《戊戌变法》(全四册)，上海人民出版社1953年版。

梁启超:《梁启超全集》，张品兴主编，北京出版社1999年版。

辜鸿铭:《辜鸿铭文集》，黄兴涛等译，海南出版社 2000 年版。

康有为:《康有为全集》，姜义华等主编，中国人民大学出版社 2007 年版。

魏源:《魏源集》，中华书局 1976 年版。

王韬:《弢园文录外编》，中州古籍出版社 1998 年版。

蔡尚思等编:《谭嗣同全集》，中华书局 1981 年版。

翦伯赞等编:《戊戌变法》（二），神州国光社 1953 年版。

《李大钊文集》，人民出版社 1984 年版。

任建树等编:《陈独秀著作选》，上海人民出版社 1984 年版。

欧阳哲生主编:《胡适文集》，北京大学出版社 1998 年版。

《陈独秀书信集》，新华出版社 1987 年版。

邹铁军:《自由的历史建构》，人民出版社 1994 年版。

高平叔主编:《蔡元培全集》，中华书局 1984 年版。

张荣铮等点校:《大清律例》，天津古籍出版社 1993 年版。

## （二）严复思想研究专著

张志建:《严复学术思想研究》，商务印书馆 1995 年版。

俞政:《严复著译研究》，苏州大学出版社 2003 年版。

商务印书馆编辑部编:《论严复与严译名著》，商务印书馆 1982 年版。

陈越光等:《摇篮与墓地——严复的思想和道路》，四川人民出版社 1985 年版。

欧阳哲生:《严复评传》，百花洲文艺出版社 1994 年版。

刘桂生编:《严复思想新论》，清华大学出版社 1999 年版。

马勇:《严复学术思想评传》，北京图书馆出版社 2001 年版。

董小燕:《严复思想研究》，浙江大学出版社 2006 年版。

汤志钧:《戊戌变法人物传稿》，中华书局 1982 年版。

费正清:《剑桥中国晚清史》（上、下），中国社会科学出版社 1985 年版。

吴廷嘉:《戊戌思潮纵横论》，中国人民大学出版社 1988 年版。

汤志钧:《戊戌时期的学会和报刊》，商务印书馆 1993 年版。

侯外庐:《中国近代启蒙思想史》，人民出版社 1993 年版。

刘振岚:《戊戌维新运动专题研究》，首都师范大学出版社 1999 年版。

彭明:《近代中国的思想历程(1840—1949)》，中国人民大学出版社 1999 年版。

曾业英主编:《五十年来的中国近代史研究》，上海书店出版社 2000 年版。

王晓秋编:《戊戌维新与近代中国的改革》，社会科学文献出版社 2000 年版。

王宪明、张勇、蔡乐苏:《戊戌变法史述论稿》，清华大学出版社 2001 年版。

汤志钧:《戊戌变法史》(修订本)，上海社会科学院出版社 2003 年版。

郑大华:《晚清思想史》，湖南师范大学出版社 2005 年版。

王尔敏:《中国近代思想史论》，社会科学文献出版社 2003 年版。

王中江:《进化主义在中国》，首都师范大学出版社 2002 年版。

冯友兰:《中国哲学简史》，北京大学出版社 1996 年版。

冯契:《中国近代哲学的革命进程》，华东师范大学出版社 1997 年版。

李泽厚:《中国近代思想史论》，人民出版社 1979 年版。

李泽厚:《历史本体论》，生活·读书·新知三联书店 2002 年版。

张岱年:《中国古典哲学概念范畴要论》，中国社会科学出版社 1987 年版。

张岂之、陈国庆:《近代伦理思想的变迁》，中华书局 2000 年版。

高瑞泉:《中国近代社会思潮》，华东师范大学出版社 1996 年版。

张灏:《幽暗意识与民主传统》，上海教育出版社 2002 年版。

熊月之:《中国近代民主思想史》，上海人民出版社 1986 年版。

李世涛主编:《知识分子立场——民族主义与转型期中国的命运》，时代文艺出版社 2000 年版。

马勇:《超越革命与改良》，生活·读书·新知三联书店 2001 年版。

易升运:《西学东渐与自由意识》，湖南人民出版社 1988 年版。

石元康:《当代西方自由主义理论》，生活·读书·新知三联书店 2000 年版。

余涌:《道德权利研究》，中央编译出版社2001年版。

秦立彦:《面对国家的个人——自由主义的社会政治哲学》，泰山出版社1998年版。

高兆明:《社会失范论》，江苏人民出版社2000年版。

刘军宁、王焱:《直接民主与间接民主》，三联书店1998年版。

陈崧:《五四前后东西文化问题论战文选》，中国社会科学出版社1984年版。

邱 本:《自由竞争与秩序调控》，中国政法大学出版社2001年版。

朱俊瑞等:《中国近代社会变革的政治分析》，黑龙江人民出版社2006年版。

张岱年等:《中国观念史》，中州古籍出版社2005年版。

陈志尚:《人学原理》，北京出版社2005年版。

郑永廷等:《人的现代化理论与实践》，人民出版社2006年版。

杨光斌:《制度变迁与国家治理》，人民出版社2006年版。

朱国华:《权力的文化逻辑》，生活·读书·新知三联书店2004年版。

叶皓:《西方国家权力制约论》，中国社会科学出版社2004年版。

马洪等:《西方新制度经济学》，中国发展出版社1996年版。

张岱年等:《中国文化与文化论争》，中国人民大学出版社1990年版。

沙莲香:《中国民族性》(一)，中国人民大学出版社1988年版。

刘广明、王志跃:《中国传统人格批判》，江苏人民出版社1995年版。

邹吉忠:《自由与秩序——制度价值研究》，北京师范大学出版社2003年版。

董泽芳:《教育社会学》，华中师范大学出版社1990年版。

刘再复、林岗:《传统与中国人》，安徽文艺出版社1999年版。

鲍晶:《鲁迅“国民性思想”讨论集》，天津人民出版社1982年版。

吕锡琛:《道家与民族性格》，湖南大学出版社1996年版。

王人博:《民主政治文化与近代中国》，法律出版社1997年版。

隋淑芬:《中国古代思想教育史》，红旗出版社2005年版。

邓球柏:《中国传统文化与思想政治教育》，首都师范大学出版社1999年版。

张耀灿等:《现代思想政治教育学》，人民出版社 2006 年版。

俞可平等:《中国公民社会的制度环境》，北京大学出版社 2006 年版。

蓝维等:《公民教育：理论、历史与实践探索》，人民出版社 2007 年版。

赵晖:《社会转型与公民教育：中国公民教育目标与内容体系的建构》，人民教育出版社 2007 年版。

戈公振:《中国报学史》，生活·读书·新知三联书店 1955 年版。

（三）译著

[英] 斯密:《国民财富的性质和原因的研究》，郭大力、王亚南译，商务印书馆 1972 年版。

[英] 约翰·密尔:《论自由》，张友谊等译，商务印书馆 1998 年版。

[英] 约翰·密尔:《代议制政府》，汪煊译，商务印书馆 1984 年版。

[英] 柏克:《自由与传统——柏克政治论文选》，蒋庆等译，商务印书馆 2001 年版。

[英] 洛克:《政府论》，瞿菊农、叶启芳译，商务印书馆 1993 年版。

[英]斯宾塞:《国家权力与个人自由》，谭小勤等译，华夏出版社 2000 年版。

[英]哈耶克:《通往奴役之路》，王明毅等译，中国社会科学出版社 1997 年版。

[英]戴维·赫尔德:《民主的模式》，燕继荣等译，中央编译出版社 1998 年版。

[法]卢梭:《论人类不平等的起源和基础》，李常山译，商务印书馆 1979 年版。

[英] 斯宾塞:《社会学研究》，张宏晖、胡江波译，华夏出版社 2001 年版。

[美] 明恩溥:《中国人的素质》，秦悦译，学林出版社 2001 年版。

[英] 斯宾塞:《教育论》，胡毅译，人民教育出版社 1962 年版。

[法] 卢梭:《社会契约论》，张友谊等译，译文出版社 1998 年版。

[法] 孟德斯鸠:《论法的精神》，张雁深译，商务印书馆 1995 年版。

[法] 邦雅曼·贡斯当:《古代人的自由与现代人的自由——贡斯当政治论文选》，阎克文等译，商务印书馆 1999 年版。

[美] 莱斯利·里普森:《政治学的重大问题——政治学导论》,刘晓等译,华夏出版社 2001 年版。

[美] 迈克尔·J. 桑德尔:《自由主义与正义的局限》,万俊人等译,译林出版社 2001 年版。

[美] 乔·萨托利:《民主新论》,冯克利等译,东方出版社 1998 年版。

[美] 罗森鲍姆编:《宪政的哲学之维》,郑戈等译,三联书店 2001 年版。

[美] 本杰明·史华兹:《寻求富强:严复与西方》,叶凤美译,江苏人民出版社 1989 年版。

[德] 柯武刚、史漫飞:《制度经济学》,韩朝华译,商务印书馆 2000 年版。

[美] 凡勃伦:《有闲阶级论》,胡伊默译,商务印书馆 1964 年版。

[美]康芒斯:《制度经济学(上,下册)》,于树生译,商务印书馆 1962 年版。

[美] 乔纳森·H. 特纳:《社会学理论的结构》,邱泽奇译,浙江人民出版社 1987 年版。

[德] 马克斯·韦伯:《经济与社会》(上卷),林荣远译,商务印书馆 1997 年版。

[美]约翰·罗尔斯:《正义论》,何怀宏等译,中国社会科学出版社 1988 年版。

[美]诺斯:《经济史中的结构与变迁》,陈郁等译,上海人民出版社 2003 年版。

[美]诺斯:《制度、制度变迁与经济绩效》,刘守英译,三联书店 1994 年版。

[美] 英格尔斯:《人的现代化》,曹中德等译,天津社会科学院出版社 1995 年版。

[意]利玛窦、金尼阁:《利玛窦中国札记》,何高济等译,中华书局 1983 年版。

### (四)外文专著

B. Schwartz(1964). *In Search of Wealth and Power–Yen Fu and the West*. the Belknap Press of Harvard University.

Kardiner, Abram(1939): *The individual and his society*, New York: Columbia

Univ. Press.

Kardiner, Abram(1945): *The psychological frontiers of society*, New York: Columbia Univ. Press.

Linton, Ralph(1947):*The cultural background of personality*. New York: Appleton–Century–Crofts.

Du Bois, Cora(1944): *The people of Alor*, Minneapolis: Univ. of Minnesota Press.

## （五）期刊论文与学位论文类

黄保万：《严复变法维新思想的理论特色》，《福建学刊》1994 年第 3 期。

赵兴元：《从〈申报〉看甲午战后国人心态》，《求是学刊》1997 年第 2 期。

马小泉：《地方自治：晚清新式绅商的公民意识与政治参与》，《天津社会科学》1997 年第 4 期。

范启龙：《戊戌变法时期的严复》，《福建师范大学学报》（哲学社会科学版）2000 年第 3 期。

黄仁贤：《梁启超的〈新民说〉与近代公民教育理念的形成》，《教育评论》2003 年第 1 期。

俞政：《严复和梁启超自由思想的几点比较》，《社会科学研究》2004 年第 4 期。

陈志强：《报业与中国近代政治的变迁》，《南昌大学学报》（人文社会科学版）2007 年第 2 期。

隋淑芬、余灵灵：《新制度生成新民德——严复梁启超对新民德路径的思考》，《思想教育研究》2007 年第 3 期。

班玮：《论严复与梁启超的思想交锋》，《天津师范大学学报》（社会科学版）2007 年第 4 期。

吴敏超：《戊戌政变后的社会舆论》，《史学月刊》2007 年第 6 期。

俞祖华、赵慧峰：《民族主义与近代中国三大思潮的双向互动》，《学术月刊》

2007年第8期。

金观涛等:《〈新青年〉民主观念的演变》,《二十一世纪》1999年第12期。

袁祖社:《中国传统社会的“伦理本位”特质与民众“公共精神”的缺失——立足于现代普遍主义的公共性社会信念的反思》,《陕西师范大学学报》2007年第9期。

姜昱子、孔祥艳:《戊戌维新时期权利义务思想述评》,《学术交流》2007年第10期。

隋淑芬:《进化论范式对中国近代启蒙思想的消解——兼论其人学理念的缺失》,《学海》2008年第2期。

李海星:《“国民性”批判与“社会主义核心价值体系”建设》,《内蒙古大学学报》(哲学社会科学版)2009年第1期。

马和民,何芳:《“认同危机”、“新民”与“国民性改造”——辛亥革命前后中国人教育思想的演进》,《浙江大学学报》(人文社会科学版)2009年第1期。

孙强:《国民性概念与理论的历史性考察》,《山西师大学报》(社会科学版)2008年第4期。

孙杰:《人的现代化:五四时期改造国民性的真义》,《兰州学刊》2007年第10期。

陈春香:《清末国民性批判思潮中的日本影响》,《北京师范大学学报》(社会科学版)2007年第6期。

米华:《近代国民性改造思想之外在矛盾及其终结》,《求索》2007年第9期。

张春燕:《严复国民性思想评析》,《长白学刊》2007年第3期。

谢亮:《启蒙者的困境——孙中山论“国民性”问题的个案分析》,《鲁东大学学报》(哲学社会科学版)2006年第2期。

朱志勇:《关于国民性之“在”的追问》,《甘肃社会科学》2005年第5期。

林家有:《论孙中山改造国民性的思想》,《华南师范大学学报》(社会科学版)2005年第1期。

余江舟:《中国近现代国民性改造思潮评析》,《齐齐哈尔大学学报》(哲学社会科学版)2005 年第 1 期。

周积明:《晚清国民性问题检讨》,《天津社会科学》2004 年第 2 期。

吴艳华、郭贞:《“国民性”:一个持久性话题》,《山东社会科学》2003 年第 6 期。

袁洪亮:《论社会价值观的近代转换对国民性改造思潮的影响》,《湖南师范大学社会科学学报》2003 年第 4 期。

车冬梅:《清末民初“新国民”思潮发展评析》,《西安电子科技大学学报》(社会科学版)2004 年第 3 期。

袁宏亮:《论国民性改造与社会价值取向的近代转换》,《中华文化论坛》2003 年第 3 期。

苏志宏:《国民性理论的形象学反思——从明恩溥到鲁迅》,《四川大学学报》(哲学社会科学版)2003 年第 3 期。

俞祖华:《国民性改造思潮的最初发轫——龚自珍个性解放思想述评》,《中州学刊》2002 年第 5 期。

俞祖华、赵慧峰:《近代来华西方人对中国国民性的评析》,《东岳论丛》2002 年第 1 期。

赵可:《民初的求官热与社会进步舆论对官本位观念的批判》,《西南师范大学学报》(人文社会科学版)2001 年第 1 期。

郭汉民、袁洪亮:《近代国民性改造思想的萌芽——论地主阶级改革派的人心风俗思想》,《湖南师范大学社会科学学报》2001 年第 1 期。

王丽霞、杨岚:《现代化与国民性重塑》,《内蒙古师大学报》(哲学社会科学版)2000 年第 6 期。

郭汉民、袁洪亮:《近代中国国民性改造思潮简论》,《广东社会科学》2000 年第 6 期。

彭南生:《论严复对国民“恶根性”的批判与改造思想》,《江苏社会科学》

2000 年第 6 期。

俞祖华、赵慧峰：《比较文化视野里的中国人形象——辜鸿铭、林语堂对中西国民性的比较》，《中州学刊》2000 年第 5 期。

彭平一：《论辛亥革命前的国民性改造思潮》，《求索》2000 年第 4 期。

刘小林：《论中国近代改造国民性思潮》，《广西师范大学学报》（哲学社会科学版）1999 年第 3 期。

张宝明：《国民性：沉郁的世纪关怀——从梁启超、陈独秀、鲁迅的思想个案出发》，《郑州大学学报》（哲学社会科学版）2000 年第 2 期。

张爱勤：《严复、梁启超科学教育思想之比较》，《内蒙古师范大学学报》（教育科学版）2007 年第 8 期。

田薇、胡伟希：《略论严复的天演论道德观及其对中国传统伦理思想的突破》，《教学与研究》2005 年第 7 期。

洪峻峰：《论严复对“五四”启蒙思想的影响》，《邯郸师专学报》2004 年第 1 期。

鲍绍霖、王宪明：《国民性研究：东西文化相互影响三部曲》，《清华大学学报》（哲学社会科学版）1991 年第 1 期。

李玉琳：《严复民主政治思想探析》，《陕西省行政学院陕西省经济管理干部学院学报》2006 年第 2 期。

吴向红、杜力夫：《严复宪政法治思想初探》，《福建论坛》（人文社会科学版）2007 年第 8 期。

宫兴华：《严复与福泽谕吉智德观比较》，《西南交通大学学报》（社会科学版）2005 年第 5 期。

邱涛：《近十年来戊戌变法研究的新进展》，《教学与研究》2009 年第 4 期。

黄书光：《论严复的教育哲学观》，《福建论坛》2000 年第 1 期。

李承贵：《建国以来严复思想研究综述》，《学术月刊》1995 年第 10 期。

薛伟强：《近十年中国近代心理史研究综述》，《历史教学》2005 年第 6 期。

闫润鱼、陆央云：《20世纪90年代以来中国近代国民性改造思潮研究述评》，《教学与研究》2009年第3期。

马克锋：《严复“三民”思想及其当代价值》，《教学与研究》2009年第1期。

张春燕：《国民性思想评析》，《长白学刊》2007年第3期。

张晋安、陈曼娜：《略论严复的开民智思想》，《南都学坛》（哲学社会科学版）1993年第4期。

丁平一、张伶伟：《严复教育兴国思想之特色》，《大学教育科学》2003年第2期。

李砂砂：《严复教育思想述论》，《阴山学刊》2003年第4期。

陈敏、陈伯强：《论严复改革教育的创新精神》，《福建师范大学学报》（哲学社会科学版）2003年第1期。

隋淑芬：《严复的中西国民素质及其教育比较研究》，《比较教育研究》2004年第8期。

吴玉伦：《论严复对蔡元培教育思想的影响》，《贵州文史丛刊》2005年第3期。

汪海萍：《严复与道德重建》，《学术月刊》1998年第9期。

彭南生：《论严复对国民“恶根性”的批判与改造思想》，《江苏社会科学》2000年第6期。

熊乡江：《严复对中国传统义利观的重构》，《江西社会科学》2009年第1期。

隋淑芬、余灵灵：《严复的教育价值论》，《人才开发》2005年第6期。

李承贵：《严复进化思想探微》，《中国近代史》（人大复印资料）1997年第9期。

崔志海：《中国近代改造国民性思想的先声——论戊戌维新派对传统民族文化心理的反思》，《史学月刊》1994年第4期。

沙莲香：《论中国人的素质构成与社会发展》，《教学与研究》2000年第7期。

童辉杰：《中国人的国民性格与日、俄、美三国的比较》，《中国国情国力》

1999 年第 2 期。

郑师渠:《辛亥革命后关于国民性问题的探讨》,《天津社会科学》1988 年第 6 期。

杨阳:《严复民主政治思想研究》,重庆大学 2008 年博士学位论文。

戚学民:《严复〈政治讲义〉文本溯源、言说对象和理论意义》,清华大学 2002 年博士学位论文。

翁伟志:《他山之石:明恩溥的中国观研究》,福建师范大学 2007 年博士学位论文。

教军章:《中国近代国民性问题研究的理论视阈及其价值》,黑龙江大学 2007 年博士学位论文。

郑军:《论严复的国民法律素质思想》,首都师范大学 2009 年硕士学位论文。

任艳妮:《严复宪政思想研究》,陕西师范大学 2006 年硕士学位论文。

责任编辑：赵圣涛
责任校对：吕　飞
封面设计：胡欣欣

**图书在版编目（CIP）数据**

严复“制度与国民性互动”思想研究 / 陈勇军著 . —北京：人民出版社，
2020.5
ISBN 978－7－01－021652－2

I. ①严…　II. ①陈…　III. ①严复（1853—1921）－思想评论　IV. ① B256.5

中国版本图书馆 CIP 数据核字（2020）第 000391 号

**严复“制度与国民性互动”思想研究**
YANFU ZHIDU YU GUOMINXING HUDONG SIXIANG YANJIU

陈勇军　著

人民出版社 出版发行
（100706　北京市东城区隆福寺街 99 号）

北京盛通印刷股份有限公司印刷　新华书店经销

2020 年 5 月第 1 版　2020 年 5 月北京第 1 次印刷
开本：710 毫米 ×1000 毫米 1/16　印张：18.75
字数：320 千字

ISBN 978－7－01－021652－2　定价：69.00 元

邮购地址 100706　北京市东城区隆福寺街 99 号
人民东方图书销售中心　电话（010）65250042　65289539